大卫·霍克尼谈大卫·霍克尼
我的早年

［英］大卫·霍克尼 著 ［英］尼科斯·斯坦戈斯 编
纽约大都会艺术博物馆20世纪艺术部前馆长
纽约市文化事务专员亨利·盖尔扎勒撰写导论

本书包含426幅插图

浙江人民美术出版社

Published by arrangement with Thames & Hudson Ltd, London
© 1976 David Hockney
First paperback edition 1988
This edition first published in China in 2022 by Zhejiang People's Fine Arts Publishing House, Zhejiang Province
Chinese translation © 2022 Zhejiang People's Fine Arts Publishing House

合同登记号
图字：11-2017-187

图书在版编目(CIP)数据

大卫·霍克尼谈大卫·霍克尼：我的早年 ／（英）大卫·霍克尼著 ；（英）尼科斯·斯坦戈斯编 ；万木春，张俊，兰友利译 . —— 杭州 ：浙江人民美术出版社，2022.4

书名原文：David Hockney by David Hockney：My Early Years

ISBN 978-7-5340-8807-0

Ⅰ. ①大… Ⅱ. ①大… ②尼… ③万… ④张… ⑤兰… Ⅲ. ①霍克尼(Hockney，David 1937–)–自传 Ⅳ. ①K827.125.72

中国版本图书馆CIP数据核字(2021)第077544号

大卫·霍克尼谈大卫·霍克尼：我的早年

［英］大卫·霍克尼 著　［英］尼科斯·斯坦戈斯 编
万木春　张俊　兰友利 译

策　　划	李　芳
责任编辑	杨雨瑶
责任校对	黄　静
责任印制	陈柏荣
出版发行	浙江人民美术出版社
地　　址	杭州市体育场路347号（邮编：310006）
经　　销	全国各地新华书店
制　　版	浙江新华图文制作有限公司
印　　刷	浙江海虹彩色印务有限公司
版　　次	2022年4月第1版
印　　次	2022年4月第1次印刷
开　　本	710mm×1000mm　1/16
印　　张	21.75
字　　数	400千字
书　　号	ISBN 978-7-5340-8807-0
定　　价	180.00元

关于次品（如乱页、漏页）等问题请与出版社营销部联系调换。
严禁未经允许转载、复写复制（复印）。

目　录

编者按 　　　　　　　　　　　　　　　　　　　1
导　论 　　　　　　　　　　　　　　　　　　　3
大卫·霍克尼谈大卫·霍克尼 　　　　　　　　28

出生、家庭和最早的学艺经历	28	渐渐浮现的具象	76
布拉德福德文法学校	30	"耳鬓厮磨"	77
布拉德福德美术学校	34	意大利之旅	78
售出的第一幅画	41	第一批写生绘画	98
皇家艺术学院，1957年	43	以结婚为主题的画作	99
传统主义对阵抽象表现主义	44	画中画中的帘子	101
想画具象而左右为难	45	艺术家及其代理人	102
当代青年艺术家展，1961年	47	《浪子生涯》	103
理查德·汉密尔顿奖	47	室内景	105
与具象讲和	49	浴者	106
画中文字	49	埃及之行，1963年	107
内容与形式	50	第一次加州之行	108
沃尔特·惠特曼的密码	68	第一辆汽车，第一间画室，第一批	
半埃及风格的卡瓦菲	69	加州画作	109
以茶为主题的画作	70	加州主题	112
早期图媒作品	72	爱荷华州	114
初次美国之行	72	游泳池	115
卡瓦菲的《达官贵人》	73	静物	116
当代青年艺术家展，1962年	75	一个悲伤的故事	118

卡瓦菲诗意蚀刻画	119	自然主义的陷阱	185
《愚比王》	120	人体写生	186
洛杉矶的现实世界	121	格林童话	220
现实主义转变为自然主义	122	画成的花园	229
陷阱	123	白教堂画廊展，1970年	231
任教于新的学院	123	半自然主义风格，描绘双人像	232
光源	143	一张肖像订件	233
三张水花题材画作	143	一段感情的结束	269
丙烯与油画	144	重新振作：九张新画	270
成名的烦恼	149	日本之行，1971年	272
具象艺术与新综合	150	描绘双人像	273
绘画与摄影	152	画是怎么售出的	280
照相机确能欺骗	171	一张未完成的画	281
返回英格兰，1967年	171	新的开始：巴黎，1973年	317
又到加州，1968年	172	卢浮宫的展览	317
最有家庭气氛的场景，加州	173	没有影星的电影	319
克里斯托弗·伊舍伍德和唐·巴恰尔蒂	174	新的蚀刻技术	321
素描	176	新素描、新绘画及舞美设计	329
1968年的英格兰："摇摆的伦敦"			
名不副实	182		

图版目录   331

编者按

本书的文字内容是根据我本人与大卫·霍克尼［David Hockney］之间长约 25 个小时的谈话录音编辑而成，访谈于 1975 年夏在伦敦进行。谈话录音整理出来有 500 多页，本书内容就是据此忠实还原的。把口述转变为文字所能做到的精确程度也不过如此了。为了精确还原，我们视语法错误为小毛小病，只有当这些错误影响到行文清晰，不改不行时，我们才加以订正。此外，因为我们想按照时间顺序编这本书，所以常常要将一些段落挪前挪后。为了叙述的完整，有些段落还不得不重复出现。我们增补了有关霍克尼画作的文献史料，它们有的来自未刊文献，有的则是在许多小时的咨询过程中，由霍克尼本人提供的。本书以文字配合插图构成一个个章节，每个章节都是霍克尼生平和创作发展中的独特时段。

可以想象，大卫·霍克尼对某些个人经历的讲述，在不同情况下会相当不同。记忆是有选择性的，在不同情境下，就会给过去发生的事件描上不同的色彩。假如在访谈时占据霍克尼脑海的艺术和个人景象不是本书这样，而是另一番景象，那本书主要讲述的也许就是其记忆的另一个侧面了。不过有一点必须强调，本书中所含的信息、所提供的霍克尼最新的作品文献，使得本书有资格成为一本霍克尼的标准参考书。此外，本书刊出了霍克尼的几乎所有油画和图媒作品［graphic works］，以及一大批素描作品。

要是没有约翰·卡斯明［John Kasmin］、保罗·康沃尔-琼斯［Paul Cornwall-Jones］和露丝·凯尔茜［Ruth Kelsey］在图片和文字方面所给予的巨大帮助，本书是不可能出版的。大卫·霍克尼的兄弟保罗·霍克尼［Paul Hockney］，还有彼得·施莱辛格［Peter Schlesinger］、乔治·劳森［George Lawson］等人全程为文字编辑提供了有益建议和支持。后两位还将刊印作品的标题译成意大利语。大卫·霍克尼和我也非常感谢基塔伊［R. B. Kitaj］及桑德拉·费希尔［Sandra Fisher］对本书的关注和帮助。

尼科斯·斯坦戈斯［Nikos Stangos］

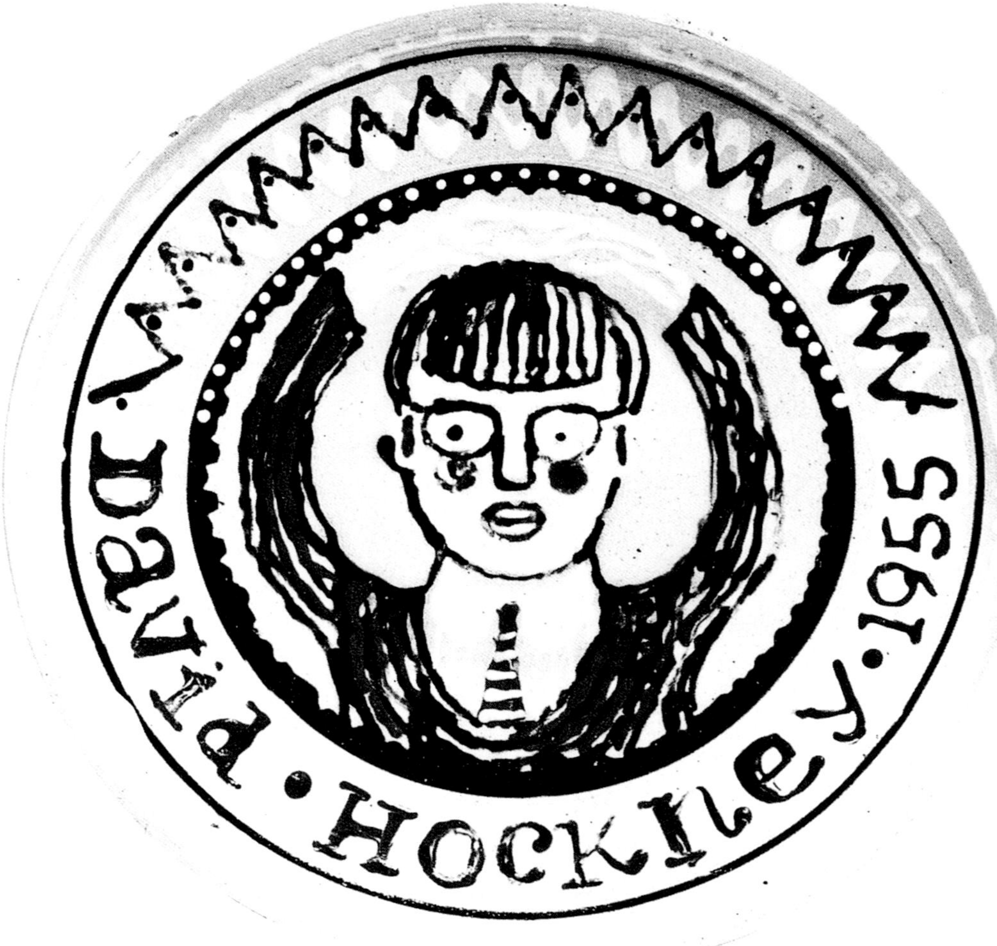
David • HOCKNey • 1955

导 论

大卫·霍克尼的艺术自其生涯之初就很生动，因为他带着一种富于魅力而又亲切的天真态度完成了他的公共教育。他的作品经常具有显著的自传特征，这让霍克尼在英式奇癖的伟大传统中占据一席之地。在其艺术生涯的每一个阶段，他都以动人的好奇心告诉我们他如何感受、知晓什么以及崇拜谁人。他的幽默一方面掩饰了他的感情，一方面也让我们意识到，他的感受太过强烈，不宜不加掩饰地展现出来。

霍克尼对肖像画订件从来就不感兴趣。随着他越来越痴迷于探究事物看起来的确切模样，越来越痴迷于探索更真实地画下其所见的方法，他很自然地转以其密友们作为素描和油画的对象，反复描绘，不厌其烦。他们就是他的吉他、苦艾酒瓶和日记，是其心怀亲切之物。

艾薇·康普顿–伯内特［Ivy Compton-Burnett］在其小说中曾细致探究过家庭内部的诸种关系。她写的是或出于自由选择，或迫于形势而同住一个屋檐下的人们，描写了他们的机智、勇气和痛苦。家里那些尖刻、无关紧要的对话使得成员关系表面上布满了裂纹，可与此同时，他们之间那真实的、几乎无法控制的感情——彼此既相互需要又相互拒斥的感情——又暗流涌动，犹如火山隆隆，这是她笔下家庭关系的典型写照。大卫·霍克尼的作品也投射出类似的复杂性。

霍克尼近年的作品虽说越来越有错觉主义［illusionistic］倾向，但他本人现在却不会产生错觉。他笔下的世界和人物仍旧可爱、健康，但是原先笼罩其上的那层浪漫主义迷雾却随风而去。现在的霍克尼视世界如其所是——清晰，可被记忆，而原来他看到的则是世界可能有的样子。更多强硬、更少浪漫主义的态度说明他变成熟了。他早期作品中的轻率保持着无所畏惧的姿态，他原先就具备一种令人生畏的能力，这使得他在描绘欢庆之景时总能选择描绘最正确的时刻，不过，潜在其近年作品表面下的视觉敏感性应归因于他新获得的深思熟虑的能力。结果，他近年的画作能够一如既往地带给观者霍克尼作品所具有的那种东西，越晚近的作品越受人欢迎。

从20世纪60年代起，大卫·霍克尼开始严肃的绘画生涯，开始是作为学生，后来是作为世界性的艺术家。回顾他努力追求清晰性的过程，最容易看出他的停顿和发展。而他最终实现清晰性的主要办法，是故意限制自己所用的作画手段。多年以来，他放弃的技术和手段不少，但总会在适当的时候又拾起，用来解决某些特定问题，或者创造特殊效果。于是，每当霍克尼从他那不断增广的武库中挑出有限的几种手段来作画时，他总能创作出极具技法趣味、富于变化的艺术来。可以把他看成一位富有灵感和教养、思想成熟、无师自通的艺术家，不管哪种技法和风格，只要适用，他都会借用、试验。只要是兴之所至，他可不怕另辟蹊径，正因为如此，霍克尼作品中那种如画的叙述从未被他穷极可能的技法实验所破坏，这本来是具有图解风格的画家们——不论在具象画还是在抽象画中——经常犯的错误。

精湛的技法增强了霍克尼油画的力量和专注度。与此同时，他还有能力探索和运用其他各门技法，其自如的方式自毕加索［Picasso］、克利［Klee］、米罗［Miró］及霍夫曼［Hofmann］那一代后就难得一见了。

从1964年起，尤其是自1966年以后，大卫·霍克尼的作品展现出更大的雄心——他要与艺术史竞争，而不仅仅是与自己的同代艺术家竞争。他年轻时也曾借用、摹仿过一些当代趣味，但从这时候起他的画面上再没有空洞的空间，再没有搪塞之处了，所有的间隙都必须处理得像内容一样令人信服。

他的作品越来越专注于具体，他要找到确切的本质并给予合适的装扮。塞缪尔·约翰逊［Samuel Johnson］肯定会赞同以下说法："我宁愿看我认识的一条狗的画像，也不愿看你向我展示的那些个寓言。"但大卫·霍克尼却不总这么看。从油画《逃往意大利：瑞士风景》［Flight into Italy—Swiss Landscape, 1962］（图5）看，当时他的兴趣在于将各种信息并置于一个平面上：彩虹般呈带状的群山取自那个年代的抽象绘画；拼写清晰的"Paris"［巴黎］标志与因高速运动而变模糊的"thats Switzerland that was"（"那是瑞士的旧模样"，取自当时流行的一则壳牌石油［Shell］广告）字样，以及车里擦出横纹的人物形成对比。天空没画，留出底子，而群山则用响亮的颜色画出。画面下端的一条路用稠厚的颜料混合着沙子做成。

霍克尼1965年以前的许多作品——说大部分作品也不为过，都有这样一个特征，往正面说是充满了能量，往负面说则是承载了过多信息及不协调的风格手段。不论往哪面说，其不成熟在于兹，其魅力也在于兹。指责其早期作品为什么不像后期实属徒劳。使人惊奇的倒是早期作品是多么重视细节，虽不协调，却立得住。画面中的在场感、确定感，连同一种机智使得它们不至于一往不返，沦为个人的、隐晦的比喻，也使得风格上的过分多样得到把控,有些作品把控得恰到好处。

霍克尼的早期作品现在仍令人激动,有些令我们激动之处可以追溯到他所受到的外部影响。《独自在夜间行走的山姆》[Sam Who Walked Alone by Night, 1961](图25)一画是受故事启发而画,故事讲的是一个小伙子很少穿正装。从平面化的对头部和上半身及其简化方式上,可以看到杜布菲[Dubuffet]的影响。这幅画中对头部的处理,那种好像没有颈项的样子,还让人想起当时备受赞赏的英国雕塑家雷吉·巴特勒[Reg Butler]、肯尼斯·阿米蒂奇[Kenneth Armitage]以及林恩·查德威克[Lynn Chadwick]。(有些艺术被捧得过高,而20世纪50年代的英国雕塑现在又被贬得太低,真实情况是介于这两者之间的。)这张画是用两块画布拼起来的,身体部分的画布比头部的画布宽。霍克尼那几年创作了若干方形的画,这张画是其中之一,他出于画面布局、幽默感和表现的需要,对方形加以改变。

这一时期弗朗西斯·培根[Francis Bacon]对霍克尼的影响也存在。他是霍克尼非常看重的一位具象画家,在那个被抽象画主宰的年代里,培根持续不断地创作出新鲜有力的人物形象,笔触充满力量,绘画手法丰富而具有品质。培根当时就在伦敦,他的脾气和生活方式成了传说,比传说更重要的是经常可以在汉诺威美术馆[Hanover Gallery]和泰特美术馆[Tate]等处看到他的油画。因为大卫·霍克尼早年坚信画家最好的主题就是人物,所以他钦佩英格兰最杰出的人物画家是十分自然的。在他的一些画的局部,只要有必要,他就会借鉴培根,比如1961年《3月24四日凌晨的恰恰舞》[The Cha-Cha that was Danced in the Early Hours of 24th March](图2)一画中人物的身躯,还有1961年《别了,英格兰?》[The Last of England?](图27)对色彩的处理,这张画是霍克尼对福特·马多克斯·布朗[Ford Maddox Brown]的名作《别了,英格兰》的诠释。在霍克尼的版本中,布朗笔下的夫妇变成了两个小伙子,构图与那张前拉斐尔式[Pre-Raphaelite]的画作足够接近,让人很容易就把两件作品联系在一起。两张画最大的差别在于布朗的画具有精准的文学性,而大卫·霍克尼的画则具有含混、捉摸不定的表现性。弗朗西斯·培根处于上述两种情况之间。培根很重要,拉里·里弗斯[Larry Rivers]很重要,杜布菲很重要,还有抽象表现主义艺术家[abstract expressionist]也很重要。优秀学生觉得一切都很新鲜,可能都是美味,必须都尝一尝。

威廉·德·库宁[Willem de Kooning]是个荷兰人,1926年二十多岁时来到美国,他在20世纪40年代初期画的一批肖像画给纽约画派[New York

School] 带来一种生动的智性。他从 1949 至 1950 年间画出了他著名的代表作《女人》[The Women] 系列, 将立体主义艺术家 [cubist] 再现人物的技法推进了一步, 等到霍克尼进入伦敦皇家艺术学院 [Royal College of Art] 学习的 1960 年, 他那些激进的同学最着迷的就是德·库宁式的抽象。

不过, 当时那些抽象画拙劣模仿艺术杂志插图, 同时还夹着对纽约绘画的消化不良, 并没有长时间地吸引霍克尼。他从 1953 至 1957 年间在布拉德福德美术学校 [Bradford School of Art] 受过非常传统的绘画训练。后来, 他因宗教信仰拒服兵役, 为了偿清兵役, 他在布拉德福德和海斯廷斯 [Hastings] 的医院劳动两年。这期间, 单调的日常工作驱使他忘我地投入阅读。霍克尼 20 世纪 60 年代早期的作品中出现过些许抽象表现主义的迹象, 但他更专注于寻找一条道路, 把自己对文学的热爱与对画人物的渴望结合起来。他从这一点出发找到自我, 发掘自己的主题, 探索自己的技法。

在皇家艺术学院他很快遇上一个趣味相投的学长, 美国人罗恩·基塔伊 [Ron. B. Kitaj], 他当时接受美国政府 G.I. 权利法案资助在皇家艺术学院学习, 由美国政府替他支付学费, 这是一项旨在帮助退伍军人提高教育的政府法案。像霍克尼一样, 罗恩·基塔伊喜欢画人物, 也喜欢文学。他俩很快又发现彼此具有共同的政治理念。正是罗恩·基塔伊, 他比霍克尼年长些, 更有经验些, 最先建议霍克尼画自己最感兴趣的东西, 画文学、政治、人物以及几者之间的关系。

当时霍克尼需要的是一条能够把自己选择的主题引入艺术的途径, 一套能被艺术界接受但还没有被穷尽的表达方式。他迟疑了好几个月, 最终才敢勇猛地逆流而上, 在绘画中运用可辨识的人物元素。而在此之前, 他把字母和词句引入自己的抽象构图中去。霍克尼一语双关的聪明劲儿可以从 1960 年的一张小画中看出, 这张画题为《小头》[Little Head]（图 18）, 画中人物是常见的样子, 一个纵向的方块, 四角修圆, 像是身躯, 上头顶着一个像是头部的圆形。这张画借鉴了威廉·特恩布尔 [William Turnbull] 的雕塑, 五年后霍克尼又把这些雕塑画进《加州藏家》那张画的草坪上。画中那个分号给头部带来了人脸的特征, 清晰地向观众表达出他们面对的确实是一个人, 而不只是貌似头和身躯的形状。霍克尼玩儿的是通过对具象元素加以排布, 把他要传达的消息表达出来。他玩儿起这种游戏来, 与他的约克郡老乡 [Yorkshireman] 劳伦斯·斯特恩 [Laurence Sterne] 一样, 后者的小说《特里斯特拉姆·沙恩迪》[Tristram Shandy] 故意设计了涂黑的页面和缺页, 十年后霍克尼看到了劳伦斯·斯特恩的书, 不禁为之叫绝。

稍早一点儿，在 1960 年的《腾云驾雾的女巫》[Witch Riding on a Cloud] 一画中，霍克尼给最初的抽象构图又加了几重表达方式，互相堆叠在一起，这包括一个大写字母"E"，一个受涂鸦启发勾画的人物轮廓，令人想起史前洞穴壁画和古埃及壁画，此外还有一个单词"witches"[女巫]。对霍克尼来说要是不加上这些，这张画似乎就缺少内容。画布上如果仅仅是些蓝色、淡紫色、红色和灰色，那是完全不够的。

在画面上写字有很久远的历史，想追溯到多远就可以追溯到多远。古埃及壁画中的象形文字；希腊瓶画上的名字；中世纪抄本彩饰插图中与教义、植物有关的文字；不计其数的文艺复兴画作中所引用的经文；还有在我们的世纪，立体主义更显著地运用文字来说明所画物体、明确绘画平面等情况。这些霍克尼全都心知肚明，有些他特别留意，有些他略有感觉。在具象绘画中富于想象力地使用文字的最近的例子，是美国艺术家拉里·里弗斯的作品。

1960 年的《爱情绘画之三》[The Third Love Painting]（图 1），要不是画面右下方隆起的那个形，要不是文字的内容及其排布，将是一张相当标准的抽象表现主义画作。它把沃尔特·惠特曼 [Walt Whitman] 的诗句与伯爵宫 [Earls Court] 地铁站男厕墙上的涂鸦结合起来，在最堂皇的男性的爱与最低俗的男性的欲之间形成对比。这幅画引用最多的诗句出自惠特曼《傍晚时我听见》[When I Heard at the Close of the Day] 的结尾。这首诗的开头是这样的：

傍晚时我听见我的名字在国会中如何的受到赞美，但对于我，随着来的并不是一个快乐的夜。

诗人接着发现自己的快乐和安宁并非来自国家给予的赞誉，而是来自私人伴侣。画中左下方印出的诗句是这首诗的结尾：

因为我最爱的人，在凉夜中，在同一个被单下，睡在我的身边。
在秋夜的寂静月光中，他的脸对着我，
他的手臂轻轻地搂着我，——那夜我是快乐的。

画面上有这些诗句，也有"随时打电话到我家""得了大卫，承认吧"等大白话。

就在这个时期，霍克尼开始制作他的第一幅蚀刻画《我和我的英雄们》

[Myself and My Heroes]（图 29），画中人物有沃尔特·惠特曼、圣雄甘地 [Mahatma Gandhi] 以及画家本人。惠特曼吸引霍克尼，因为他是个具有广泛同情心和美妙音乐感的民族诗人；甘地吸引霍克尼，因为他是个和平主义者和反帝国主义者。霍克尼同时还敬仰甘地的素食主义，霍克尼的母亲教导他不吃肉，他的父亲教导他不抽烟（现在他既吃肉又抽烟）。自画像在霍克尼的作品中是很罕见的主题，这幅蚀刻画中的自画像与那一时期他笔下的其他人物保持同调，石块一般的脑袋坐落在肩膀削圆了的方形身躯上，在这张画中，他头上还戴了顶小帽子。面对心目中的英雄，他写在自画像旁边的文字告白与他给自己画的小帽子一样谦逊低调："我二十三岁，戴眼镜。"与这个形象类似的自画像，后来又出现在十六张一套的蚀刻画《浪子生涯》[A Rake's Progress]（图 59—74）中，这是他早期广受欢迎并获得评论家好评的作品，作于 1961 至 1963 年间。这两件作品中的自画形象，长期以来是他成熟期作品中唯一的两张自画像，直到近期蚀刻《学生：向毕加索致敬》[The Student: Homage to Picasso]（图 387）中再度出现自画形象，这张画走的是同样的老路子，属于"我和我心目中的另一英雄"。此外，更近一些时候，在 1975 年画的《我和我的父母》[My Parents and Myself]（图 406）中，他的自画像出现在画面中央的镜子里。

　　肖像画从一开始就是霍克尼关注的重点。他早期画作中最复杂，可能也最成功的肖像画要数 1963 年的《戏中戏》[Play within a Play]（图 92），它是霍克尼给自己的第一位经纪人约翰·卡斯明画的戏谑肖像。当时霍克尼从伦敦国立美术馆 [National Gallery] 收藏的多米尼奇诺 [Domenichino] 的画作中汲取了多种表达手法，都体现在这幅画中。卡斯明的相貌有点儿变形，这是由于他的脸和双手紧贴在一块透明塑料板上，画家用这样一个"现代"手法机智地强调了对于一张画而言，绘画平面是最重要的。

　　相比于单人肖像，霍克尼画的双人肖像越来越多。但超过两个人物的肖像画，除了 1961 年的《半埃及风格的达官贵人的游行》[A Grand Procession of Dignitaries in the Semi-Egyptian Style]（图 3）之外，他从未画过。这清楚表明，霍克尼对自己在布拉德福德美术学校接受的训练不无保留，那里的训练坚持"有意思"的构图必须至少由三个以上人物构成，面对单个人物画单人肖像只是在素描训练中才占据主导地位。尽管霍克尼过去五年的素描都画得很细，但在他看来素描大体上仍只是一种笔记方式。素描意味着花时间与某个人面对面相处，这个人可能素不相识但有吸引力，可能正在变熟，也可能十分相熟，把面容画像根本不是问题。正是在给十分相熟的人画的素描中，当他对本就亲密的朋友再做多年研究后，他画出的肖像作品是最出色、最放松，也是最具雄心的。画出外貌的相像也是一种负担，由于熟悉而能轻松画得像，画家就能集中注意力于**画面调度**，将观众的注意力聚焦于一件衬衣、一把椅子等元素上，同时去除画家觉得非必要的因素，可能是墙、地板，以及房间里任何不属于肖像表现对象、不属于必要构图元素的东西。

有一个时期，霍克尼的素描明显变得更精确、更细致、更关心给出精确的信息。1963 年 9 月，伦敦《星期日泰晤士报》[Sunday Times] 派他前往埃及创作一批素描，但最后他们没有刊出。这是到那时为止霍克尼画得最好的一批素描。《壳牌车库，埃及》[Shell Garage-Egypt]（图 78）是这个系列中最精致的一张，《卢克索：酸奶小贩走回家》[Yoghurt Salesman Walking Home, Luxor] 则是其中最有魅力的一张。画家轻松地在飘动的阿拉伯长袍与仔细刻画的坚定头部之间形成对比，男孩的酸奶盒子平衡了画面，使之非常坚实。在这个时期以前，霍克尼的大多数素描都是为了画油画做的准备性草图，或是为备忘做的速写。但在这批埃及素描中，每张本身都是完整的作品。艺术家像是一位目光敏锐的游客，在为旅居海外的英国人搜集材料。如同爱德华·利尔 [Edward Lear] 和格雷厄姆·格林 [Graham Greene]，他对异域情调表现出一种既亲切热情，又略带讥讽的态度。

大卫·霍克尼画的素描分两种，一种是用黑墨水画的线性素描，一般用速记钢笔画，另一种是彩色铅笔素描。他的线性素描总能显出他极高的观察力，后来他给自己出难题，让模特摆出复杂的姿势，交待更多面部、手和衣饰的细节。他用彩色铅笔画的素描也极好，用色彩涂出体积和块面。线条当然还在，约束形体，标定轮廓，但整体面貌是涂绘性的。这么说虽然有点儿简单，但确实可以说，他的线性素描大体对应着他的版画，而他的彩色素描则体现了他油画的思考方式。彩色素描经常作为作品来画，内容包括友人、风景以及构图想法，总量相当多。

回头来看，当时霍克尼的艺术朝着更精确、观察更细致的方向转化是不可避免的。我们已经看到他在 1960 至 1963 年间的作品中是怎么抛弃表现主义烟雾弹的。1964 至 1965 年间，他画了许多想象的静物、室内景以及风景，其中对明暗法和地方色彩的运用赋予这些作品一副中规中矩的面貌。画中的形有的画得简洁、扁平，辅以加强了的阴影（如 1965 年的《英国花园》[English Garden]，图 128），有的则一丝不苟地从暗部到亮部塑造出体积，如 1965 年《跨越大西洋》[Atlantic Crossing]（图 130）中的海浪以及有机生物一般立体的云朵，它们活像让·阿尔普［Jean Arp］的两件雕塑作品变成了画，并用了夸张的高光。这一时期霍克尼的许多画作都具有这种情绪，运用了类似表达方式。这种情绪的特征可称之为戏剧化的，而表达方式则是图说性的。最早一张完全以这种手法画出的作品是 1964 年的《爱荷华州》［Iowa］（图 107），是霍克尼在爱荷华大学任教时画的。凌乱的云朵表明他那时还没有完全掌握这一风格，但这张画的魅力在于它刻意追求的简化效果。所有这类画作都具有这个特点，具有通过自我约简以求跃升至未知境界的魅力。回头看来，这一新手法从 1963 年《闭幕》［Closing Scene］（图 93）一画中的帘子已可窥测端倪。这样的画很多都是"布好景的"，是画家给自己刻意提出的问题。1965 年的《蓝色的室内及两组静物》［Blue Interior and Two Still Lifes］（图 133）具有这一时期典型的抽象杜撰形式，沙发和靠椅画得很完整，围着一张没有画出桌腿的茶几，上面摆着三个圆柱。背后另有三个竖立的方块，画家没有交待其目的，它们与茶几上的圆柱形成呼应。家具安放在一块简单的地毯上，整个画面四周又被由粉红色和蓝色构成的手指般的火舌包围，在画面的方框里又形成一个画框，这整个安排出于杜撰，天上地下都不可能出现这样的场景。

1966 年 6 月霍克尼离开英国前往洛杉矶，在那里待了一年。这年年初的几个月里，他忙着搞一些与绘画无关的项目。他为皇家宫廷剧院［Royal Court Theatre］排演的阿尔弗雷德·杰里［Alfed Jarry］的《愚比王》［Ubu Roi］设计了一套舞美，设计思路很机智。这套舞美的素描（图 168—174）保留了下来，其中一张《愚比王向农民征税》［Ubu Collecting Taxes from Peasants］里有霍克尼为舞台设计的建筑，其原型可以追溯到艺术家在美国加利福尼亚州创作的最早一批画作，例如 1964 年的《威尔希尔大街，洛杉矶》［Wilshire Boulevard, Los Angeles］（图 115）以及《建筑、珀欣广场，洛杉矶》［Building, Pershing Square, Los Angeles］（图 112），同时这些建筑形式还预示了 1971 年的画作《法国小店》［French Shop］（图 252）。在这套素描的另一张中（图 174），霍克尼把"波兰军队"［Polish Army］再现为两个士兵，其中一个把纸折成金字塔当帽子，另一个把纸折成石块的样子当帽子，两个士兵被一条纸做的条幅绑在一起，并在后面一个士兵背后系了个结。也是在年初这几个月里，霍克尼受牛津大学出版社［Oxford University Press］委托，为一本现代插图本《圣经》绘制了《尼希米记》［book of Nehemiah］的插图（图 153），包括八张线性素描，内容与亚述［Assyria］有关，并大略描绘出耶路撒冷［Jerusalem］的重建。这段时期霍克尼从事的第三个项目是为自己喜欢的 20 世纪早期诗人，亚历山大的希腊人卡瓦菲［C. P. Cavafy］的诗作画插图（图 156—167），当时福斯特［E. M. Forster］正把这位诗人介绍给英语世界的读者。霍克尼素来喜爱卡瓦菲的诗，他最早制作的两张蚀刻画，1961 年的《凯萨里昂和他的美人》［Kaisarion with all his Beauty］（图 33）和《镜子，镜子，在墙上》［Mirror, Mirror, on the Wall］（图 35），都是受卡瓦菲诗歌启发而作。在这部名为《卡瓦菲诗歌十四首插图》［Illustrations for Fourteen Poems from C. P. Cavafy］的诗集中，十三张插图里有九张画的都是两个小伙子，或在床上，或在起居室，或在商店门口，人物以温柔的情感和简练的手法画出。这些画没有一点儿情色意味，但画中人在亲切接触中表达出害羞和笨拙。它们有的是专门为某一首诗画的，比如《他问起过质量》［He Enquired After the Quality］（图 165），但更多情况下，这些画只是画出情感上的关联，最动人的是《古魔法师的药方》［According to the Prescriptions of Ancient Magicians］（图 158）。这批插图取材于霍克尼 1966 年 1 月参观贝鲁特［Beirut］期间留下的素描和照片，此外还参考了《体格画报》上的照片，以及给友人画的素描。

　　从 1960 到 1966 年这许多年里，可以感到霍克尼一直在与当时的艺术竞赛，与他自己这一代人竞赛。他觉得自己的画不管怎么说看起来必须"现代"，具有实验性，并且独出心裁。这些年画作的效果并不是吃力地争取来的，而是一个没有太多野心、像寓言一样思考而又热忱的艺术家凭直觉达到的。霍克尼从自己观察过的东西中获得启发，并独出心裁地给创作资源增加许多修饰：杂志插图；画室生活；他还常常借用很古老的艺术，比如画个古埃及式的头部，或者借用迈布里奇［Muybridge］的摄影作品等等。不论什么，只要任其发挥想象力，就会化作合适的、充分的契机。在这些年间，他在欧洲、埃及和美洲进行了广泛旅行，总是带着贪婪的饥饿感和好奇心，表明了他的聪明，也形成了他的趣味。他参观博物馆，见到用更平顺、阴影更浅的光线画建筑的新画法，越发意识到一个奇妙和引人入胜的世界，这超越了布拉德福德，超越了伦敦，最后也超越了欧洲。同时他的思考也日趋严谨，开始逐渐意识到，令自己着迷的不仅是 20 世纪 60 年代的艺术，而且还有往昔的艺术，西方传统中那些最好的艺术。从此以后他不再为了追求原创性而苦苦挣扎，一个人的创作期适逢 20 世纪 60 年代，他自然就属于那个时代，不需要刻意做什么才成为 20 世纪 60 年代的画家。

　　自 20 世纪 60 年代中期开始，霍克尼的作品越来越关注直面性［frontality］的问题，直面主题对象，细致、立体地观看它，带着拜占庭［Byzantine］艺术的僵硬以及超现实主义者［surrealist］超越时间的感觉。它们是时间的层层沉淀，从开始产生概念到最后完成，常常是几个月思考和努力的结果。画了又刮掉重画，改正透视，调整色彩。这些画作让我们领会到时间性，这是它们取得的成就之一。作为图像，它们一眼望去就很清晰，并且具有一种超越时间的质量，而作为图画，艺术家的技艺承载着故事不断展开。

过去几年间，一群美国现实主义画家［realist painters］受到了密切关注，他们的创作在很大程度上依赖照片，以精致的细节、准确的再现画出店面、加油站、现代建筑大堂入口等场景。在这群超级写实主义画家［super-realist］中，理查德·埃斯蒂斯［Richard Estes］名气最大，成就最高。德国和意大利都为他们举办展览，出版图录，到如今，日本可能也很关注他们。他们采取的风格与大卫·霍克尼的追求有许多差异，最显著的差异是他们缺少反讽的感觉。超级写实主义画家经常让观众直面一种焦虑的寂静，一个凝固的时刻，使人想起偏执的恐惧或者白日梦。一旦手握可资参考的照片或反转片，他们的态度似乎就变成"描绘就是一切"。霍克尼不是这样，他还像一位老派的人文主义者那样去判断、去爱。对霍克尼有所了解的观众再看超级写实主义画家的作品时就会意识到，除了埃斯蒂斯，他们把时间的堆积排除在画面之外。在大多数超级写实主义画家的画作中，画中的时间就是作为创作参考的静止照片中的时间，而不是作画过程所包含的那么久的时间。然而正是后一种时间，艺术家精神集中、筋疲力尽的许多个小时，才强行施加影响于观众，破除观众对瞬间意象的欣赏。60 年代早期的霍克尼认同波普［pop］艺术家的一些看法，但他本人并不是一个波普艺术家，同样，70 年代的霍克尼也不是一个超级写实主义画家。

就像抽象艺术中存在差异很大的个人风格，有多少个写实主义艺术家就有多少种现实主义［realism］。要不是存在这种自然差异，也许真有一种正确再现真实［reality］的绘画方式，一种能够适应一切场合的学院写实主义。但这不可能。不存在什么普世的写实主义绘画，一切在画布上重现真实的努力都取决于艺术家的决策——取什么，舍什么，正是这种取舍把不同时代的现实主义艺术家与"现实主义"绘画区别开来。

霍克尼近期的手法是他离开伦敦和纽约后，在数次横穿美国的旅行中发展起来的。他第一次去美国是 1961 年，那次只到了纽约。随后他受邀在美国中西部及加州任教，正是在这几次旅行中，美式冷幽默和洒脱的态度捕获了他的心。这就是他本来就喜欢的美国，他熟悉美国的《体格画报》，它们大多数都是洛杉矶和旧金山出品。尼古拉斯·佩夫斯纳［Nikolaus Pevsner］在其《英国艺术中的英国性》[Englishness of English Art]中提起含蓄、拒人于千里之外的英国肖像画时说道："英国肖像画隐藏的东西比揭示的东西还多，就算揭示，它也是以精心低调的手法去揭示。"他接着引用简·奥斯汀[Jean Austen]在《爱玛》[Emma]中的话说：要想获得"英国风格"，就得"在看上去完全平静的表面下，埋藏真切的爱恋"。这些描写恰可用来形容霍克尼对美国既爱恋又有些矜持的心态，尤其是他对加州的爱恋，那儿的游泳池、泳者、建筑，还有那里的艺术品收藏家、喷灌草坪以及坦率的诱惑。

霍克尼1964年在爱荷华大学[University of Iowa]，1965年在科罗拉多大学[University of Colorado]，1966年在加州大学[University of California]洛杉矶分校及欧文[Irvine]分校（位于洛杉矶南面的奥兰治县[Orange County]）任教，最后，1967年，他在加州大学伯克利[Berkeley]分校任教。从这以后，如他所言："我退出了。"他退出了教职，但并未退出在美国的游历，尤其是加州。加州对他的吸引力虽然有逐渐衰退之势，但一直都有吸引力。他在科罗拉多大学任教期间画了几张画，其中一张，1965年完成的《淋浴的男子》[Man Taking Shower]（图106），既指向他的未来，也勾起他的过去。未来是他画的那些淋浴间，瓷砖衬托出男人体的轮廓，同时画出冲淋的水，这成为他新的、持续性的主题；过去则是他构图中的多重焦点，远处有画得很小的床和椅子，前景有一株相当抽象的植物，四片深绿色的叶子建立起绘画平面。比起早先画的、表现主义式的《室内景，洛杉矶》[Domestic Scene, Los Angeles]（1963年，图94），这张画中的人体画得更细致，建构得更令人信服。《室内景，洛杉矶》完成时霍克尼还没到过加州，他是靠想象、一本《体格画报》和天生的聪明画的。比起早先另一幅类似场景的作品《比华利山庄的淋浴男子》[Man Taking Shower in Beverly Hills]（1964年，图96），《淋浴的男子》（1965年）的构图更扁平，更具有直面性。《比华利山庄的淋浴男子》中的人物仍然有点儿概念化，以地毯按对角线方向切割画面下方的构图方法，仍然属于制作图画[picture-making]的范畴，而不是绘画[picturing]。相比之下，《淋浴的男子》保持了表现主义元素，同时它本身也是霍克尼艺术发展过程中的一笔"滞纳金"，这幅画完成的次年他画出了《彼得爬出尼克的泳池》[Peter Getting Out of Nick's Pool]（1966年，图144），在后面这张画里，他的加州手法[California manner]第一次火力全开。

霍克尼的加州手法在1966至1967年两年间达到了顶点，最清晰、最干净、最不复杂。其特征是视象和处理手法的冷静，以扁平化的、完全没有阴影的手法表达建筑、游泳池、草坪、小伙子和收藏家。这些东西是霍克尼加州岁月里对洛杉矶艺术世界的记录，它们代表了那个时期，一如伊夫林·沃[Evelyn Waugh]的《被爱的人》[The Loved One]代表了早期洛杉矶森林草坪公墓[Forest Lawn]文化。有几位感觉敏锐、富有智性的英国人，他们把南加州看作比南欧海滨[Riviera]更具包容性的胜地，温暖、现代，足以逃避英国变幻的阶级歧视和糟糕气候，这几位就是奥尔德斯·赫胥黎[Aldous Huxley]、克里斯托弗·伊舍伍德[Christopher Isherwood]和大卫·霍克尼。霍克尼这两年的画作是他迄今最好的作品，好画一张接着一张：《比华利山庄主妇》[Beverly Hills Housewife]（图184）、《尼克·怀尔德像》[Portrait of Nick Wilder]（图146）、《储蓄和借贷大楼》[Savings and Loan Building]（图195）、《洒水器》[A Lawn Sprinkler]（图187）、《剪齐的草坪》[A Neat Lawn]（图193）等等，还有也许是这里头最好的一张——《一朵大水花》[A Bigger Splash]（图186）。所有这些画都有一种超然的感觉，如水晶般清晰，呼吸在清澈的光线中，带着知觉和有意识的意图，标志着霍克尼新的、杰出的雄心，要把今天的世界像他看到的那样迎面表达出来。霍克尼具有活跃在20世纪60年代的画家内在的、共同具有的前提，除此之外，他对现代主义寸步不让。

这批画作的智性前提说起来很简单，就是如何把学院里接受的透视、短缩、描绘和构图训练运用到新题材中，使得画作既能捕捉到他新选的题材，同时又保持绝对平面的外观。霍克尼对主题和视角的选择完全没有随机的成分，他选择站在图画的中央位置，站得稳稳的，用双眼立体地观看，而不是取相机和照片那种全景式的视角。相机有助于他在脑海中固定主题，提示色彩和形式关系，但相机无法取代画家的感觉和思考，相机做出的决定太机械了。早先的英国画家沃尔特·西克特[Walter Sickert]曾在1912年1月的《英国回顾》[The English Review]中写道："相机，就像酒精一样……也许在某些场合下能够服务于素描家，但只有不靠相机也能画的人才能驾驭它。此外，这个人的素描越强，他就越倾向于根本不用相机。"霍克尼用相机一般都是像西克特说的这样，把相机当作笔记来用，多是在旅行中使用。他的个人藏书中有五十本皮面装订的相册，足以说明他对摄影具有持久的兴趣。这些照片涵盖了他过去十年的经历，拍得越来越多、越来越细。有时候一张画会从照片中产生，比如《三把椅子及毕加索壁画的局部》[Three Chairs with a Section of a Picasso Mural]（1970年，图312）、《海滩阳伞》[Beach Umbrella]（1971年，图253）等，但几乎无一不是头脑中先有画面，然后才拍照片。把照片与相关画作进行比较就会看出，画家起到了关键作用。不过，这些为重度参考照片的画作进行开脱的标准说辞，几乎没有说的必要。想一想，照片可以为绘画服务，那反过来也成立。例如霍克尼极为钦佩的美国精确主义画家［precisionist］查尔斯·希勒［Charles Sheeler］，可以说是人到中年才从一位摄影家转去画油画，为的是克服照片印制的局限——所有照片都先天存在这个局限，尤其是当时的彩色照片印制。霍克尼虽然只是偶然才用绘画来帮助他的摄影，但就像希勒一样，他对绘画和照片的兴趣在美学上是一以贯之的。他拍出的最好的照片，连同依据这些照片画出的画，都是他个性的准确、清晰的表达，与他通过写生画成的版画、素描和油画并无二致。

霍克尼的相册揭示出他对人、对地方有种浪漫和善感的情绪。他给朋友没完没了地拍照，在不同场景下拍，换不同衣服拍，和不同人一起拍。假如艺术与生活可以分开，那这些照片更是关乎霍克尼的生活的，而不是关乎他的艺术的。就像他自己说的那样，他一年到头都在拍节日快照。

1966 至 1967 年的这批加州绘画有个吸引人的技法问题——怎样画水，怎样画玻璃上的反射。这些虽不能说是他在艺术创作中遇到的新问题（1964 年的《比华利山庄的淋浴男子》［图 96］中，溅落的水和水花画得还不怎么令人信服，而静止的水，如 1964 年的《好莱坞的游泳池》［Picture of a Hollywood Swimming Pool，图 118］、1965 年的《泳池中的两个小伙子，好莱坞》［Two Boys in a Pool, Hollywood，图 122］，画得也比较粗糙），但它们与永远碧蓝的天空、用简单直线画出来的建筑一样，都是霍克尼这两年的典型主题。在《彼得爬出尼克的泳池》（图 144）中，水面上滉漾的光线通过弯曲的交织线条表达出来，既抽象又容易理解，而玻璃上明亮的正交线条表明光线很强烈。在《尼克·怀尔德像》（图 146）中，窗玻璃被画成透明的，能看到里面的窗帘，水面上的光线也不那么密切交织，看上去是迷彩拼图一般的形。

即便粗看一眼这些画，也能非常清楚地发现，如果画中有人物，那么不管人物在画面上占据的面积是大是小，整个画面内容总是由人物来掌控。《彼得爬出尼克的泳池》是由一系列水平条带建构起来的，屋顶是一条，装有玻璃移门的墙壁是一条，游泳池本身也是一条，只有彼得是唯一垂直方向的元素，因此毫无疑问成了画作的主题。在《尼克·怀尔德像》一画中，这位洛杉矶的艺术品经纪人待在与前作同一座游泳池中，他身后的建筑也是同一座，但这幅画中的水平元素被压制了，尼克端庄、克制地浮现在微波荡漾的泳池远端，他的形象像是裁切出来的一座罗马胸像，而池水呈现出冷静的绿色和蓝色，令人想起地中海岸上的岩洞。两幅画在视觉上起主导作用的也许都是场景，但霍克尼选择了他要画的人，选择了在特定场景画，而且他只画自己的朋友，这些事实又多赋予这些画作以一重个性。

在《一朵大水花》（1967 年，图 186）中，人物已经沉入水下，拿查尔斯·哈里森 [Charles Harrison] 发表在 1968 年 1 月《国际工作室》[*Studio International*] 上的话说："再也不会浮出这个世界。"看着这张画，不知怎的，我们不会在意少了人物，因为他刚才显然在场。这张画的主题是爆炸一般溅起的水花与温馨静谧的背景之间的对比，它不再带有早期画作中的表现主义，水花凝固在伸出的跳板和无可逃避的南加州建筑背景之间。这张画里的水参考了一本泳池技术手册中的照片，建筑则参考了画家近期画的一张素描。最后的结果取得了 19 世纪法国学院派绘画的魅力，其人物（也就是画中的大水花）是在画室里完成的，再植入艺术家旅途所遇的某处风景中，地点也许是北非。正是这种刻意布置让画作取得了成功。它显然是精心构思的结果，可效果确实很好，令人兴奋的时刻凝固在一个精致得有点儿过了头的世界中。

霍克尼加州绘画中最具雄心的两张画整合了如此多的问题，让人简直无法理解，只能看成是画家故意要搞得高深复杂，给自己定下很高的挑战标准，以证明自己的能力，先是向画家自己证明，然后再向观众证明。要是放在 19 世纪下半叶的巴黎，沙龙展还处于其全盛期时，像《比华利山庄主妇》（1966 年，图 184）和《美国藏家》[*American Collectors*]（《弗雷德和马西娅·韦斯曼》[*Fred and Marcia Weisman*]，1968 年，图 188）这样的作品会被看作"机器"，指那种刻意要给人留下印象的大型绘画，它们具有宏大的构思，艺术家创作出来专门展现自己的力量。两张画呈现的都是洛杉矶一流的收藏家，场景就在安装着玻璃墙、闪闪发光的大宅子里。观众注意并记住的是看似无尽的闪亮玻璃，还有形状决绝的方块家具。这种印象经过画面中动物皮毛、绿色植物及可辨识的艺术品产生的对比，一方面被柔化了，另一方面却被倔强地强化了。《比华利山庄主妇》的场景中有一张柯布西耶 [Corbusier] 设计的斑马纹躺椅，墙上挂着一尊鹿首，这都表示出她丈夫的兴趣，暗示他的存在。前景偏右侧那棵小小的棕榈树设定了整个场景，很漂亮地呼应了威廉·特恩布尔的雕塑。玻璃墙上的斜向反光，其处理手法与同年稍早的一张加州绘画《彼得爬出尼克的泳池》相同。这张画浑然一体，很酷，保持了一定距离感，而且好玩儿。主妇的头部刻画可以认出其本人，但画家故意削弱了个性，她就像这所房子中的摆设，存在于一种无风的澄澈中，这种感觉又因她仿佛冻住了的姿态、木雕般的衣服、具有古埃及特征的毫无表情的四分之三侧面像而得到加强。这张画是如此稳固，以至于我们只有心怀霍克尼未来数年的作品，才能把它看作一个静止时期的产物，才会意识到，如果霍克尼当初照此重复，他后来的创作就有可能会变得空洞。

大卫·霍克尼似乎觉察到，肖像画总是依赖一种虚无的神态会有危险。在《美国藏家》（1968年）、《克里斯托弗·伊舍伍德和唐·巴恰尔蒂》[Christopher Isherwood and Don Bachardy]（1968年，图189）和《亨利·盖尔扎勒和克里斯托弗·斯科特》[Henry Geldzahler and Christopher Scott]（1969年，图223）等作中，他产生了更高远的抱负，他的肖像画也随之出现了新的品质，个性更突出，对塑造和特征刻画更重视，对家庭生活中互动关系的处理也更微妙。《美国藏家》的画面中央有一件亨利·摩尔[Henry Moore]的雕塑作品，安放在基座上，画中女主人的姿态与这件雕塑形成呼应，她的嘴部特征则与画面右侧那件西北海岸图腾像的变了形的嘴部形成呼应。画家将绿色和树木分割开来，安排到画面最左侧和最右侧，更突出了整个画面荒芜寂寥的感觉。女主人望着观众，男主人僵硬地侧身站着，望着观众视线之外的地方。这幅双人肖像画虽然不是像主委托订制的，但韦斯曼[Weisman]夫妇将它收藏了好些年，但他们很快就把这幅画打包存储，借给了帕萨迪纳艺术博物馆[Pasadena Museum of Art]。它现在在德国。韦斯曼夫妇并不是特别喜欢它。

大卫·霍克尼唯一接受过的委托订件是为戴维·韦伯斯特爵士[Sir David Webster]画的像（图302）。戴维·韦伯斯特爵士当时正准备从考文特花园[Covent Garden]歌剧院总监的职位上退休。霍克尼喜爱歌剧。不论在伦敦还是在旅途中，只要有机会，霍克尼就会去听歌剧，熟悉的、不熟悉的都听。他画室的留声机经常播放着歌剧，驾车时不论路途长短，他都会放歌剧磁带。有一回在考文特花园歌剧院看歌剧《托斯卡》[Tosca]首演，剧中的卡瓦拉多希[Cavaradossi]是一位新古典主义的英雄画家，在第一幕中，他从壁画的脚手架上走下来，唱了一首咏叹调。霍克尼回头朝一个朋友说："他和我一模一样，画一阵子，听一阵子歌剧。"很幸运，霍克尼渐渐与戴维爵士熟识起来，他也喜欢戴维爵士，他为爵士画的肖像虽然用的是冷色调，但调子中饱含感情。地板、墙壁和桌子用淡紫色、蓝色和绿色，郁金香用红色，面容用偏红的颜色。面容和郁金香描绘得同样仔细。戴维爵士坐在一张马塞尔·布罗伊尔[Marcel Breuer]式的椅子上，椅子是从霍克尼的画室里搬去的，摆在离玻璃茶几几英尺远的位置，那件茶几是起居室里主导性的家具，花是霍克尼喜欢的花。

完成《戴维·韦伯斯特爵士像》[Portrait of Sir David Webster]后不久，1971年，霍克尼又把曾出现在这张画里的玻璃茶几整个搬到《玻璃茶几上的静物》[Still Life on a Glass Table]（图251）一画中去。这次画面更精致，气氛却有点儿不祥。《玻璃茶几上的静物》的右半边构图就是戴维·韦伯斯特爵士像的左半边。要是把两张画并排连起来看，感觉戴维爵士能被收入画面都算走运。《玻璃茶几上的静物》具有肖像画般的情感力量。画中的一切物件都是艺术家生活中的物件，花瓶、灯、烟灰缸，每一样东西都具有熟悉和亲密的气息，可是它们相互之间又被分隔开来，蒙上了一层悲伤的气氛。画家并没有让它们相互交织在一起，宣示其含义。茶几下一块浓重的阴影将各个静物衬托得妥帖得体。在霍克尼近期的画中，《玻璃茶几上的静物》已经是最具有自传性质的作品了。

1968年以来霍克尼的画作内容更加丰富，反映出画家为它们付出的精力和时间。霍克尼的画从来不是随性画出，妙手偶得。近些年来，他脱离了加州泳池和水花等60年代中期作品那种平面化的、现代主义式的空间和构图，转而更追求画面深度，以更加传统的手法描绘空间、家具和人物。他为自己设立了更具雄心的挑战。他仍旧是一位现代画家，就工作在当下，但是他的艺术已经抛弃了很多现代主义的东西。《克里斯托弗·伊舍伍德和唐·巴恰尔蒂》（1968年，图189）这幅画是在加州开始画，后来在伦敦完成的，画中前后几个区域分得非常明确，强调了画面的深度。拿这张画去和《彼得爬出尼克的泳池》（1966年，图144）比一比，就更能看清霍克尼在绘画观念上的改变了。在《彼得爬出尼克的泳池》中，建构起画面的条带元素是按上下关系而不是前后关系读解的。在《克里斯托弗·伊舍伍德和唐·巴恰尔蒂》一画中，被沉甸甸的书本、水果及加强的阴影压着的茶几，急剧地向后缩短，把观众的视线引向坐着的两个人物之间，并引向他们身后更远的地方，而画中的两个人物舒服地坐在自己的区域内，这片区域无论从上往下看还是从远往近看，都处于画面空间的中间地带。唐·巴恰尔蒂看着观众，而霍克尼处理空间的新方法，是让克里斯托弗·伊舍伍德的眼睛和视线都守在画面中合适的区域。柳条编织的扶手椅以结实的三维手法塑造出来，加强了画面空间的复杂性。两个人物深深地坐在靠椅中，显得十分舒适，衬衣和长裤上有着很深的投影，两个人物又在各自的座椅里投下阴影。画得最细致的部位自然是人物的面孔。书、水果以及克里斯托弗的裤子仍旧有些块面感。透视稍加夸张以突出主题。两人身后的墙壁平坦空荡，不过观众的视线可以从这严肃的构图中逃开，转向画面右侧的窗台，窗台没有使画面出现大转变，但这微妙的变化引导观众的目光转向画面右侧，而克里斯托弗的目光注视着唐，又将观众的目光牵回画面的左侧。

霍克尼头一次集中精神关注单点透视的作品，是《亨利·盖尔扎勒和克里斯托弗·斯科特》（1969年，图223）。他于1968年末前往纽约，为创作这幅画画素描、拍照，但他并没有严格按照所见来画。画中窗外的景色其实取自另一间房间的窗景；那张沙发当时也很破旧（这张沙发自20世纪30年代造出来就没修补过），霍克尼把沙发画成灰紫色的缎子面料，替代沾着污渍、有裂口的旧面料；为了画好透视效果，他还把镶木地板画得比实际更新、更规则；灯当时就摆在那儿，但茶几、茶几上呈对角线分布的反光，还有那只插着郁金香的花瓶，这些都是回到伦敦后才想出来的。这些静物构建起画面的前景，正如窗外的景色构建起远景，于是沙发及沙发上的人便都稳稳地居于构图中心，这个构图是经过精心权衡和布置的。基纳斯顿·麦克夏恩［Kynaston McShine］曾把这张画称为"受胎告知"［Annunciation］。亨利·盖尔扎勒画得比克里斯托弗像多，因为霍克尼与亨利更熟。他把克里斯托弗画得像个来了又走的角色，穿着军装式的大衣，以立正姿势站着，木然而又神秘。镶木地板与玻璃茶几将画面的透视不可阻挡地引向中心人物头部上方的灭点，亨利·盖尔扎勒整个人呈钻石形，进一步加强了画面的三角形构图。他被安排在灭点下方，从灭点跌落下来，为的是压扁画面，将观众的注意力转回绘画平面上去。尽管这张画的构图和细节都很清晰，但总有地方让人感到不解。它保持了英国传统，虽然讲了个故事，但却是暗地里讲的。霍克尼的画能够引起观众极大的共鸣，其诗性不那么明显，因此观众要抓住它没那么快。这个效果要归因于他的画具有持续的力量，我们看见画面、记住画面，并在进一步观看中看见更多的东西。

霍克尼对抽象艺术的欣赏态度总是带着不情愿。他觉得抽象艺术有点儿空洞，认为大多数抽象主义艺术家都在不假思索地重复自己，他相信画的诗性与画的内容的可辨识性密不可分。不过尽管有这些看法，他还是持续不断地受到抽象的吸引。抽象好像是他思想中的一极，外在于心灵，被他用来定期检查刷新自己的思想。前文已见，1960至1961年间他刚进皇家艺术学院时的画，已经在尝试爬出学院式的抽象表现主义［abstract expressionism］的蜜罐，而且他的尝试越来越成功。他很快找到了自己的办法，热切地观察世界，他那可爱幽默的态度与其个性十分吻合。早期表现主义的痕迹过了好几年才从他的作品中消退。为了获得更机敏的表现效果，霍克尼早在1961年就用过特别形状的画框,这样的作品包括 1961 年的《错觉主义风格的茶之画》[Tea Painting in an Illusionistic Style](图 4)、《扁平风格的人物》[Figure in a Flat Style](图 39) 和《旅馆》[Hotel],以及 1963 年的《结婚之二》[The Second Marriage](图 6)。到 1965 至 1966 年间,霍克尼的画已经变得干净、新鲜,与抽象没什么关系了,但却完全遵循着抽象艺术家和理论家们所阐明的现代主义艺术原则:绘画是二维的,其平面性必须得到尊重,否则就会失去诚实和美德。只是到了 1968 年以后,随着自身思考的发展,霍克尼才回到传统,将精确的透视、**拟真的描绘**以及**错觉空间**重又引入自己的画中。与此同时他还利用颜料,以越来越流畅的手法、越来越突出的对比,试验以不同质感来描绘一张画中的不同局部,《海滩阳伞》(1971 年,图 253) 就是这样一个例子。

霍克尼对抽象因素的持续兴趣还单独见于他的一些作品中,如《画布上、房间里的两块色渍》[Two Stains on a Room on a Canvas](1967 年,图 200)。这张画对美国"渍染绘画"[stain painting] 画家(莫里斯·路易斯 [Morris Louis]、海伦·弗兰肯塔勒 [Helen Frankenthaler]、弗里德尔·祖巴斯 [Friedl Dzubas] 等) 以及还原主义艺术家 [reductionist] 的雕塑均加以借用、调侃和吸收。另一张画《漂浮在泳池中的橡胶圈》[Rubber Ring Floating in a Swimming Pool](1971 年,图 254) 也具有抽象因素,这张画的画面布局可以做两种读解,一种是照标题的含义读解,但也可以读解为对当时几位抽象画家肯尼斯·诺兰 [Kenneth Noland]、朱尔斯·奥利斯基 [Jules Olitski] 及爱德华·阿维德先 [Edward Avedesian] 等的回应。

在 1971 年的《立体主义雕塑及其投影》[Cubistic Sculpture with Shadow](图 314) 和 1972 年的《富士山》[Mount Fuji](图 327) 两张画中,霍克尼借用渍染手法来增强画面的错觉。在前一张画中,冈萨雷斯 [Gonzalez] 的雕塑所投下的阴影具有强烈的对比效果,但颜料却用得很薄,这一手法呼应了悉心创作的雕塑形体与偶然产生的投影之间的那种区别。《富士山》的构图是把一张印着富士山的明信片和一张取自插花手册的照片糅合到一起。鲜花和竹制花器画得很硬、很逼真。它们看上去触手可及,具有浮雕的质感,仿佛就在一臂之外。这一可触摸的质感被画布上渍染出来的蓝色进一步加强,这块蓝色在画面中就像远山,看上去非常令人信服。假如没有鲜花,不知道画的标题,假如这张画仍处于工作室半成品的状态,单是看那块蓝色的色渍,就看不出霍克尼与同时代的其他十来位画家有什么区别。蓝色的远山不过是画布上一块平涂的颜色,只有很浅的空间,正是丙烯颜料在未做底子的画布上渍染的典型特征。可是这张画完成以后,却是霍克尼最好的画之一,它总是给人以强烈的印象,让人觉得这是一个整体、统一的图像,鲜花和远山的关系在一瞥间得到了理解,没有刻意表达过多的思想,画中对硬软、远近、虚实的区分也没有对画面的统一构成持续破坏,观众很快就忘记局部的差异,注意力又回到统一的画面上。

霍克尼的画中有种压力,与他热爱地中海和南加州的情绪既形成对立,也构成补充。他自己把这种情绪叫作"哥特式阴郁"[Gothic gloom]。霍克尼的个性足够包容,他的艺术趣味足够宽广,足以领悟甚至融合这两种气质。最纯粹地体现其"哥特式阴郁"气质的作品肯定是他为《格林童话》[Grimm's Fairy Tales]所作的蚀刻插图(图 255—283),这项工程让他在 1969 年全力投入。他从三百多个格林童话故事中挑出六个,为之做出了一套三十九张绝佳的蚀刻插图。这套插图中描绘艳阳高照和欢乐生活的有不少,整体上很难说是"哥特式"或是"阴郁的",但是其中《闹鬼的城堡》[The haunted castle](图 273)和不祥的《寒冷的水将要侵袭王子》[Cold water about to hit the Prince](图 276)等作,于表面之下隐藏着瓦格纳式[Wagnerian]黑暗阴沉的调子。在画家这套规模最大的版画中,还有一种睿智的步调感和情绪转换的感觉——把一座描绘细致的钟楼与玫瑰花并置;表现干草变成黄金,这同样也是瓦格纳式的。这种北方浪漫主义的血统在后来一些画作,如《圣马克西姆的勒阿不瓦酒店》[L'Arbois, Sainte-Maxime](1968—1969 年,图 209)、《私人停车场》[Parking privé](1968 年,图 210)以及 1969 年的第一张画《静物与电视》[Still Life with TV](图 225)中得到继续发掘。在前两张风景画中,画面中央是繁茂枝叶构成的大块体积,画家用最普通的手段,挡住了观众深入画面的视线。树后是阳光下的建筑,但观众的视线没办法穿透枝叶到达那里(另外一张画,1968 年的《城堡》[Schloss,图 207],其气氛和构图明显来自画家为《格林童话》作的插图)。《静物与电视》直截了当地描绘了桌上的静物,画家挑选了如下物件并加以安排:一本没有打开的词典,一部屏幕空白的电视机,一支削好的铅笔,一张白纸,还有一段包装香肠,全都摆放在一张木头桌子上。桌子是棕色的,静物背后的墙壁为黄色(霍克尼的画极少用黄色),电视屏幕用调得很微妙的赭灰色画出,给空白屏幕增加了一些生气,让人感到有些诡异。画中的阴影都被加强,透视也很准确,结果令观众感到一丝不安,不完全是马格利特[Magritte]式的不安(他的画简言之,多为视觉错位),而是爱德华·霍珀[Edward Hopper]那种挥之不去的孤独感,或是卡斯帕·达维德·弗里德里希[Caspar David Friedrich]

那种浪漫主义式的唤起效果。弗里德里希很快成为霍克尼高度赞赏的一位艺术家。

霍克尼越来越频繁地前往德国作短期旅行，为的是寻找弗里德里希式的感觉。这成了他的一种嗜好，让他着魔。弗里德里希的引人之处在于构图清晰，对极端环境及一天中早晚变化的气氛十分敏感——月下、清晨、冰川、雾气，还有从天空洒落的最动人的光柱。对于如何在有限的方形画面中展开故事，弗里德里希也很有感觉。霍克尼最尊敬那些直面主题，与无限复杂的"真实"正面搏斗的艺术家。这类艺术家不会像超现实主义者那样将现实错位，而是选定一类主题，坚持一种观看方式。对霍珀来说就是小镇街道以及租房的孤客，对卡斯帕·达维德·弗里德里希来说就是落日下屹立在雪中的枯树。我们还可以再举看似无关的两个例子，乔治·德·拉·图尔［Georges de la Tour］和查尔斯·希勒。所有这些艺术家都成功地守住有限几个主题（德·拉·图尔是烛光下具有宗教意味的静谧，希勒是对机器的力量和纯洁性的敬畏），并且他们都知道怎么把独特的主题与观众想要观看的痴迷结合在人为的"写实主义"风格中，让主题完美适应表现手法。就上述几位画家的情况而言，他们画出来的东西，在他们替我们看见之前，是我们无法想到的。他们在那时候的观看方式，后来就成了我们现在的观看方式。

近年来，霍克尼也从自己早先的表现主义中借用一些东西。他借用了加州的艳阳高照，引入了一种新的张力，一种戴着面纱的不安，让人倍感微妙，因为它藏在表面直截了当的题材和手法之后。我们第一次觉出这一新气氛也许是在《房间，曼彻斯特街》［The Room, Manchester Street］（1967年，图 202）中，这是张肖像画，画的是霍克尼的朋友，同时代的画家帕特里克·普罗克特［Patrick Procktor］。双人像允许画家贴近观察，以几乎是偷窥的视角细致研究两人之间的关系。双人像是霍克尼最喜欢的主题。一对伴侣工作时是什么样的？两人有怎样的自我设定？怎么自我调整？两人怎能同时既独处又不是独处？这些都是霍克尼一再研究的问题，每次画都带着更深刻的理解，但每次又总是留下一些未回答的问题。早在 1962 年的《结婚之一》［The First Marriage］（图 48）及 1963 年的《结婚之二》（图 6）、《催眠师》［The Hypnotist］（图 85）、《室内景，洛杉矶》（图 94）、《坐着饮茶的女子与站着端茶的同伴》［Seated Woman Drinking Tea, Being Served by Standing Companion］（图 87）等画中，主题就都是双人。但在接下来的五年里，画家只是偶尔才以双人为主题（1965 年的《泳池中的两个小伙子，好莱坞》（图 122）以及《落基山与疲倦的印第安人》［Rocky Mountains and

Tired Indians，图127］）。不过到了1968年，霍克尼一下子完全回到了双人像。从那以后，他对双人像的兴趣进一步发展成对任性难题的持续研究，它具有小说式的强度，在我们这个时代的绘画中独树一帜。

本书出版时，霍克尼给他父母画的一张肖像还没完成（图406）。画中包含他的自画像，从画面中央的镜子里看着观众。这张画画家已经琢磨了好几年，最后他终于决定让母亲面朝观众，父亲侧身而坐，既望着母亲，也望向远方。画家本人看上去像个小男孩，真让人吃惊！他站在父母中间，面孔显露在画面中央的镜子里。他既是看着模特的画家，也是看着父母的儿子。这是霍克尼最朴厚、不求优雅的双人像，它带着约克郡口音，很适合它的主题——诚实、不卑不亢，归根到底是开怀接纳和爱。*

从1973至1975年的几年中，霍克尼大多时候都待在巴黎，在距离圣日耳曼大街［Boulevard St Germain］不远的一间大房间里画画，房间面对着一座安静的庭院。他之所以搬到巴黎，部分原因是他在伦敦的生活被过多曝光。媒体报道他的一举一动，他本人又很慷慨，不善推辞，因此工作所需的私密性就不够了。在巴黎开始的一段时间霍克尼还能保持社交与独处之间的脆弱平衡，但装饰艺术馆［Musée des Arts Décoratifs］为他举办的回顾展大受欢迎，同时杰克·哈赞［Jack Hazan］为他拍的半实录、半虚构的电影《一朵大水花》也多次商业放映，结果霍克尼的艺术及其富有魅力的个性引起了更广泛的公众关注。

在理想情况下，霍克尼喜欢在清晨散一会儿步，买报纸和喝茶用的新鲜牛奶，之后整个白天都在工作室里画画。到了傍晚，他喜欢约几个好友共进晚餐，喝点儿酒。他的一天一般从工作室开始，到晚上回到工作室结束，最后还要对当天的工作做个评估。现在这个日常节奏已无法保持，为了重获一定程度的私密性，霍克尼现在在洛杉矶、伦敦和巴黎之间往返奔波。他计划不久之后把纽约也加入临时家庭的选项中来。

在巴黎岁月里，霍克尼画了一批素描，后来在克劳德·贝尔纳画廊［Galerie Claude Bernard］展出。从1960至1972年间，他的兴趣在油画和版画之间交替转换，而素描则成为油画和版画两者共同的基础。在巴黎，素描本身第一次成为画素描的目的。用彩色铅笔给西莉亚·伯特韦尔［Celia

---

*霍克尼在1976年2月进行了修改，之后放弃了这张画。后来他又换了块新画布，在1977年2月至7月间重画了此画，新画里没有自画像。新画于1977年7月至9月间在海沃德画廊［Hayward Gallery］的"海沃德年展：第二部分"［Hayward Annual, part II］上首次公开展出。

Birtwell］画的素描是画家在巴黎期间最好的素描之一。素描表现出年轻漂亮的姑娘的情绪，从中可见霍克尼对女人味的理解。从这些素描中可以看到一个世纪以来法国艺术的影响，包括安格尔［Ingres］、德加［Degas］、图卢兹-劳特累克［Toulouse-Lautrec］、埃勒［Heleu］、帕辛［Pascin］、马蒂斯［Matisse］以及巴尔蒂斯［Balthus］。在巴黎画派的画家们全都加入美国抽象主义阵营，抛弃了女性主题之际，一位来自英格兰北部的地方画家却让巴黎人惊讶、欢喜，他继承了自毕加索以后似乎便烟消云散的传统。

20世纪70年代早期，霍克尼的技术能力已经达到这样一种境地，连他自己都感到害怕，开始往回收。泰特美术馆收藏的《克拉克夫妇与猫咪珀西像》［Mr and Mrs Clark and Percy］（图247）、《乔治·劳森与韦恩·斯利普像》［George Lawson and Wayne Sleep］（图386）等双人像——画家1973年曾一度放弃后者，1975年底重又画完——在自然主义和完成度上取得了这样的成就，以至于画中的情感和情节质量几乎威胁到画面的形式力量。霍克尼致力探求的虽然是双人像问题，但坚持画素描保证他的日常工作不至陷入无可救药的学院主义［academicism］。他的素描风格是根据需要准确再现面孔、服装和手等局部，同时自由地在画面上大面积留白，在这些地方仅作最基本的暗示。

话虽不确切，但可以说大卫·霍克尼是凭自己的雄心超越了仅仅作为一个怪人、作为一个受欢迎的艺术家而在英国艺术史上留名。他之所以受欢迎，相当程度上是因为他是位技艺高超的肖像和插图画家，擅长表现人物、讲故事，捕捉转瞬即逝的瞬间并赋予它们以纪念性，他也擅长把司空见惯之物变成奇妙的主题。他带着对艺术的忠诚节制地运用自己的技巧，保持探索和实验，以免使技巧沦为油熟。他以游泳池为主题的画只画了很少几张，这个事实足以说明他不愿重复自己的成功。不过，观众热衷于他创造的意象，有时候不能根据画家给自己设定的形式标准来评判其画作，这个时候他会觉得有些失望。

在巴黎时期为数不多的几张画里，有一张杰作《逆光：法国风格》［Contre-jour in the French Style—Against the Day dans le style français］（1974年，图402），这幅画的主题尽管令人目眩，但它从来不会让观众忘记，他们正在观看一幅质量极佳的画。《逆光：法国风格》呈现了卢浮宫一个窗口的景观，窗户的一大半都被发着神奇光芒的遮光帘所遮挡。霍克尼的作品素有清晰的特性，但他用起点彩主义画家［pointillist］的抽象手法并不迟疑，他用这种手法画大理石窗洞。方形的窗洞处于画面之中，却又框住了画面。用同样手法画的还有那近似于方形、阿尔贝斯［Albers］式的黄绿色遮光帘，它成为画面上最吸引目光的元素。窗洞画得很平，遮光帘也很平，地板更尊重画面四边的关系而不是尊重透视（卢浮宫镶木地板的风格比霍克尼画的更正统）。所有这些平面性都被地板上的倒影、窗户下面露出三分之一的外景等具有欺骗性的错觉主义外表掩盖着。庭院对面是羽状的树和阳光下的建筑，石子小径呈透视状辐射出去，让观众对距离的感受变得警觉，而小径尽头的环岛与圆形的铸铁窗棂形成呼应，又将观众带回绘画平面中来。

鉴于霍克尼对抽象、对宗教实体的私货都很反对，此画窗户中出现一具象征性的十字架，实令观众感到吃惊。使用这一象征主义［symbolism］手法也许是受到了他非常推崇的卡斯帕·达维德·弗里德里希的影响。从某个角度理解，正是乍看不易发觉的那个十字架，照亮了遮光帘发光的方块区域。

仔细分析《逆光：法国风格》这张画，各种相互冲突、相互对比的元素便显示出来。它是一张杰作，因为无论有没有人道出其复杂性，其意象连同其作为一件物品的生命，造就了一个新的、令人记忆深刻的视象。像这样一种解决方案表明，大卫·霍克尼的雄心并未超出自己能力的范围。

亨利·盖尔扎勒（Henry Geldzahler）

1《爱情绘画之三》，1960 年

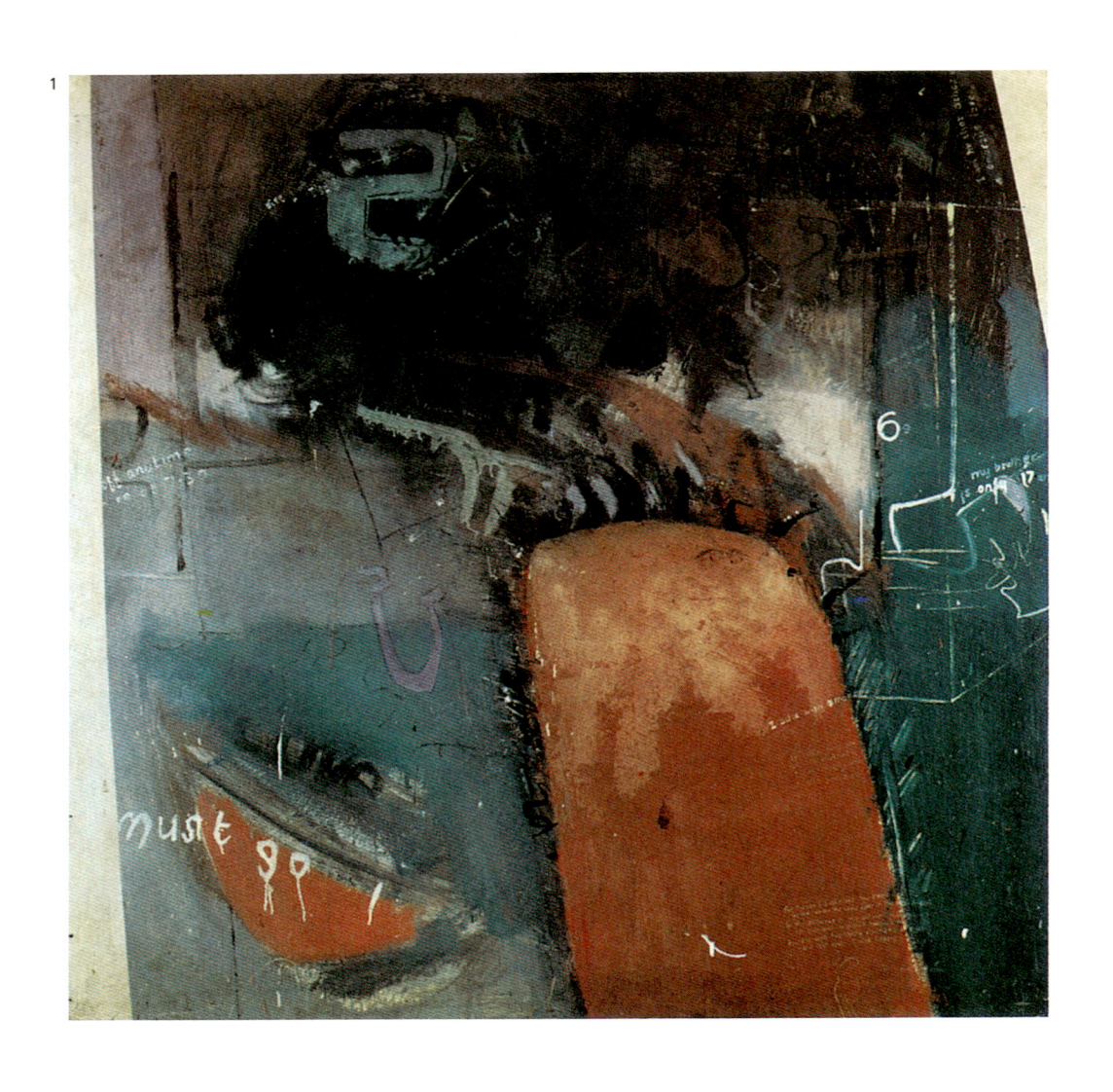

2《3月24日凌晨的恰恰舞》，1961年

3《半埃及风格的达官贵人的游行》，1961年

起初我亲自动笔写自传……但自己写太花时间了，我觉得完全没有意义。等我碰到和我一个教区的米凯莱·戈罗［Michele Goro］的儿子，一位年纪十四岁左右，身体也不好的的男孩儿，我就把写传记的任务托付给了他。我一边工作，一边把自己的生平口述给他，我很享受这么边工作边口述，结果工作起来感觉更敏锐，也更出活儿。就这么着，我把写作的负担丢给他，而我则希望只要记得起来，就把我的故事一直讲下去。

不论什么人，只要取得值得称道的成就，要是他在意真和善，都应该亲自记下自己的生平；不过这项光荣的任务，不应在四十岁之前贸然为之。

《乔瓦尼·切利尼之子本韦努托传》
［The Life of Benvenuto, the Son of Giovanni Cellini］
由他本人撰写，佛罗伦萨，1558年

大卫·霍克尼谈大卫·霍克尼

对待艺术家有个特别好的建议，就是只相信他做的，别相信他说的。值得尊敬的艺术史家从来都不只听艺术家自己说的，他还会从作品中寻找证据。我记得是西克特在哪儿说过，永远不要相信艺术家说的，只相信他做的。他撂下这句话，开始写他的书。等艺术家完成了作品，总结出一番理论相对就简单些，可要是还没创作就先从理论着手，那可能就是一场灾难了。我认为就算你想从理论着手创作，也不要那么干。对绘画感兴趣的人，听画家谈论自己的创作可能为之入迷，可是我认为要了解画家的作品单凭他自己的话还不行，他的创作是一个不断试错的过程。

出生、家庭和最早的学艺经历

我1937年出生在布拉德福德。我有三个兄弟，一个姐姐。我排行老四，有个比我小的弟弟。兄弟中有两个住在澳大利亚，大哥仍住在布拉德福德老家，姐姐是贝德福德郡［Bedfordshire］的区护士。十一岁之前我在布拉德福德公立小学［council school］上学，我的哥哥姐姐也是在那儿读的。十一岁以后，我获得奖学金转到布拉德福德文法学校［Bradford Grammar School］上学。我大哥也曾获得他们的奖学金，但我入学的那一年，1948年，我哥刚

大卫·霍克尼和他的母亲，大约三岁　　　　　头戴儿童帽的霍克尼，大约十岁

好离开。我其他几个兄弟上的是别的学校。我一直跟人说我恨布拉德福德文法学校，我在那儿读书的时候根本不开心，可能是太枯燥了。

十一岁上，我在内心里下了决心要当艺术家。不过对那时的我来说，"艺术家"这个词的含义还相当模糊。做圣诞卡的是艺术家，画海报的是艺术家，就连为海报写美术字的，在我心里也是艺术家。任何人，只要他的工作用得到刷子画笔，要涂点儿什么、画点儿什么的，都是艺术家。

很难说为什么我决定当个艺术家。显然，我有点儿才气，比别人更有才气，但有时候才气不过是怀着更大的兴趣观察事物、检查事物并加以再现，不过是比一般人对视觉世界更感兴趣而已。我十一岁的时候，在布拉德福德这种地方能见到的唯一的艺术就是手绘的海报和标牌。我那时觉得艺术家就是靠画海报为生的，认为艺术家只为自己优哉游哉地作画，这种观念我那时候还没有。我当然知道油画，书里和博物馆里那种，但那时我以为油画都是艺术家白天画完了招贴、圣诞卡或者别的什么营生之后，晚上回家画的。

我父亲对艺术有那么点儿兴趣。他对画所知不多，不过20世纪20和30年代，他参加过布拉德福德美术学校的晚班，就是说他对艺术感兴趣，喜欢动手画点儿素描和油画。我十一岁时，父亲干过给旧自行车刷漆翻新的活儿。那时战争刚结束，自行车都供应出口，市面上买不到新自行车，所以我父亲就买来旧自行车，刷上新漆，使它们焕然一新。我那时看他给自行车刷漆，看着刷子浸入油漆，再涂刷在自行车上，看得我很着迷，我喜欢那种感觉，当时是这样，甚至现在也是。这个过程里有种感觉，我想爱画画的人都喜欢，将刷子蘸入颜料，再涂涂抹抹，不管涂在什么材料上，哪怕涂在自行车上，就是那种用饱蘸颜料的刷子涂抹覆盖的感觉。即便现在，让我把门刷成一色，我也能干上一整天。

我父亲显然享受刷漆的活儿。记得1950年前后，他决定给家里的旧装修来个现代化改造。改造从门开始，他给每一扇格子门蒙上硬质纤维板，画上日落的场景，好像贴面板材上的装饰画一样。他把全家的门都这样画了一遍，我觉得棒极了。父亲也画一点儿海报，他的美术字写得很好。那时候有人能写一手非常利落的美术字，对于美术字的需求不少，电影广告也都是手绘的。我会爬上脚手架看他画海报，能看到刷子留下的笔痕。那时的餐厅和咖啡馆招牌也要人画，对我来说这些都是艺术家真正要干的工作。

布拉德福德文法学校

在布拉德福德文法学校的第一年，我们每周只有一个半小时的绘画课，一年后我们被分到古典、科学、现代语言等几个班里，就**没**有绘画课了。我觉得糟糕透了。美术只能在一年级学，而且只有通识班［general course］才有得学。于是我想，好，你们要是不管我，我就进通识班。进通识班很容易，因为只要你少做功课，就自动被分到那里。我还记得数学老师在窗台上养了几盆仙人掌，我一直认为自己永远不要听这类课，所以我就坐在最后排，偷偷画那些仙人掌。后来他们批评我不做功课，校长问我：你怎么这么懒？我们可是给了你奖学金的啊。我对学校说我想学艺术，他们回答我想学艺术**以后有的是时间**。我想，这个答案对任何一位热心向学的学生，不管他想学的是哪一科，都不是好答案。

我认为不让人学美术是非常糟糕的。几代英国人在学校里都受不到美术教育，其不良后果看看我们周围就能感受到。美术好像很不重要似的，其实它是至关重要的，因为从周围环境里见到的是什么，将会影响我们每个人的人生。文法学校从一年级以后就没有任何美术教育，直到六年级才又开一门美术欣赏，可我觉得有点儿晚了。就算一个人不想当艺术家——当然大多数人都不会成为艺术家——也应该接受美术教育，因为美术教育能使人的视觉感受力更加敏锐，而人们的视觉感受力敏锐了，我们的环境也就变得更美了；

霍克尼参加一家报社举办的广告竞赛的参赛作品，他最终获得了二等奖

校长致霍克尼父亲的信，1950 年 3 月 11 日

要是人们的视觉感受力不行，他们也就不会在乎周围环境是美还是不美。这对一座城市、一个国家而言差别可大了。

  学校里每学期都出一份校刊，我为校刊画画，大多画在刮画板上，因为制版工人做不到那么精细，所以画面上不得不多用强烈对比。校刊经常刊发我的画，我还参加了一家报纸举办的招贴画比赛，我忘了具体细节，但我记得比赛题目是为一款手表画一幅广告招贴。获得头等奖的是杰拉尔德·斯卡夫［Gerald Scarfe］，我则获得了二等奖。杰拉尔德·斯卡夫告诉我，他妈妈可能觉得他能得头等奖很了不起，因为她对杰拉尔德说：你知道谁是二等奖

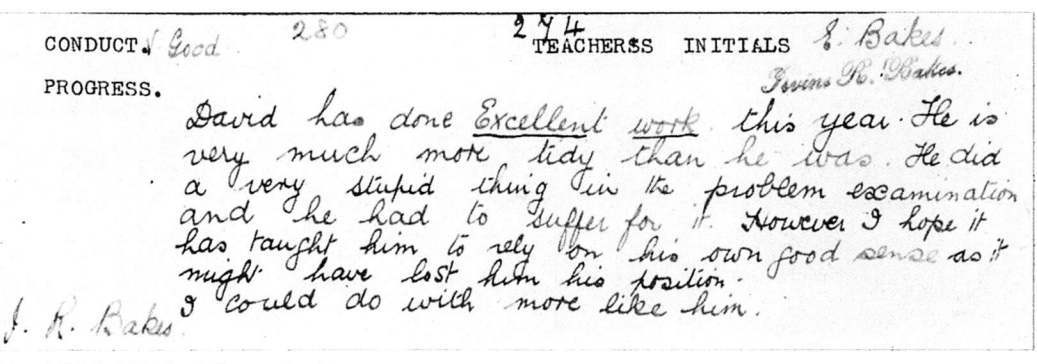

霍克尼小学毕业成绩单的一部分，1946 年 7 月

霍克尼画的漫画，刊登在布拉德福德文法学校校报上，1953年

吗？——是大卫·霍克尼！

我花了很多时间画小海报，对我来说，搞艺术就是干这个用的。干起来真正擅长的事，就是你应该干的事。学校里需要画海报的人都来找我，我记得为辩论社团画过很多海报，因为给他们画最有意思，我可以根据辩论的主题，构想出各种小构图。这是我生平第一次有机会实现当艺术家的梦想，感觉真是好极了。人们会对我说"我喜欢你的海报"，或者诸如此类的话，而我画的海报就出现在学校的布告牌上，学校里的每个人都会走过布告牌，看到我画的海报，所以布告牌成了我的小小的展场，一直为我所用。画海报真为我省去了很多麻烦，我在家几乎从来不做作业，我本来是要做的，母亲会问我：你作业做得怎么样了？你在做作业吗？我就会说：做了。可实际上我在画海报，我跟母亲说这是学校让我给他们画的。

我的美术老师总是鼓励我，还有个教语文的男老师。有一次我们要写一篇作文，我没写，因为我把时间都用来做美术课的一个拼贴自画像作业了。当老师问我：你的作文呢？我能给大家朗读一下吗？我身上正好带着那张为美术课做的拼贴作业，我就像个无赖学生那样回答：我没写作文，但我做了这张拼贴。老师看了那张拼贴作业，说：哇哦！做得真棒！我真是大吃一惊，因为我本以为他会说：你这个坏蛋。

学校里有个美术社团，晚上聚会，我也参加。校刊上总会报道各个社团的活动，我记得入校第一个学期，校刊对美术社团的报道中提到我说："大卫·霍克尼的到来调节了美术社团的气氛。"我那时差不多十一岁，还不知道

布拉德福德教育局长致霍克尼父亲的信,1950年4月5日　　霍克尼画的漫画,刊登在布拉德福德文法学校校报上,1953年

"调节气氛"是什么意思,"light relief"[调节气氛,"relief"有"浮雕"的意思——译者]这个词听起来像雕塑,我还以为社团要让我搞雕塑。

到十四岁那一年,我想上布拉德福德美术学校的附属初等美校[junior art school],但是管奖学金的那些人不让我离开文法学校,校长说去美校太傻了,你需要我们这儿的教育。我恨他们强迫我留下,十六岁一到,我一考完普通教育证书(GCE)就马上离开了。我记得法语没考及格,到现在我也说不好法语。当时我父母不太情愿让我上美术学校,我的两个哥哥从学校毕业后就参加工作了。他们不情愿只是出于经济上的考虑,他们希望对待我们兄弟姐妹一视同仁,我大哥本来也想当艺术家,可家里没同意,他毕业后直接参加工作,成了个见习会计。我显然更狡猾,对艺术的热爱也比大哥深。我说:哦,上美术学校是必须的,当艺术家必须经过训练。但我母亲说:好,不过你干吗不去利兹(Leeds),在商业艺术工作室找份工作?她把我的几张小幅素描寄给伦敦的国家设计委员会[National Council for Design],好像是这个名字,后来收到回信,说:不,这些素描完全不行。于是我说——我其实相当开心——好,人家说不行,你明白了吧,必须上美术学校学习。不过,我倒真是找了份工作。我做了一份求职材料,里头有我写的美术字,还有其他

33

我觉得一个商业艺术家应该会的东西。我带着材料跑了利兹几家工作室，最后有一家说：好吧，我们可以给你一份工作，但上美术学校对你会更好。我说：哦，我知道。然后他们问要不要给我一份工作，这下我回答说：不，我也许应该上美术学校，我接受你们的建议。我回家告诉母亲，工作室的人说我必须上美术学校，哪怕一年也好。母亲好像被说服了，于是我开始了在布拉德福德美术学校的学习。我获得了每年四十镑的助学金，我母亲毕业后靠做见习文员每周大概挣两镑，而我靠当学生，每周挣一镑。

布拉德福德美术学校

刚进美术学校，他们说：嗯，你应该学商业美术。能进入美术学校，我别提有多开心了。一开始我做好准备，他们建议我学什么我就学什么。不过，等学了三四周后，我意识到要是一开始说自己想学油画就好了，因为油画方向的课程不是素描就是油画，主要是写生。大多数学油画的学生都想当老师，这个方向被看作师范训练。我对他们说我想转到油画方向。啊！你想当老师。不不，我说，我想当艺术家。对我来说，要是说想当老师，就已经投降了。我认为只有经过一段独立的艺术创作生涯后，才能当老师。不然你就不知道该教些什么。他们又想打消我的热情，问我：你有没有私人收入？我问：什么叫私人收入？我不知道什么叫私人收入。他们说当艺术家你永远都养不活自己。的确，大多艺术家靠艺术都养不活自己，不过，这话说给一个满腔热情的十六岁的孩子听，也够烂的。我永远不会对十六岁的孩子说这种话。不管怎么说，我修习了攻读国家设计文凭［National Diploma in Design］的课程，但我的热情没有被打消。学生在美校的前两年要学一门主课、一门副课，我的主课是油画，副课是石版画，随后两年就可以专攻一门主课，我选的是油画。这意味着四年里我不是在画素描就是在画油画，多数都是写生。每周两天油画写生，两天练习人物构图，这些都必须是写实的，都是写生，每周余下的一天画素描。头两年每周还有一天上透视或解剖课。训练完全是学院派的。最后一年有位女士给我们上了几堂美术史课，毕业考试要我们写一篇文章，论一位艺术家或者一个绘画流派。我写的是科科施卡［Kokoschka］和苏丁［Soutine］。挺怪的。

我开始对什么都感兴趣。那时我十六岁，是个单纯的小伙子，他们说的一切我都信。说我必须学透视，我就去学透视；说我得去学解剖，我就去学解剖。经历了文法学校，初到一所让你干的一切都是享受的学校，那感觉真

Bradford Grammar School.

REPORT for Term ending December 21st, 1950.

Name: Hockney D

Form: T Y   No. of boys: 25   Average Age: 13 9

Subject	Term Order	Exam. Order	
Divinity	11	—	Has ability, but does not concentrate and disturbs others in the class. L.J.A.
English	11	19	He still does not really believe that an artist needs occasionally to use words. K.W.
History	3	5	Quite good — but he could be really good if he kept his mind on his work.
Geography	9	10	He tries most of the time but is too casual. J.A.V.D.
French	25	22	He shows an occasional gleam of understanding. J.B.W.
Latin or German			
Physics			
Biology or Chemistry	3	8	Very good work.
Mathematics	18	17=	He will not put his heart into his work. N.B.
Art	1	2	Good work, fair progress.
Handicraft	15	—	Very fair efforts.

Attendance — Times absent: 0   Times late: 1

I am sure that he has the ability to reach a much higher standard in all his work. He would do well to conquer the tendency to let his attention wander from the job in hand.

C.J. James, FORM MASTER

N.B. Mathematics & English reports. Is he really silly? He can't afford even to pretend to be.

R.B. Graham, HEADMASTER

霍克尼在布拉德福德文法学校的成绩单，1950 年 12 月，时年十三岁

霍克尼站在他父亲刷的大门边

十六岁左右的霍克尼

霍克尼一家，从左到右：弟弟、母亲、姐姐、父亲、霍克尼本人

Bradford Grammar School.

REPORT for Term ending July 24th, 1953.

Name: Hockney D

Form: Remove X No. of boys in Form: 26 Average Age: 16.4

Subject	Term Order	Exam. Order	
Divinity	5	—	Quite good work. L.S.R.
English	13		He has continued to make progress. E.O.
History	4/16		His work has been of a remarkably high standard and he deserves success. M.J.P.
~~Greek or~~ Geography	6		He has shown great interest and ability this term. A.W.H
Latin			
French	19/19		Negligible progress. H.A.T.
Physics or German			
~~Biology or Chemistry~~ Gen. Science	23		He has experienced much difficulty in this subject. J.B.B
Mathematics	M.2. 14/25		His efforts have been spasmodic, and his work has suffered in consequence. H.C.D.
Art	1/18	—	Very good. R.F.B.
Handicraft			

Attendance—Times absent _____ Times late _____

He has undoubted ability in art especially in Cartoon and sign-writing work. Although fundamentally a serious-minded boy, he has allowed his form-mates from his Third Form days, to make him an almost legendary figure of fun. It is only in his last year that he has shown his serious side — but we have enjoyed his company. E.O.Davies — FORM MASTER

Best wishes to him in his new start. He will be glad to be rid of the 'figure of fun' & to establish himself as a sincere & serious person by steady work & merit. R.B.Graham HEADMASTER

Next Term begins on Tuesday, Sept. 15th, at 9 a.m., and ends on Tuesday, Dec. 22nd, at noon.

霍克尼在布拉德福德文法学校的毕业成绩单，1953年7月

霍克尼在家中自己的卧室里画画 　　霍克尼在卧室中，他在海滨的圣莱奥纳尔兹租的小屋 　　霍克尼与布拉德福德美术学校的同学在一起

是非常令人振奋。四年里我每天都在学校里待上十二个小时。学校的课是上午九点半到十二点半，下午两点到四点半，傍晚五点到七点，然后还有七点到九点的晚班，专门为校外年纪比较大的学生开设。如果你是全职学生也可以参加晚班，晚班一直提供模特，所以我待着不走画素描，总是一口气画到九点。

人在那么年轻的时候，眼界很重要。我看艺术作品看得最多的时期就是在美术学校。那个年代画册非常少见，图书馆也很小。我还记得第一批彩色大画册到来的情景，瑞士斯基拉[Skira]出版社印的画册。我全身心投入这些画册，它们刊印的是19世纪的法国油画，印象派的画。我十九岁才第一次到伦敦，那以前我见过的油画**原作**都是在布拉德福德、利兹、曼彻斯特和约克等地看的。利兹美术馆[The Leeds Art Gallery]的藏画相当不错，那时候他们有伦勃朗那张大幅骑马像，现在被伦敦国立美术馆收去了，利兹美术馆那时还有一两张法国绘画，以及一批弗莱芒绘画。那时我们能见到的当代艺术全是英国本土艺术。我进美术学校时看的作品出自基斯·沃恩[Keith Vaughan]、约翰·明顿[John Minton]、早期圣伊夫[St Ives]抽象主义艺术家们以及特里·弗罗斯特[Terry Frost]，他作为画家成了利兹大学格雷戈里访问学者[Gregory Fellow]。到1957年，我们知道了罗杰·希尔顿[Roger Hilton]的作品。在美术学校的最后一年，我们已经画过很多素描，我意识到我们的美术学校是多么学院派，并发现全部问题在于我对现代艺术还一无所知。美术学校推崇西克特，他是美校的神，我们美校以及全英格兰每一所美校所倾心追求的全部风格，就是西克特与尤斯顿路画派[Euston Road School]相结合的风格。这后来出了问题，让人们觉得美校教砸了。从某个角度看美校是教砸了，因为每个学生画得都一样，但是换个角度看，对一个

4

4《错觉主义风格的茶之画》,
1961 年

5《逃往意大利：瑞士风景》，
1962 年

6《结婚之二》，1963 年

十八岁的霍克尼，道格拉斯·博尔顿摄，感谢肯尼斯·格罗塞许可提供版权

部分霍克尼早期画作，包括《自画像》(1954 年、1959 年) 以及《父亲》(1955 年、1958 年)

二十岁的学生来说，画得都一样又怎样？他们现在还在以同样的办法教，和以前不同的不过是现在他们都把画板放在地板上画而已。不要紧。毕业离校时，我开始怀疑，到底什么样的艺术才有价值？我真画过什么有价值的画吗？我在美校的时间是不是都浪费了？嗯，当然，问一个二十岁的年轻人是不是浪费了时间挺傻的。无论如何，因为我对当代艺术有了更多的了解，我心里开始产生这些疑虑。我对斯坦利·斯潘塞 [Stanley Spencer] 相当感兴趣，这可能是因为他作品中的文学内容。我知道他被看作一个主流外的艺术怪人，不论是推崇西克特和德加的学院派还是抽象主义画家都排斥他。到 1957 年，我对诸多当代艺术家已经有了确切的了解，我的了解部分来自利兹的艺术家，部分来自格雷戈里访问学者。阿兰·戴维 [Alan Davie] 是当时的格雷戈里访问学者，我记得他在韦克菲尔德 [Wakefield] 办了一个很大的展览，当时我还是个学生。展览上的作品给我留下非常深刻的印象，那是我第一次接触抽象艺术，我起初感到困惑，但还能对付，并没有一下子乱了阵脚。

售出的第一幅画

《父亲》[Portrait of My Father]（图 7）差不多是我生平画的第一张油画。它是在一个周六的下午画的，父亲那时刚刚结束工作。我在布拉德福德最后两年的夏天，经常在户外作画。我画了一批小画，表现布拉德福德郊外的排屋。我把所有颜料都放在一架用婴儿车改造的小车里，推着它去现场作画。美术学校喜欢我的画，他们觉得我画得很聪明。后来《父亲》卖出去了。我把这张画连同另一张布拉德福德街景送去利兹参展，我记得是1954年的约克郡艺术家展［Yorkshire Artists Exhibition］，这个展览每两年在利兹美术馆举办一次，参展的多是约克郡本地画家。这是一场艺术盛事，美术学校的所有老师都送画去参展。参展的大部分画作都出自毕业了的校友之手，那都是些非常专业的画家，除此以外的参展画作都是本地美术学校的老师们送展的。我送自己的两幅画参展时，连价格都没有标，我想，反正也没人买。

我记得周六下午的开幕式。开幕式提供免费三明治和茶，我觉得那是一场艺术盛事，大事件。开幕式上有个人看到了《父亲》，发现是个年轻人画的，就向我开价十镑要买下它。我兴奋坏了！十镑可是一大笔钱，因为这画的画布是我父亲给我买的，我想，这真正是他的画，这是他的画布，我只不过在布上留下了笔痕而已。于是我给他打电话，告诉他有个人想买这张画，我能不能卖？父亲回答说：哇哦！卖！他之所以觉得能卖是因为画的是他，你知道，他对我说以后你再给我画一张就是。我就说：是的，没问题。等到周一，我不得不请美术学校的每一个人喝酒，酒钱大概花了一镑。在酒吧里花掉一镑听起来有点儿荒唐，但是用十镑里余下的钱我买了好多画布，画了好几幅画，然后把它们送展，多是在布拉德福德和利兹的展览。我画的大部分

霍克尼作为拒服兵役者的登记卡

42

是油画，那时觉得油画高级，三英尺乘四英尺大小的油画已经算大画了，需要埋头苦干很长时间。

我在画《父亲》时，父亲给我买了画布，支起画架，还给自己摆好椅子，他还在旁边安放了镜子，这样他就能一边看着我画，一边说他的看法。他会说：哦！太脏了，那是我的脸颊吗？不，不，不是那个颜色。我画的时候他就一直这么给我提意见。我会说：嗯，不，你错了，就该这么画，美术学校里就是这么画的。接着我就继续照自己的意思画。我的目标是要画得像，可是画的时候真正考虑的是影调，是调子，要确保明暗关系的正确，也就是说对色彩置之不理。在美术学校的油画中，色彩不是考虑因素。

1957年从美术学校毕业后，我按理该服兵役，但我反对服兵役。当时我觉得自己是个和平主义者，于是选择去布拉德福德的医院做了一年义工。再往后我就搬家了。我在苏塞克斯［Sussex］的圣莱奥纳德［St Leonard's-on-Sea］租了一套独幢小屋，在海斯廷斯一家医院工作。这两年期间我几乎没怎么画画。

我用十八个月读普鲁斯特［Proust］，这算是没画画的另一个原因。我**强迫**自己读他的书，因为开始真是太难读了。我从来没出过国，但我知道这部小说是20世纪最伟大的艺术作品之一。我小时候读过一些书，但大多是英国作家的书，只要是英国作家写的，我都能感到其意旨。我读狄更斯［Dickens］，你知道狄更斯的味道，但是普鲁斯特就不一样了。我记得他的书里提到了芦笋，我不知道芦笋是什么东西。他的书我后来又读了一遍，这回意识到他的书第一遍读不可能有很多收获。

皇家艺术学院，1957年

1957年我申请了皇家艺术学院以及斯莱德美术学校，申请时送交的作品包括素描写生、油画写生、人物构图，还有我在美术学校期间及放假在家期间画的油画。当时在美术学校学油画的人毕业后都会申请皇家艺术学院、斯莱德美术学校或者皇家美术学院［Royal Academy］，它们都招收研究生。在美术学校里学到的东西还不够。我很高兴能重返学校，决心像从前一样用功。我被皇家艺术学院油画系录取，当时系主任是卡雷尔·韦特［Carel Weight］。和我同届考取的还有罗恩·基塔伊、艾伦·琼斯［Allen Jones］、德里克·博舍尔［Derek Boshier］、彼得·菲利普斯［Peter Phillips］等人。

进入皇家艺术学院后不久，我的油画风格就变了。在医院工作的两年间，尽管我一张油画也没画，但我自然会思考油画。我在布拉德福德美术学校的最后一年中，曾三四次前往伦敦，观摩泰特美术馆、国立美术馆等处的藏品。我那时很年轻，年轻人都对同时代的艺术更感兴趣，老大师如米开朗琪罗［Michelangelo］，你懂的，不太见得到，年轻人也不太理解。

直到这时我才开始研究毕加索。在20世纪50年代的英国，对毕加索仍然存在相当庸俗化的态度，尤其是在小地方。现在这种态度消失了，但在当时，比如艾尔弗雷德·芒宁斯［Alfred Munnings］，画马的专家，就总是说毕加索是个差劲儿、可怕的艺术家等等诸如此类的话。我记得有一次读到毕加索曾问起过，这位芒宁斯先生是什么人？那时我意识到身边的一般画家就是俗，毕加索的艺术显然比他们搞出的任何东西都强。可是要理清头绪相当困难，因此我在皇家艺术学院开始学习的时候，不知道自己的艺术应该怎么搞。我认识到再按以前那种样子继续画下去徒劳无益，我感到自己想搞点儿别的东西。对见过的现代艺术，我也没有觉得对哪一家特别喜好。我很开放，不过相当喜爱毕加索，我对他的喜爱很快就见出效果。毕加索最初让我喜欢上的，是他20世纪30年代晚期的画，我记得《哭泣的妇女》［Weeping Woman］是让我真正景仰他的第一幅画。正是毕加索这批30年代的作品，还有《格尔尼卡》［Guernica］，使我开始意识到，我必须关注我自己。这批画作意义重大，要学油画，你就非关注它们不可。

我就这样开始了在皇家艺术学院的学习。我想，好，我已经有两年没画过素描了，就算画过也没几张，我来画一张素描，一张长期作业，看看我要怎么画。于是我对着一具骨骼画了两张素描，每一张花了三四周时间。这两张素描是非常学院派、非常精准的素描，画出了半大的完整骨骼，其中一张用铅笔，另一张用松节油淡彩。

传统主义对阵抽象表现主义

一进皇家艺术学院我就发现学院里有两种学生，一种属于传统群体，他们只是延续他们曾在美术学校做的功课，画静物、油画写生、人物构图；此外还有另一个更激进、更活跃的学生群体，他们是最聪明的一帮人，把更多时间用在当代艺术上。他们在硬纤维板上画大幅的抽象表现主义绘画。

我在学校里认识的第一个同学是罗恩·基塔伊，我们见面就熟了，他的画也立刻吸引了我，我看得出来他对油画懂得比别人都多。他大概比我年长四岁，对二十二岁的我来说，四岁的差距可不小，经验上差多了。他在同学里是最严肃的一个。他有一种特别吸引人的冷幽默，不过那时的他比现在严肃多了，是个相当令人敬畏的人。他对有些人锋芒毕露，仿佛无法容忍傻瓜。我和他处得来也是因为我们性格上有不少共同的东西。我们会谈论文学，他对奥威尔［Orwell］感兴趣，我记得和他说起过《通往威根码头之路》［*The Road to Wigan Pier*］，这本书我很久以前就熟知，它是我出生的那一年出版的，我父亲总是提到它，他会说这本书是在你出生的那一年写的，当时就是书里写的那个样子。罗恩对我影响极大，比别的任何因素对我影响都大。这影响并不限于绘画风格，他的风格对很多人都产生了影响，也包括我，但他对我的影响还在于他对艺术的严肃态度。绘画是必须严肃加以研究的东西。许多人都以为搞艺术的对艺术都很严肃，其实不是。好多搞艺术的只是醉醺醺地瞎混，我一直觉得那样混太傻。当时在学院里教油画的有卡雷尔·韦特、罗斯金·斯皮尔［Ruskin Spear］、凯里·理查兹［Ceri Richards］、罗杰·德·格雷［Roger de Grey］、科林·海斯［Colin Hayes］、桑德拉·布洛［Sandra Blow］等老师。桑德拉·布洛画大幅抽象画，画里还伴着沙子，学生们都在搞那种东西，学院把她招来是为了镇住学生！这批老师教了我许多年，他们中有些在学院里已经待了二十到二十五年了。他们给你相当的自由，只要你画素描就行，因为那时素描还是必修的，我觉得挺好。我一直喜欢用素描画人物。有的人憎恨用素描画人物，不想画，可我一直喜欢，部分原因可能是我挺能画，不过，我也得努力才能画好。其他人全在画抽象表现的大画。我想，好吧，你们画你们的吧。

1956年，泰特美术馆举办了一个美国抽象表现主义绘画大展，接着布赖恩·罗伯逊［Bryan Robertson］在白教堂画廊［Whitechapel］先办了波洛克［Pollock］画展，后来在1961年又办了罗斯科［Rothko］画展。这是最新的艺术，这些画就是两三年前刚刚在美国画的。年轻的学生们认识到美国绘画比法国绘画更有意思，法国绘画观念烟消云散，美国抽象表现主义影响日隆。于是我也试着搞了一下抽象表现主义，我画了一批画，大概二十张左右，画在三英尺乘四英尺大小的硬纤维板上，风格大约是阿兰·戴维、杰克逊·波洛克以及罗杰·希尔顿的混合体。我就这么画了一阵子，然后就画不下去了。对我来说，这么画画太贫瘠了。

想画具象而左右为难

画上述这些画的同时，我一直坚持画素描。同学里和我聊得最多的就是罗恩·基塔伊。罗恩当时在慢条斯理地画这种奇怪的画，我俩谈他的画，也谈我的画。我说：好吧，我不知道，画这种东西毫无意义。我和他谈我的兴趣，那时我是一个热情的素食主义者，对政治有点儿兴趣，他便对我说：你干吗不画你感兴趣的这些题材？我想，很有道理，我抱怨的就是这个，就是我现在画的东西并不是我本身想表达的东西。于是我找到了突破口。我开始画我感兴趣的题材，不过我还是不敢画具象绘画，具象绘画在当时的观念中是反现代的，我的解决办法是开始在画面上运用文字，我开始在画面上写字。在画上写字，其效果近乎具象描绘，因为文字带着人味儿，立刻就能读出来，它不仅仅是颜料。我想到这么画是因为我还没有勇气真的画一个具象人物。我想，我必须把意思表达清楚，于是我就在这幅有关甘地的画上写上"甘地"的字样。我还记得有人看了我的画说：太荒唐了，在画上写字，你简直疯了。可是我想，好啊，写比不写好，我感觉更好了，我觉得有种感觉被表达出来了。罗恩说：写上字以后有意思多了。

老师们都说我们这一届学生是很多很多年以来最差的一届，他们不喜欢我们。他们觉得我们有点儿反叛，反正有问题，所以他们在第一学年结束时开除了艾伦·琼斯。学校说他一无是处。我不认为学生被开除是因为他们按抽象表现主义的方式作画，不是的。情况很奇怪，许多学生都被校方告知，六个月后将对他们的学习情况重加评估。不过我倒没有接到这样的通知，原因我想也很简单，就是我的素描，校方一直喜欢我的素描。照校方的思维方式，他们会觉得，霍克尼素描画得不错，既然他能画素描，就还有些才能。

我入学的那一年，皇家艺术学院新开设了综合研究系［general studies］，在此之前，我们都是开几次艺术史讲座，到第三学年末，选个题目写篇论文。论文写什么都可以，只要是一篇配有插图的长文章就行。我认为学校引进综合研究系都是因为罗宾·达尔文［Robin Darwin］，他当时是校长，想把皇家艺术学院变成一所综合性大学，这样一来学生就能拿到学位证书［degree］而不只是学历证书［diploma］。当然，拿什么都一样，那时候我对这些都是一笑了之。我想，他们都在瞎忙。第一学年我就和老师发生争执，我争执的立场是：绘画本身具有丰富的智性内涵，不需要靠别的学科来给它增加什么，绘画研究是牵涉问题非常广泛的研究。我当然一直在读书，但我从来不读他们推荐给我的书，历史上的很多艺术家可能都会赞同，饱读文献并无太大意义。不过，我和学校争执的关键，是学校搞讲座搞得太多了，结果学生都远离绘画了。现在这种情况在艺术院校里已经发展到极端怪异的程度——学生什么都搞，就是不搞艺术。我认为这很荒唐，而且这样搞出来的艺术也无聊得很。无论如何，我觉得强迫我听这么多讲座是不公平的，因为我还有那么多画要画呢！第一学年的第一学期，我完成了规定的所有作业，然后我就不干了。我想，画画是最重要的，我可是个严肃的学生。

当代青年艺术家展，1961年

1960年以后我的创作势头相当迅猛。我记得是在1961年1月，当代青年艺术家展[The Young Contemporaries Exhibition]举办了，我们展出了上一年画的画。从那时起我开始卖画。我记不清是1960年还是1961年，我首次展出两张抽象表现主义风格的画作。我从1960年开始画以茶为主题的作品，这些画参加了当代青年艺术家展，而且卖出去了，这对我是个支持。我还展出了《跳》[Jump]（图15）、《如胶似漆》[Adhesiveness]、《茶之一》[The First Tea Painting]（图16）及其他几张画。

我们皇家艺术学院的一众学生在那届当代青年艺术家展上引起了轰动，如彼得·菲利普斯、艾伦·琼斯、画管装牙膏的德里克·博舍尔、罗恩以及其他一两个人。帕特里克·考尔菲尔德[Patrick Caulfield]当时已经来到我们学院。对学生来说，这次展览是一桩盛事，一帮学生画家发动了一场不受前辈画家影响的绘画运动，这在我们英国可能是第一次，这是这次展览不比寻常之处。上一代学生，画抽象表现绘画的那帮人，曾经受他们见过的美国抽象表现主义画家的影响，而我们这一代并不受他们的影响。

当代青年艺术家展是由学生举办的，但真正为展览尽心尽力的组织者是劳伦斯·阿罗威[Lawrence Alloway]，他是这个展览的热情支持者。另一个在学生中有巨大影响的人是拉里·里弗斯。他来到英国，许多人非常欣赏他的作品，那是一种半波普艺术[seminal pop art]。

理查德·汉密尔顿奖

当时还有件有意思的事儿，就是理查德·汉密尔顿[Richard Hamilton]来访我院。那时学生们会组织速写社团[sketch clubs]，展出一两张画，然后邀请一名校外艺术家来评论参展作品。我记得邀请理查德·汉密尔顿的那次，虽说他当时就在皇家艺术学院的室内设计学院[school of interior design]执教，但大家对他都不怎么了解，对他的作品也不怎么了解。后来我们了解了，但当时还不了解。他过来谈我们的画，给我们颁奖，奖金只有两三镑。

巴黎现代美术馆外，1963年第三届巴黎青年艺术家双年展期间。从左到右：乔·蒂尔森、杰拉尔德·莱恩、弗朗西斯·莫兰、彼得·菲利普斯、彼得·布莱克、德里克·博舍尔、艾伦·琼斯、大卫·霍克尼

他给罗恩和我一人颁发了一项奖，从那一刻起，我们学院的老师再也不说一句我的画笨拙了。在这以前他们说我的画是垃圾，我画的一切，连同写在画上的文字，都是垃圾。理查德来到我们学院，看到大家都在画什么，而且立即分辨出这是有意思的东西，而我们的老师甚至看不出我们搞的是一场运动。尽管我们展现出来的观念差不多，可老师们看不出。理查德给了我们这帮学生以极大鼓舞。我们每个人都觉得：哇喔！我干对了，我搞的东西的确有意思，应该这么搞。这时媒体也开始对我们表现出兴趣，突然之间，除了抽象画以外，我们终于又有另一种画可以谈了。我们的画有主题，我们的观念是要画日常生活中的对象，这正是人们把一切艺术都叫作波普艺术的时代。

忽然之间，皇家艺术学院变得异常活跃起来，外人都来参观。在来访者中，我还记得乔·蒂尔森［Joe Tilson］和彼得·布莱克［Peter Blake］，他们不是以教师身份来的，他们来只是因为听说我们这儿出了精彩的东西。这种事儿到现在也一样，要是你突然听说哪个地方冒出四个学生，搞出了些名堂，

48

你也会去看的，我就会去看。整个皇艺活了起来，这对其他学生也产生了影响。我记得图媒学院［graphic school］对绘画学院［painting school］的成就很感兴趣，每天午休时间他们全都会来绘画学院看我们的画。

1960 年我画了相当一批画，可能有二十到二十五张的样子。有的现在已经不在了，被我用新画盖掉了。要是觉得一张画画坏了，从经济角度考虑，你会重新利用这块画布，或者纤维板。被新画盖掉的画多了去了。

与具象讲和

我的作品看起来变化很快，实际上要慢得多。要是我画过的所有作品都还在，你就能看出我的变化是渐渐发生的。在 1960 年，对一个努力思考现代艺术的年轻艺术生来说，向往融入同时代的视觉艺术是显然的，当时反对具象绘画的势头非常猛烈，我也反对。我想，具象绘画并非艺术的发展方向。然而，我显然又非常渴望画具象画，渴望和它讲和。正是这个原因我才在画面上用文字，想让我的画更具体一些。

具体的物象成了我的问题，我不想把具体的物象画进画里。我从前说过很多次，塞尚说物体不过是锥体、圆柱体和球体而已，这话其实不对。他的话在当时有其意义，可是我们都知道，物体可不仅仅是锥体、圆柱体和球体，从形体中可以读出很多东西。说物体只是锥体、圆柱体和球体，意味着你得抛弃文艺复兴绘画的大部分成就。这就是真实情况，这就是实情。你逃避不了情感，逃避不了与具体物象之间的联系和感受，那是不可逃避的。塞尚的话很有名，被看作现代艺术采取的一种关键态度，可你必须直面他的话并做出回答。我的答案当然是：他说得不对。我理解他为什么要这么说，但我现在可以直来直去地宣布，他这话不是实情。1960 年我要谨慎得多，可能因为我那时年纪还轻，还不懂。

画中文字

以《爱情绘画之三》(图 1) 为例，我之所以要给画取这个名字，是因为那个年代这是给抽象画取名字的非常常见的取法。我记得当代青年艺术家展的目录里，都是"红与绿三号""作品二号"之类的画名，所以《爱情绘画之三》这个画名也有点儿这个意思，但我决定搞得更具体，真正把这个名字写在画面上。我不会取"爱情绘画三号"，语气太冷冰冰了。"A Love Painting"

［一张爱情绘画］更加具体，它有许多含义，有很多种解读方法。不过，画本身是抽象的，说起来，和抽象表现主义非常相似，画面上有一两块形占据主导性的地位，我想可以用解读一般绘画的方式来解读这些形。不过，我强迫观众凑近观察这幅画，因为我在画面上随手涂写了许多小字，它吸引着观众凑近去看。观众想看看都写了些什么。人总有好奇心，爱打听，要是看到画的角落里写着首诗，观众就会受好奇心驱使，想要读一读这首诗。这样一来，画就变得有点不一样，它就不再是像惠斯勒［Whistler］指责的那样，只是一堆褐色、粉红色和黑色的组合，与此同时，它也不全是内容，因为色彩本身饶有意味，有些区域用厚涂法画得很厚，在技法上也值得一看。然而，画面上还是有一些指示，与内容联系在一起。比如"must go"［必须走］和惠特曼的诗句，再比如"My brother is only seventeen"［我弟弟只有十七岁］，这行字我记得是从伯爵宫地铁站一间厕所的墙壁上借来的。当你漫不经心，第一眼看到墙壁上的涂鸦时，你注意不到所有细节，你会先看到突出的内容，只有凑近了仔细看，才能看清那些更细微、更敏感的内容。

在画上写字的一个原因，是逼迫观众换个角度看画。在我 1962 年画的《强调静止的图画》［*Picture Emphasizing Stillness*］一画中，这种技术运用得尤为充分。这幅画隔远了看，只见一只豹子正扑向两个静静地闲谈的男子，他俩正在一间小排屋边上散步。这画看上去挺奇怪，豹子仿佛就要扑到他俩，把他俩给吃了，或者和他俩搏斗起来。然而凑近画面，你会注意到画面上写着一行小字，于是你就会读这行字，这意味着你把画面的绘画性给剥夺了，因为这时你是在通过文字来诠释绘画，而这行字写着：他俩很安全，这是一幅静止的画面。读到这儿你意识到，那只豹子永远扑不倒那两个人。我的意图是促使观众凑近画布，仔细观看画面本身，调皮之处在于一旦凑近观看，观众的最初印象就被驳回了，于是观众就不得不换个角度去读解这幅画。这就是这幅画的意图。在画面上写出一条真实的信息就是打算让观众读的，而且观众也会读。我开始画这张画时，并不完全清楚要表现什么主题。后来我意识到，这画看着奇怪，却又吸引人的地方，就在于它看上去充满动作，可实际上却是一幅静态画面。画丝毫不会动，正是这种矛盾吸引了我，以之作为主题。

内容与形式

我曾为洛杉矶一个展览的目录写过一篇小文章，一篇非常短的论绘画的

7《父亲》，1955 年
8《自画像》，1954 年

51

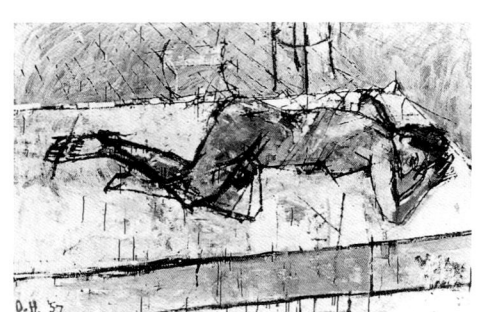

9《炸鱼薯条店》，1954 年

10《妇女和缝纫机》，1954 年

11《站着的人》，1956 年

12《人体》，1957 年

13《狗，素描》，1957 年

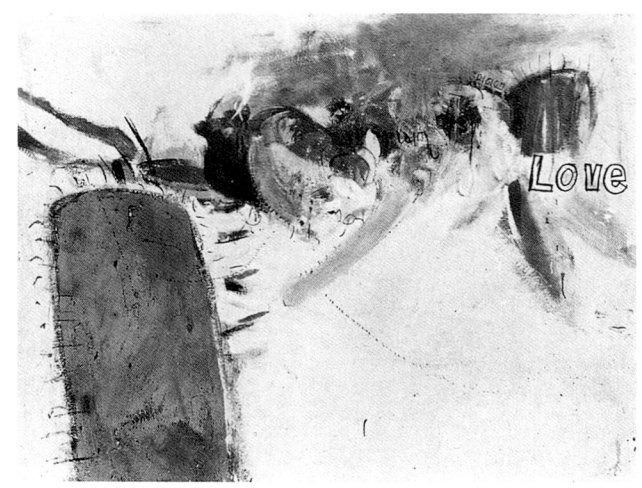

14《爱情绘画之一》，1960 年
15《跳》，1960 年

16《茶之一》，1960 年

17《男孩玩偶》，1960—1961 年
18《小头》，1960 年
19《你的体重和运气》，1961 年

20 《爱情绘画之四》，1961 年

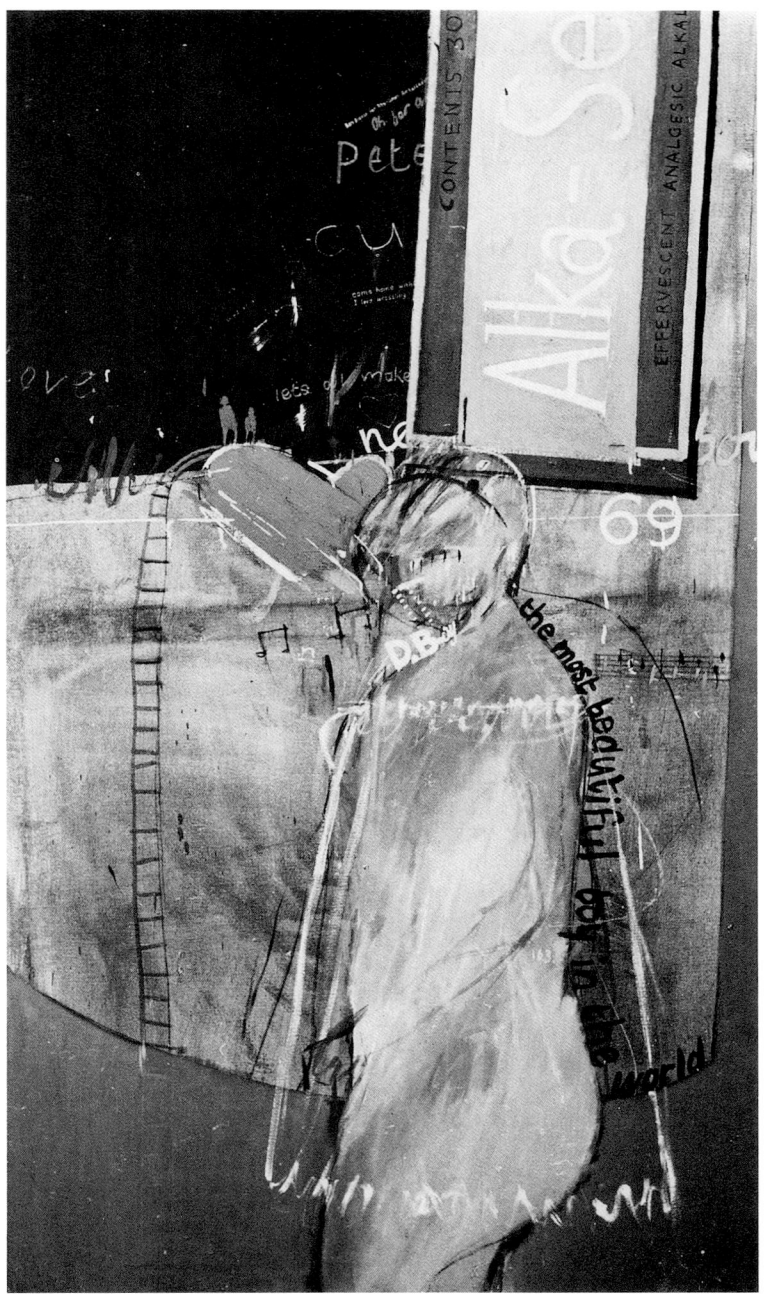

21《阿卡塞泽消食片》，1961 年
22《世上最漂亮的小伙子》，1961 年

23

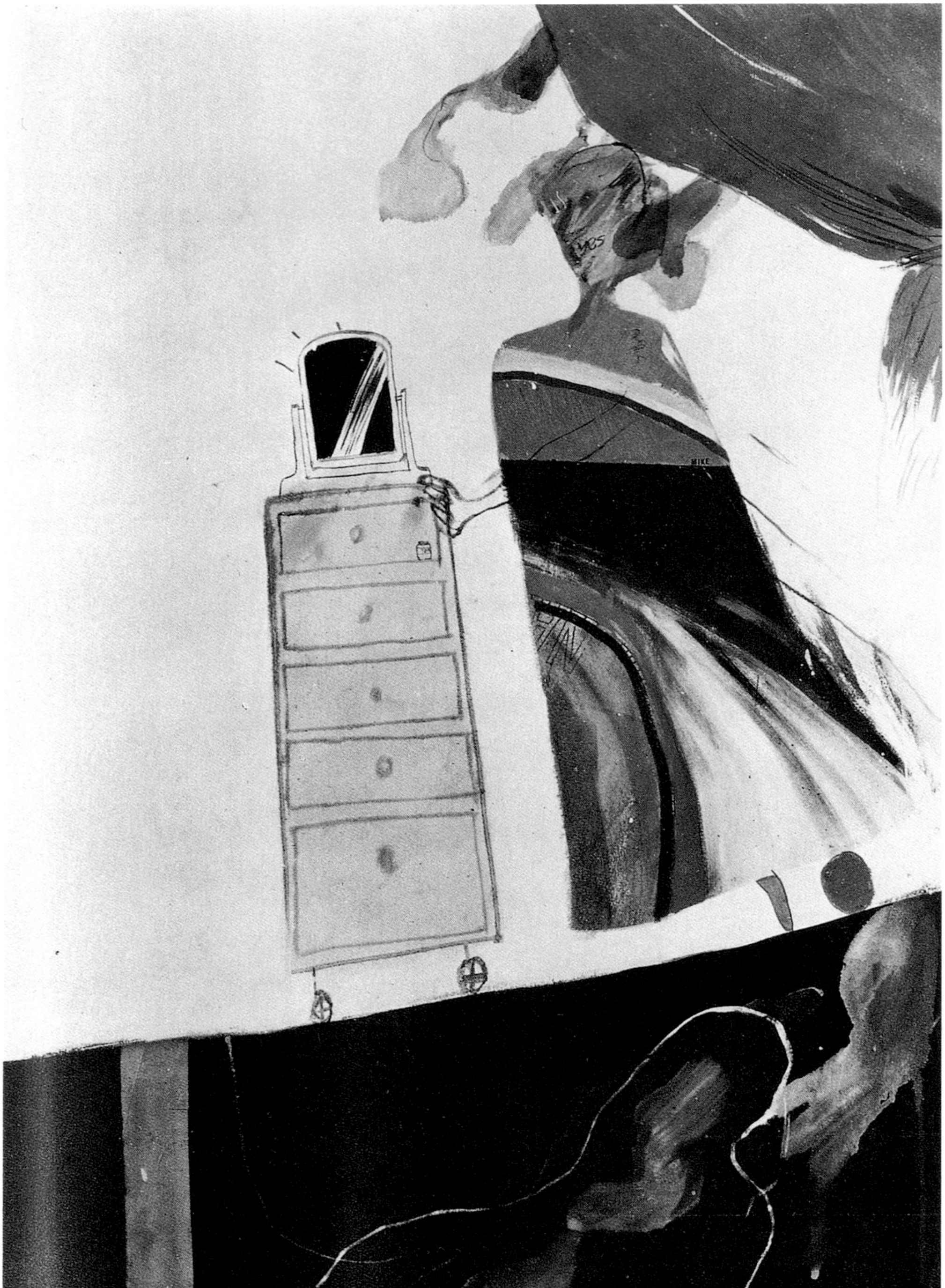

23《小伙子与活动镜子》, 1961年
24《彼得.C》, 1961年
25《独自在夜间行走的山姆》, 1961年

26《我俩男孩相依系》, 1961 年
27《别了, 英格兰?》, 1961 年
28《茶之二》, 1961 年

28

29《我和我的英雄们》，1961年

30《愤怒的欲望之火》，1961年

31《格雷琴与斯纳尔》，1961年

32《三个国王和一个王后》，1961年

33《凯萨里昂和他的美人》，1961年

34《名字古怪的小矮人 II》，1961年

35《镜子，镜子，在墙上》，1961年

36《名字古怪的小矮人》，1962年

37《我的邦妮漂洋过海》，1962年

38《学历证书》，1962年

34

35 36

37 38

63

39

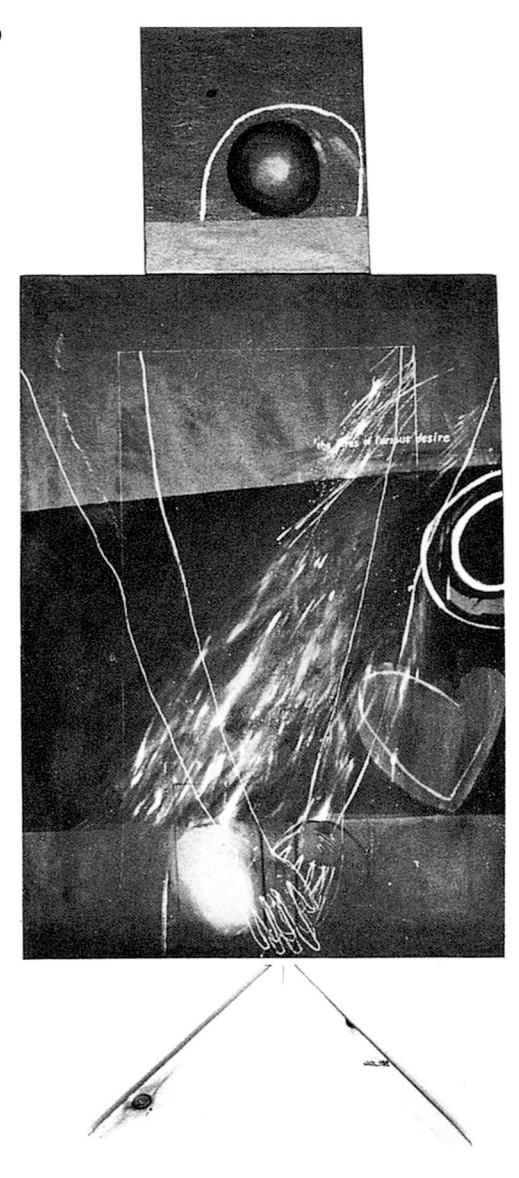

39《扁平风格的人物》,1961 年
40《一个雨中站在家门口的男子》,1962 年
41《为自己画的写生》,1962 年
42《兰波:元音诗》,1962 年
43《救命》,1962 年

40

41

42

43

65

44《残忍的大象》,1962 年
45《蛇》,1962 年

文章（我很反对画家在展览目录里发表挑起争端的言论，我自己从来不这么做，我只在几处含蓄地提出问题，最多就是如此了。根据以往的经验，我知道这几处含蓄地提出问题的地方，将是被人引用最多的地方）。我在文中写道：我认为绘画应当有内容。就这一点来说，我觉得自己是个相当传统的艺术家。我写道：我的画是有内容的，总是有个主题，此外还有一点点形式。我觉得真正的好画应该在内容和形式两者之间取得平衡，就这一点来说，我是传统的。谁要是不这么做（我文章中没有写出来，但是暗示出来），他的画就会变得枯燥无味，就像英国维多利亚时代的画，看上去非常有魅力，其实也不像人们一般想得那么坏，但它们的弱点在于其真正强调的是内容，而不在意形式。今天许多画作的弱点，就最近十年的画来说，正好相反。近来的画强调的完全是形式，而不在意内容。在我看来，真正杰出的画作，我本人也爱画画，必须在内容和形式之间取得平衡。以伦勃朗，或者任何令我们钦佩的大师为例，其成就都是内容和形式的平衡，而不可能仅有形式。

  我讲的这些当然属于绘画的永恒问题，理论上可能永远也无法解决。比如说皮耶罗·德拉·弗朗切斯卡［Piero della Francesca］的精彩画作，看他的画令人感到神奇、激动和愉悦。我认为任何喜爱绘画的人都会喜爱皮耶罗·德拉·弗朗切斯卡，我想象不出有谁会觉得他的画难看，不论从哪个角度说。就我所知，他的每张画都有一个明确的主题，每个主题都出自一个基督教故事，对不对？可这些画令人愉悦之处乃是建构故事的方式，是建构故事的方式使这些画出类拔萃，而不是故事本身。但问题是，我们不知道，我们永远也分辨不清，在多大程度上，是主题以一种传统的方式启发出画面的建构？一般常识认为，艺术家，或者说某些艺术家，需要主题来从事创作，而且主题能够启发创作。文学创作是这样，绘画创作也是这样。有些艺术家比别的艺术家更依赖主题。主题的作用有时会被过分贬低，但它很重要。在20世纪60年代，主题完全被压制了，抽象开始主宰一切，而人们坚信这就是绘画发展的方向。人们认为，舍抽象别无出路。连我都一度这样认为，甚至当我在行动上已经否认这种看法时，我在理论上却还无法完全否认它。我当时认为，好吧，我肯定他们是对的。迟至1966年，我还是这么看。我画过的最抽象的画正是在1965年画的，它们受到了美国抽象主义的影响，也就是所谓美国冷抽象［American cool abstraction］。当然，我和美国冷抽象有很大不同，区别是我把抽象当作主题来用，对它持评论态度，我感觉得到自己有种用抽象为主题的需要。我必须承认，我在1960到1961年前后的画作之所以吸引了很多关注，首先就在于它们让评论家有东西可写。假如你是给弗朗兹·克莱因

［Franz Kline］的画写文章，那基本上写的都是形式的价值和动态，但假如你是给《爱情绘画之四》［The Fourth Love Painting］写文章，那除了形式之外还有别的东西可写。你总是可以讨论一张具象绘画的形式价值，但它还具有其他内容，这就让绘画评论写起来更容易。我肯定许多人之所以开始写我的画是因为他们发现我的画好写。

另一方面，还有像巴尼特·纽曼［Barnett Newman］这样的画家。要是把纽曼和别的画家，比如和德加相比，你马上会发现纽曼更关心的是观念，像着了魔一样的关心。这是因为他作为一个艺术家没有德加好。他也比德加更关心理论，当然德加也关心理论，事实上任何优秀的艺术家都关心理论，理论无法忽视。不过，德加之所以重要是因为他的眼睛和态度，因为他的反应，他感受到的东西。可巴尼特·纽曼的画根本不是这样的。我不是表扬一个，打击另一个，我们都知道他俩作为艺术家谁更优秀。我肯定巴尼特·纽曼不会说自己和德加一样好，实际上他和我一样，都酷爱德加的艺术。有一次纽曼来到我在纽约举办的画展上，是我在纽约第一批画展中的一次。他对我说：你知道，我以前画的也是你这些东西。我对他说：你的意思是最后我也会画蓝色条子？他笑了。他是个快活的人。

沃尔特·惠特曼的密码

我和其他大多数同学不一样，我所有的画都是在皇家艺术学院校内画的。我住在伯爵宫一间很小的房间里，没有自己的画室。在皇家艺术学院我有一间小小的画室，我就在那儿画。上文说过，那时有人会来皇家艺术学院，四下参观。每天都有人来，我也知道他们来，在某种程度上，我一直都是在一群观众面前画画。我的画还在画着，他们就看见了。我的画就是要给人看的。画画当然就是要给人看的，任何画家都一样。艺术家的虚荣心很少和金钱联系在一起，大多数艺术家更愿意自己的画被人看见，被人恰如其分地理解，而不是最后卖掉。我知道每个人都要生存，但人们都情愿自己的工作被人理解，被人喜欢，然后才是出售。接连不断来参观的人好像在给我办展览，我不是说我是为了展览才画画的，但我开始意识到这个情况，也想加以利用。同时我也意识到我的性取向不会让同学们感到震惊，当时不会，现在我觉得也不会，学生是不会因为这个感到震惊的。我意识到自己的嚣张和大胆，我觉得人就应该有点儿嚣张，虽说我有点儿害羞。

《如胶似漆》的画题取自沃尔特·惠特曼，他用这个词来描写友谊，我觉得这个用意真是绝妙。这个词里包含那么多内容，如胶似漆的友谊图景很美妙。我说过，我认为这幅画是我画过的第一张真正严肃的作品。它是我第一张开始画得精确的画，其创作时间与《爱情绘画之三》（图1）大约同时。前两张《爱情绘画》的画上写字不多。在《男孩玩偶》[Doll Boy]（图17）中，我的画面上第一次出现人物形象。在《如胶似漆》中，有两个机器人似的人物形象，呈"69"姿态，上下看起来是一样的。我给其中一个画上一顶圆顶帽，这样他们看上去就更像人了。这是我第一次尝试画双人像。我还借用了惠特曼孩子气地玩字母表的手段，用"1"代表"A"，"2"代表"B"，"3"代表"C"，如此下去，因此画面上才有了这些密码。我喜欢在画上写数字和字母，就像立体主义画家们一样。画中的数字实际代表字母"DH"和"WW"。我记得1960年夏我读完了沃尔特·惠特曼的所有作品。以前我也听闻过他的诗，但以前我从来没有想到他的诗是如此之好。我有好几幅画都是以他的诗为主题。

半埃及风格的卡瓦菲

后来给我很大影响的是出生在亚历山大的希腊诗人康斯坦丁·卡瓦菲。我读过劳伦斯·达雷尔 [Lawrence Durrell] 的小说《亚历山大四部曲》[The Alexandria Quartet]，其中《贾丝廷》[Justine] 一书封底附有卡瓦菲的《城市》[The City] 这首诗，它给我留下深刻印象。我读了他更多的诗，被这些诗的直接和简洁深深打动，后来我又在布拉德福德图书馆找到了约翰·马弗罗戈达托 [John Mavrogordato] 的译本。就是在1960年那个夏天，我把这本诗集偷了出来。我肯定诗集到现在还在。我现在没有那么强的负罪感了，因为诗集现在又再版了，但那个时候买不到，而且已经停印。小心！在布拉德福德图书馆你必须申请这本书，它从来没有上架。要是你够聪明，懂得从目录里找到它，向图书管理员申请借阅，读这本书就没问题。假如你只不过是个闲散的读者，从架上随手取下这本诗集读上一首，那它对你也许就太邪恶了。无论如何，我找到了这本诗集，从头到尾读了好几遍。我觉得这些诗绝妙极了，令人难以置信。

那时候我对埃及感兴趣。这出于几个原因，一是埃及本身的风格，二是埃及的绘画。从任何角度看，埃及的绘画都算不上真正有意思的绘画。埃及本身引人入胜，但埃及的绘画太僵硬了，不能真正激起我的好奇心。埃及绘画唯一让我感兴趣的是它的规则如此严格，以至于画中没有个人主义的生存余地。谁画的不重要，作画必须遵从法则，因此所有的画看起来都一个样。让我产生兴趣的不是埃及艺术，而是那些埃及艺术家不留名这件事。当然，卡瓦菲点燃了我对埃及的另一个兴趣，我有张画叫《半埃及风格的达官贵人的游行》（图3），它是间接受卡瓦菲的诗启发而画的，那首诗是《等待野蛮人》[Waiting for the Barbarians]。

《男孩玩偶》（图17）这幅画画的是流行歌手克利夫·理查德［Cliff Richard］，他非常有吸引力，非常性感。我不是流行音乐的超级乐迷，那时不是，现在也不是。但我喜爱音乐，喜爱歌曲，我自己也喜欢唱。克利夫·理查德是个非常受欢迎的歌星，我曾经从报纸和杂志上剪下他的照片，贴在我皇家艺术学院的小画室里。别人都喜欢贴美女招贴画，我想，我不要贴美女，不能那样干，这儿有同样性感的东西，我贴这个。克利夫有首歌唱道："她可真是个走着、聊着、活着的玩偶。"这句他唱得相当性感。这幅画的标题就是从这句歌词来的。他提到的是女孩儿，我把它改成了男孩儿。

以茶为主题的画作

我于1961年画的《爱情绘画之四》（图20）上印着这么一行字："我将在下周三晚上八点爱你"，这句话取自W. H. 奥登［W. H. Auden］所作《向缪斯克利俄致敬》[Homage to Clio]，我把其中"Dichtung und Wahrheit"（《一首没写的诗》）的第48节稍微变了一下，诗人的原话是"我将永远爱你"。我觉得这句誓言很容易做到，而把誓言改成"我将在下周二下午四点一刻爱你"，不就更容易了吗？我亲自动手用活字排出这行字，趁着画布还没绷上内框印在了画布上。在画布上印一行印刷体字看上去确实有点儿怪，画中人物的上方写着"Valentine"字样，"Valentine"［《情人》］是一本少女杂志，登满流行歌手的照片。1960年，在完成《如胶似漆》之后不久，我画了《茶之一》（图16），1961年我就同一个主题又画了两张。我总是一大早就赶到皇家艺术学院。我一般早上工作，下午去电影院看电影，这时工作并没有完成多少，但我还是去看电影，之后，等到六点半钟学校人去楼空之时，我再回来继续工作。就这样，我通常于早上七点、七点半或者八点左右，在南肯辛顿［South Kensington］的莱昂斯［Lyons］咖啡馆开门前就到了学院，我自己泡茶，因为茶水服务要到上午十一点才有。我有一把小茶壶，一只茶杯，我会带上一盒牛奶、几个茶包，我总是喝泰福茶［Typhoo tea］，我妈妈最爱喝这种茶了。

茶包和颜料罐、颜料管堆在一起，就那么一直摆在那儿。我想，它就像一幅静物画。我想画画了，想画个新主题。墙上贴着明信片、克利夫·理查德的照片以及廉价的剪报图片。我想，除了这些，我身边一定还有些别的东西，能用来作为画题的东西。刚好有一包泰福茶，非常普通的牌子，于是我就把它当作母题。这是我最接近波普艺术的一次了，但是我画茶包不是因为它的设计很独特，而是因为它的设计很普通，一只非常普通的茶包，摆在那儿，我认为可以利用。我也不是像寻常画静物那样处理它，根本不是。说到底，《茶之一》之所以画成这样，还是因为当时我还无法让自己画具象绘画，还不是那么想的。这幅画就像是一幅抽象表现主义绘画，但却强烈地指向一个强烈的视觉意象——一个熟识的符号。当然，这个系列后来的画就有点儿不同了。《茶之二》[The Second Tea Painting]（图28）的画面中出现了一个不大的人物形象，这个形象受到培根及其他一些因素的影响。从某种程度上说，以茶为名的这批画虽然共用一个母题，却各有各的主题。这批画是我的抽象画时期结束后，第一次尝试将可辨识的图像画进画中。在系列的第三幅，《错觉主义风格的茶之画》（图4）中，主题与第一幅已大不相同。认为画应当是方形的，这种观念在每个同学的心中是如此根深蒂固，以至于意大利的基督受难 [Crucifixion] 主题绘画，即便是十字架形，在我的记忆中依然像是方形的。这也许是因为我只从印刷品上见过它们，过去我惯于不厌其详地研究风格及描绘人物的方法。我还准确记得自己从什么时候开始认识到，一幅画的外部形状会给予它极大的表现力。为了让一幅描绘茶包的画具有更强烈的深度错觉，我想到了个点子，要用画布的形状来建构一张茶包"素描"。这幅画的内框由几部分拼成，我亲自动手制作。要把各部位都绷到位很难，背后和表面几乎一样难处理，我用了五天时间才干完。我不认为以前有谁做过这种外形的画。这种形状使得空白画布本身就已经具有深度错觉，于是我便可以忽略画面的空间错觉，愉快地以平面风格作画了——那时候大家老是在说绘画的平面性。在《结婚之二》（图6）一画中上述因素的效果更强烈。

在《错觉主义风格的茶之画》中，我把画面左侧的单词"Tea"[茶] 给拼错了，有意思。我的拼写很差，但把一个只有三个字母的单词给拼错也太过分了！不过这个单词是带着透视角度画出来的，相当难画。我花了好多时间规划其位置，因为满脑子想的都是平面性、抽象这些东西，结果就拼错了。

71

早期图媒作品

我从 1961 年开始做图媒作品［graphic work］，这是因为我缺钱，颜料都买不起，而在图媒系［graphic department］画材是免费提供的。于是我开始搞蚀刻版画，最先做出的作品是《我和我的英雄们》（图 29）。我的两位"英雄"分别是沃尔特·惠特曼和甘地，他俩的形象旁边写着他们各自的名言，我没什么名言可写，也就没写，只在我的形象旁边写上："我二十三岁，戴眼镜"，这是我能想到的关于我自己最有意思的事儿啦！后来我又画了《凯萨里昂和他的美人》（图 33），主题取自卡瓦菲一首描写凯萨里昂的美人的诗，以及《三个国王和一个王后》［Three Kings and a Queen］（图 32）。《镜子，镜子，在墙上》（图 35）取材于《白雪公主》［Snow White］，画面下方那些字"很自豪收到了……"出自卡瓦菲另一首诗《大厅里的镜子》［The Mirror in the Hall］。我喜欢这首诗，一面具有感情的镜子，这个创意富含精彩的诗意，对我有着强烈的吸引力。《愤怒的欲望之火》［The Fires of Furious Desire］（图 30）取材于威廉·布莱克［William Blake］，我认为布莱克的原题是"愤怒的欲望之焰"［The Flames of Furious Desire］，这是一幅小小的自画像。我后来反对在油画创作中借用文学主题，但即便在油画中放弃文学主题一段时间后，我却从来没有在版画创作中放弃文学主题。对我来说，以图媒的手法回应文学主题更为轻松自如，到现在我也这么觉得。

初次美国之行

《三个国王和一个王后》为我赢得了一百镑奖金，奖金来自罗伯特·厄斯金［Robert Erskine］，他经营着一家版画画廊。这真是妙不可言！我收到了邮局寄来的支票，甚至都不知道有展览这回事儿。这之前，我刚好在盘算利用暑假去一趟美国，对我来说去美国是很特殊的旅行。无论如何，暑假不用打工，还能自由自在地旅行已经够好的了。有人以十镑的价格向我兜售去美国的船票，说余下的三十镑以后再付。我没有三十镑，但有十镑。我想，好吧，拿下它。然后我竟得到了一百镑奖金！我带着一百一十镑来到美国，待了三个月。那是 1961 年夏天。去美国更多出于机缘巧合，起因于有人向我兜售船票，在这之前，我还以为跨越大西洋要花一千镑，远非我能承受。

老实说，我对美国的兴趣一开始是从性的角度产生的。我第一次到伦敦的时候看过美国的《体格画报》［Physique Pictorial］，里面刊登的都是我觉得非常漂亮的躯体照片，美国人，我想，非常好，那可是真的。至于美国的艺术我其实不在乎。我到纽约后在时代广场［Times Square］的一家杂货店遇见了个小伙子，之后三个月里都和他待在一起。刚到纽约时，我只认识一个人：马克·伯杰［Mark Berger］。他曾经在皇家艺术学院待过，我在纽约的整个期间，他都住在医院里治疗肝炎。

离开英国之前，罗伯特·厄斯金对我说，带上你的一些蚀刻版画去纽约，找现代艺术馆［The Museum of Modern Art］的威廉·利伯曼［William Lieberman］，我肯定他会买你一些画的。我想，现代艺术馆！我可干不了。不管怎么说，末了我还是带着一捆画去了纽约，但我没有去见威廉·利伯曼。后来我的确撞见了他。他说：你干吗不来找我？罗伯特·厄斯金为你给我写了封信。我没想到事情原来是这样的。他的确买了我的画。他为博物馆买了《凯萨里昂和他的美人》和《镜子，镜子，在墙上》各一张样张，并帮我把带去的所有其他样张都卖掉了。我收到了大约两百美元，那时这对我来说是一大笔钱，我用它买了一身外套，美国外套，我还染了头发。

我在美国唯一见到的艺术家是克莱斯·奥尔登堡［Claes Oldenburg］，我们是在格林画廊［Green Gallery］遇见的。他正在那儿布置他的展览——"第一件纸浆衬衣和领带"［the first papier mâché shirts and ties］。纽约这座城市的生活十分刺激，那儿有男同性恋酒吧，这在当时还不多见。美国是一个奇妙生动的社会，我完全为之震撼，从头到脚为之激动不已。凌晨3点钟还有电视看，这时候出门，酒吧仍然开着，我觉得这太奇妙了。那期间我画了很多素描。

就在去美国前夕，我从一个朋友手中买下了一只非常大的内框，十一英尺乘七英尺，其实那个同学负担不了这么大的画，他买不起那么大的画布，于是我把这个内框买下来了。我在美国的时候成天想着这个画框，我想，等我回去，脑子里肯定带着几千个画题。我在美国还做了一张蚀刻版画，是在普拉特工作室［Pratt Workshop］做的，画名是《我的邦妮漂洋过海》［My Bonnie Lies Over the Ocean］（图37），威廉·利伯曼介绍我去那儿的。

卡瓦菲的《达官贵人》

从美国回来以后，我决定开始画《浪子生涯》（图59—74），因为这是个办法，可以讲纽约的故事，讲我的体验等等。那个大画框最后被我画成《半埃及风格的达官贵人的游行》（图3），这幅画是1961年9月开始动笔的。我当时在纽约看到的画作都有巨大的尺幅，全都是抽象画。一开始，要为我那巨大的画框想出一个主题很成问题，在此之前（并且从此以后）我总是先想好主题，然后再决定尺幅。

我记不太清是什么时候确定了主题，的确，画题是等我动手画起来以后才想出来的。当时我沉迷于卡瓦菲的诗，在纽约我找到一个由蕾·戴尔文［Rae Dalven］翻译的美国译本，是全集，我把它们全部重读了一遍。卡瓦菲的杰作《等待野蛮人》一直让我印象深刻。在我看来一块大画布也要配上一个"大主题"才是，要画成一种现代历史画。我想，在这幅巨大的画面上可不能只画一只小小的茶包。于是我开始画，并不清楚最后要画成什么样，但是脑海里模模糊糊地浮现着卡瓦菲的讽刺诗句：

> 为什么我们的两位执政官和行政官今天穿着
> 他们的刺绣托加袍和绯红托加袍亮相？
> 为什么他们戴着手镯，那许多紫晶，
> 还有镶着亮闪闪的祖母绿的戒指？
> 为什么他们带来珍贵的手杖，
> 银球柄和金杖首都用精工雕成？
> 因为今天野蛮人要来，
> 这些东西能让野蛮人目眩。

第一个人物有意要画成教士模样；第二个人物是士兵模样，身上佩戴着勋章；第三个人物是个工业家之类的人物，他的身躯上画了许多小小的工人形象，这些小人儿我记得是用模板印上去的。我一边画一边发明出各个人物形象，在他们的形体内部再画上更小的人物形象，这样让他们显得比实际更大，实际上他们不过是小人物。这张画是我画过的唯一一张三人构图的画作。我把它的风格称为"半埃及风格"，因为完全的埃及风格是真正的、讲法则的。一切风格都具有某种法则，要是打破了法则，我想就只能叫半风格了。埃及风格的绘画当然是平面的，既然我的画打破了平面性的法则，那它就成了半埃及风格。画面上方的帘子是我第一次用帘子作为母题，我想赋予画面剧场式的感觉，因为我觉得整个主题——人们为野蛮人装扮演出——是剧场式的。背景的"色彩"是画布的本色，这个处理方法也许是受到弗朗西斯·培根、罗恩·基塔伊以及美国绘画的影响，他们的观念是不要用颜料盖住全部画布。这张画以及始于1960年、成于1961年的大画，是我开始具有艺术家意识的作品，这以前的画只不过是学生的东西，虽说我算得上一个执意探索的学生。

当代青年艺术家展，1962年

我在1962年的当代青年艺术家展上展出了1961年画的画。我那时候想，可以送六张画参加评审，但最多入选四张。我很自信。我想，我知道，我要在这次展览中展现我的全才。因此我送去的四张画共用一个题目，就叫《多才多艺的展示》[A Demonstration of Versatility]，然后每张画再取一个小标题。每张画都有独特的风格。我当时对风格很感兴趣。我意识到可以在一张画上玩儿不同的风格，不必用多种材料就能完成一张"拼贴"作品。你可以在画面的这个角落用一种方法画，在另一个角落用另一种方法画，而整个画面不必靠风格来统一。这种看法是受到罗恩·基塔伊的作品及其观点启发而来，他让我从此对风格着了迷。我想，把风格当作主题，这玩儿起来很有意思。我参展的一张画是《半埃及风格的达官贵人的游行》，其他还有《错觉主义风格的茶之画》以及《逃往意大利：瑞士风景》（图5），这两张画的参展标题分别是《布景风格的绘画》[Painting in a Scenic Style]以及《扁平风格的人物》（图39），后者的画框外形被我做成人形，这样画面上就不必画出深度错觉，因为深度错觉已经外在于画布的形状了，所以画面可以完全画成平面效果。这张画画的是一个非常抽象的人物，形由一个小方块坐落在一个大方块上构成，摆放在画架上时，它看起来就像一个人，画架的腿看上去就成了人物的双腿。（木质的双腿是装在画上的，使它看起来像画架的双腿，它们固定在画上，平贴在墙壁上。）当时让我兴奋的是，借用画架本身，这张画的画面超越了画框所限的范围。给参展的几幅画取这样的题目，印在展览目录中就会多占几行，这样它就凸显出来了。我懂得所有这些名堂，要是你和展览关系不大，你的画就会被挂在次要位置，或者被随便塞在哪个角落。我想，他们接受了我的画之后，就会这么对待它们。展览中最荣耀的位置永远都挂着校长们的画，对此我没什么好抱怨的，为什么不是他们？展览工作是他们做的。不过因为我知道这些规矩，所以就知道如何应对。有个办法就是想个很长的题目，这样你名下的画题就会在展览目录中占据两行。回头看来，我承认这批作品的问世有几个动机，画《达官贵人的游行》的一个动机是，我从美国回来的1961年9月，适逢皇家艺术学院开学前一个星期左右，同学们已经在争抢下一学年画画的地方了。我有这只大画框，就想，这幅大画可以帮我占个大空间，我应该先把它画起来，画这张大画是个好理由，借此我可以获得更大的作画空间。自私,我知道。这些理由并非促使你创作的主导原因,但它们起作用。

渐渐浮现的具象

《独自在夜间行走的山姆》(图 25)也是 1961 年我从纽约回来不久后画的。记得在纽约我曾买过一本杂志叫作《一》[One]。这是一份同性恋文学杂志,非常有特点的同性恋杂志,并不是真正的文学。但它是最早公开化的男同性恋杂志之一。杂志里刊登着小故事,其中有个故事是讲山姆的。小山姆有易装癖,他只会在晚上易装出行。我觉得这是个美妙的故事。这张画风格上受到杜布菲的强烈影响。在我 1961 年画的画里,杜布菲是视觉上对我影响最大的。我想这可能是因为他是当时唯一一位画得比较有意思的法国艺术家。现在回头看,虽说我已经不像从前那样崇拜他了,但我仍旧认为,他在 50 年代和 60 年代画出了一批绝妙的佳作,肯定是那时候法国最出色的画作。他比诸如苏拉热[Soulages]、马内西耶[Manessier]等抽象主义画家强多了,比他们有意思得多得多。他吸引我的地方,正是其描绘图像的风格,那种孩童式的素描。你知道,我处于一个两难境地,也许和弗朗西斯·培根的处境相似。他老是说他的确想画素描,虽然他现在不画素描了,但他说要是素描能画好,他的油画就有可能完全不同了。你可以从这些话里听出他的意思。他的图像粗莽、强健,增强了画作的冲击力。要是这些画依凭的是一种更精细的素描,其效果便会相当不同。当时我可以按照学院的方式画出相当好的具象素描,但这不是我想要的油画效果,因此我不得不转向一些远离学院素描的东西,这就是杜布菲吸引我的原因。他那儿有一种对立的方式,粗莽的方式。我还喜欢他作品中类似儿童艺术的东西,有点儿像埃及艺术,看上去差不多。我觉得借用这种东西相当于借用了一种无名的风格,在我那一时期的画里,这种无名的风格反复出现。

《3 月 24 日凌晨的恰恰舞》(图 2)的主题取自一个真实事件,皇家艺术学院的一个学生,一个非常漂亮的小伙儿,专门为我跳了一曲恰恰舞,因为我虽然和他不太熟,但他却知道我觉得他绝顶漂亮。在一次学院舞会上,他跳了一曲非常棒的恰恰舞,他的舞姿给我的冲击如此强烈,以至于我想,也许我可以把它画成一张画。这幅画受培根的影响很大,甚至画布用的也是粗纹亚麻布(hessian),一种很廉价的画布,培根喜欢在品质良好的画布背面作画,看上去就像画在粗纹亚麻布上。这幅画色彩非常明亮,画面上方有两块大色块，一块几乎发黑的粉红色醒目地突出在画面上，而原先的色彩多年以后已经褪色了，这是我最后一次在质量如此低劣的画布上作画。鲜活生动的色彩经过一段时间就会褪去精神。画面上写的字是："我爱每个动作"，这是当时一首流行歌曲《运动的诗》[Poetry in Motion] 里的一句歌词。我喜爱描写舞蹈的字句，舞蹈是真正的"运动的诗"，但这句太平淡无奇了。歌中真正出色的一句词，是歌手用稍高一点儿的调子唱出来的："我爱每个动作"。除了这句话，画上还写着："让你立刻解脱"，还有一句"深深地渗透"吸引了我，这两句出自涂擦软膏的广告宣传语："深深地渗透（肌肤），让你立刻解脱"。这是当时最常见的广告用语，本身没有其他意思，也不意指其他意思，现在这话可能有其他意思了。

《我俩男孩相依系》[We Two Boys Together Clinging] 出自沃尔特·惠特曼的诗：

我俩男孩相依系，
彼此从来不分离……
把臂相交心不惧，
吃着、喝着、睡且爱。

"耳鬓厮磨"

"耳鬓厮磨"[The Rub of love] 所强调的重点是"相依系"，不仅仅是搭着膀子，而且每条细微的触须也都帮助两个身躯紧紧相依。在画这幅画时，我的墙上贴着一份剪报，标题是"两个小伙子整夜攀附在悬崖边缘"，贴在旁边墙上的，还有克利夫·理查德的几张画。当然，报纸头条指的是公共假日里的一次登山事故［"克利夫"这个名字与"悬崖"同音，这里是一语双关——译者］。这些画作注定让人记住的东西，是它们宣传了我认为此前不曾被宣传过的主题：同性恋。没有人会把同性恋当作主题，可是因为同性恋是我的一部分，所以我能够诙谐地把它作为一个主题来处理。我喜欢画上的句子："我俩男孩相依系"，这是一句美妙的、漂亮的、充满诗意的句子。

那时我对自我开始有越来越多的意识，比如对自己的性取向。当我还在布拉德福德时，我一直羞于承认自己是同性恋。在伦敦我就不会不承认。我在皇家艺术学院的第一年间,学生一般都去南肯辛顿的马圈与口衔酒吧 [Hoop and Toy pub]，有一天我在电影院遇见一个小伙子，便和他一起去另一家酒吧，就是喝一杯，但他开始摸我的身体。另一个皇家艺术学院的学生看见了我俩，但我并不知道。第二天这家伙相当傲慢地对我说：我看见你和那个小伙子在那家酒吧里，我也看见了你们在做什么。刚开始我有点儿尴尬，随后我的反应是：我是同性恋，怎么了？这让我变得相当好斗。我想，隐瞒又有什么意思？有段时间学生爱在皇家艺术学院的酒吧里跳舞，后来有些学生受不了了，因为有太多小伙子捉对跳舞，消息传出去，郊区那些老的女王们都来了。

性生活无度只是一种幻想。我唯一放纵的时候就是刚开始在洛杉矶生活的那段时间，从那以后我再也没有放纵过。在巴黎的时候，有个男同性恋报纸《倡导》[The Advocate]的记者来采访我，我不得不告诉他，我的生活并不是由性来主导的，根本不是。对有些人来说是，但对我来说，有时我对性漠不关心。不断有人像这个记者一样跑来找我，仿佛性是一种先锋性的东西似的。我会对他们说，好吧，性和先锋性八竿子打不着。

意大利之旅

1961年12月我第一次去了意大利。我是和一个朋友一起去的。当时主管皇家艺术学院综合研究系的迈克尔·库尔曼[Michael Kullman]对我说，他要驾车前往瑞士的伯尔尼[Berne]，可以用他的小厢式车捎上我和我的朋友，大家分摊油费。我盼着这次旅行，它将是我第一次去瑞士。我尤其期待阿尔卑斯山，我想，我就要看到阿尔卑斯山了，阿尔卑斯的山景——这可真是画画的好题材。我对哥特式阴郁的喜爱几乎等同于我对地中海和加州阳光的喜爱，我想阿尔卑斯山冬季的迷雾将会使我激动不已。可是很不幸，我没看到阿尔卑斯山的雪景。我和朋友坐在小厢式车里，从巴黎一路开到伯尔尼，途中风景一点儿也没看到。我坐在后排，因为这是我朋友第一次来欧洲旅行，我想应该表现得礼貌一点儿，把前排让给他坐，因此我就坐了后排，结果错过了那些大山。后来等我回到家，我想，我本来有机会画一张山景的，这太可惜了。于是我想，好吧，我可以，我可以编造一幅山景，于是我就画了《逃往意大利：瑞士风景》(图 5)。山的样子就是从一本地理书上取材的，在平面化的山峰背景中，只有一座画得逼真的小山峰，取材于一张明信片。用地质带的样子来再现山峰的手法，是受了哈罗德[Harold]和伯纳德·科恩[Bernard Cohen]1962年画作的影响。

意大利之旅是一趟艺术之旅。这是我第一次前往意大利。我想象圣诞节

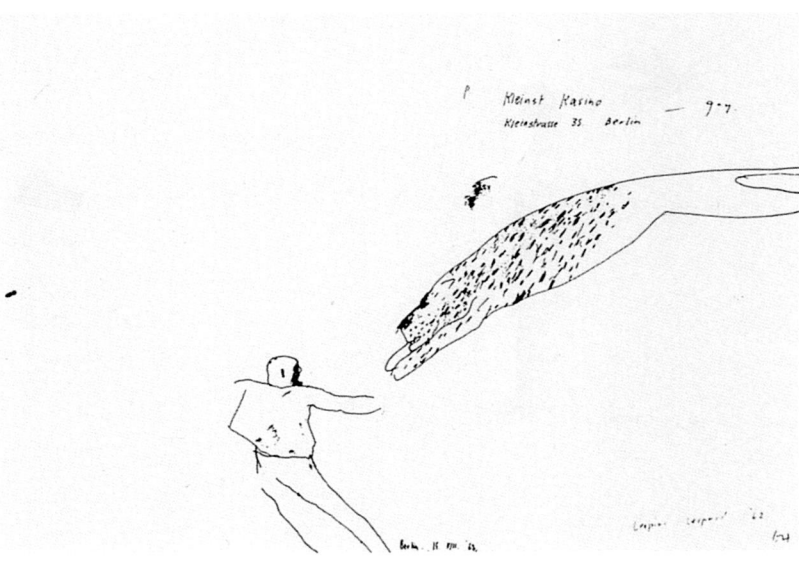

46《强调静止的图画》，1962年

47《扑过来的豹子》，为《强调静止的图画》所作的草图，1962年

48

49

48《结婚之一》(《风格的结合》),1962 年

49《结婚》,1962 年

50 为《结婚之二》所作的草图,1962 年

51《博物馆中的男子》(又名《你搞错电影了》),1962 年

52《男子》,为《结婚》所作草图,1962 年

53《新郎》,为《结婚之二》所作的草图,1963 年

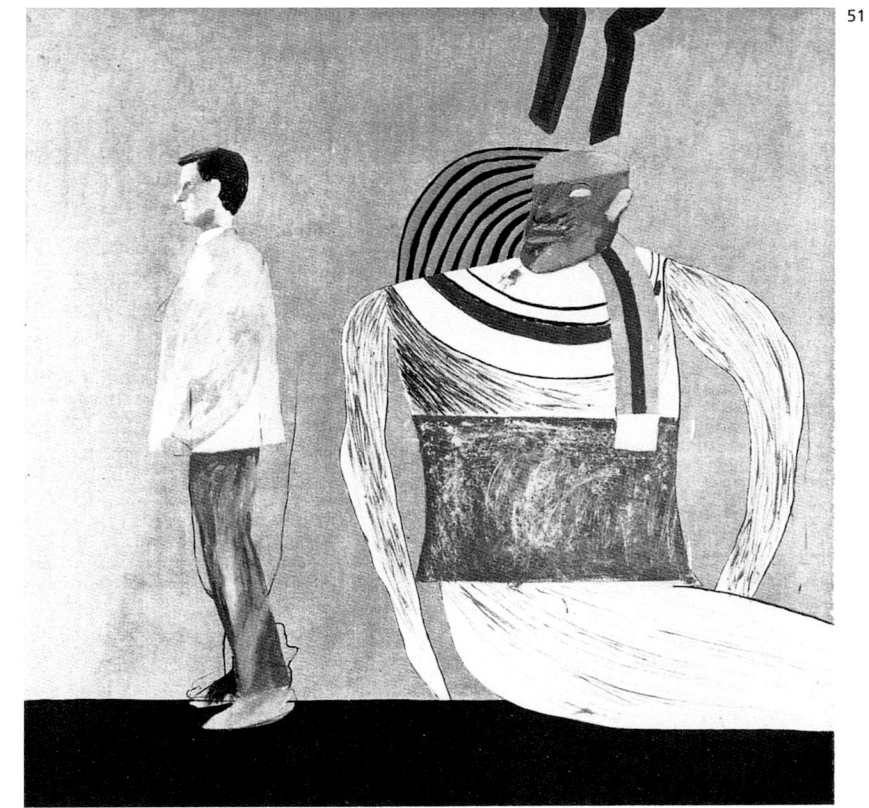

54

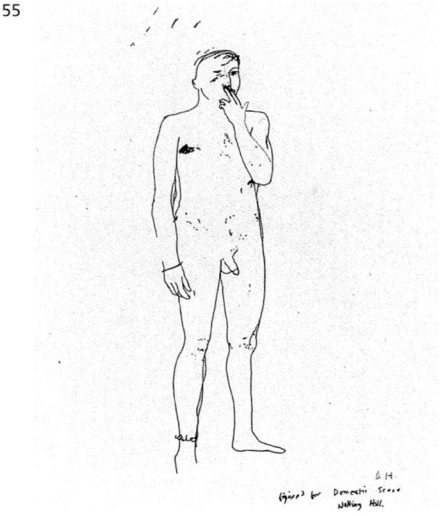

55

56

82

54《室内景,诺丁山》,1963 年

55 为《室内景,诺丁山》所作的人物草图,1963 年

56《莫》,为《室内景,诺丁山》所作的草图,1963 年

57《室内景,布洛德乔克,威尔茨》,1963 年

58《立体主义风格的女子》,1963 年

59

60

61

62

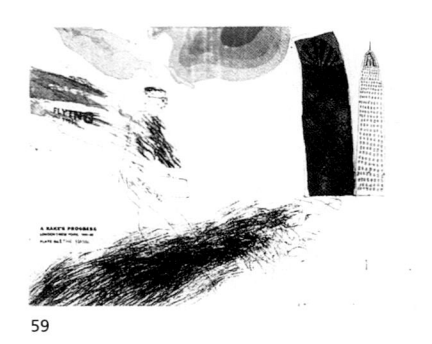

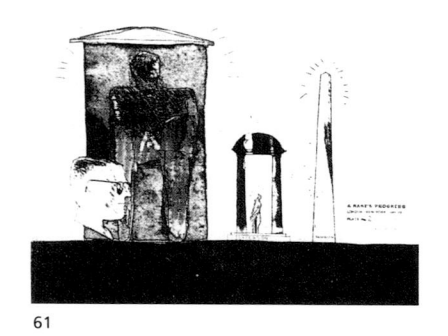

63

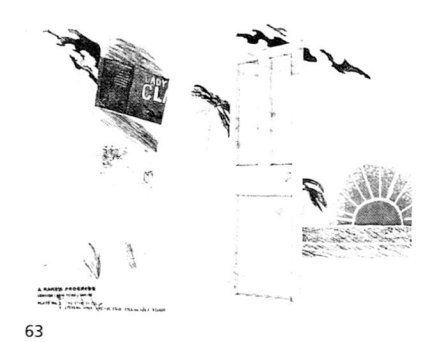

64

《浪子生涯》，1961—1963 年

59《抵达》

60《接受遗产》

61《会见好人（华盛顿）》

62《吟唱福音（好人，麦迪逊广场花园）》

63《开始挥金如土，开门迎来金发美女》

64《体重 7 英石的虚弱》

65《滥饮》

66《与老妇结婚》

65

66

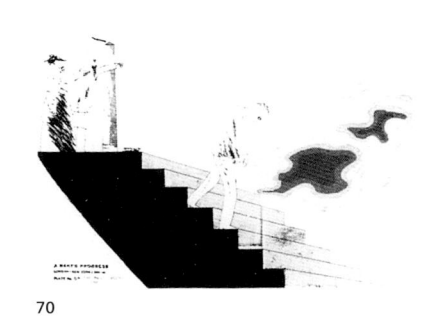

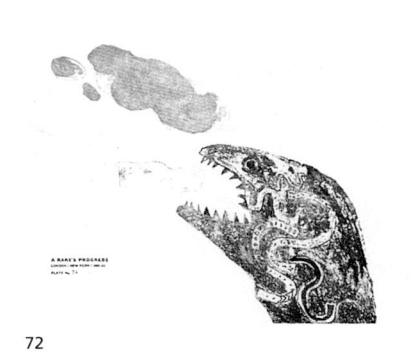

67 《竞选（口吐黑消息）》
68 《参观监狱》
69 《哈莱姆区之死》
70 《钱包渐空》
71 《崩溃》
72 《流放》
73 《会见同类》
74 《疯人院》

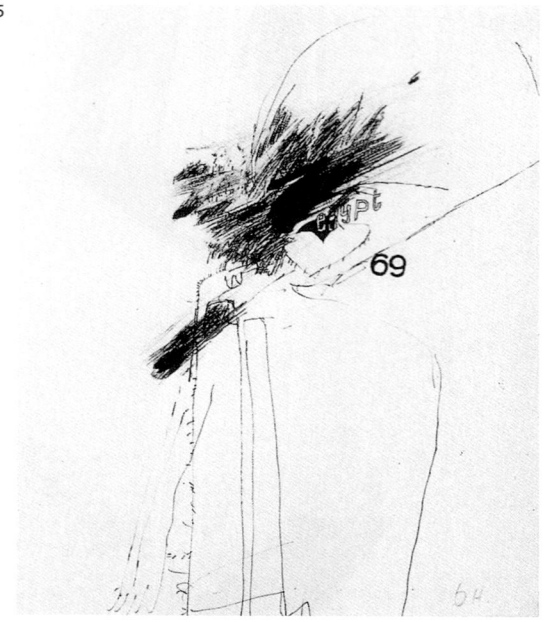

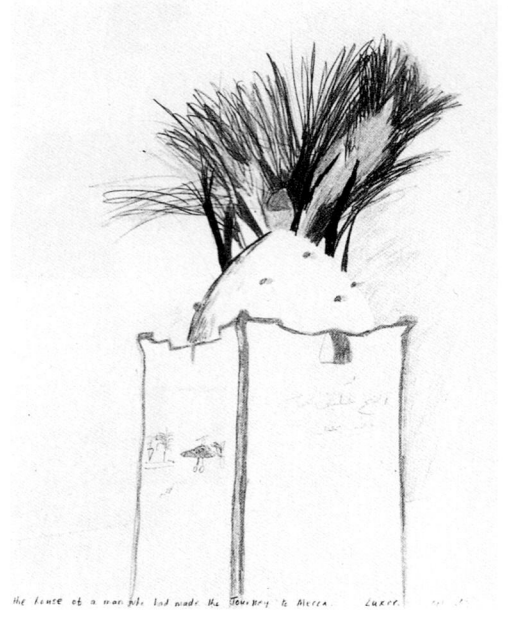

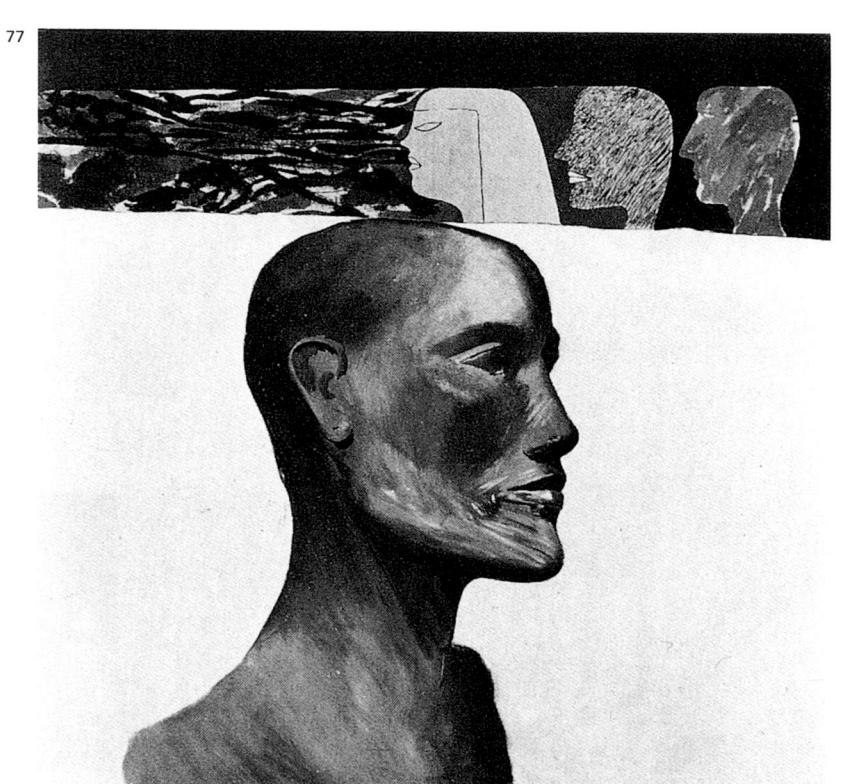

75《埃及，'69》，1963年

76《房子，主人曾前往麦加朝圣，卢克索》，1963年

77《(埃及)四头像》，1963年

78《壳牌车库，埃及》，1963年

79《吉萨大金字塔与底比斯的残破头像》，1963年

80《画布缺陷引起的事故》，1963 年

81《我在路易斯安那见到一棵活生生的橡树》,1963年

82《(断头巷道中的)两个朋友》,1963年

83《静物、人物和帘子》，1963 年

84《帘子的彩色草图》，1963 年

85《催眠师》，1963 年
86《催眠师》，1963 年

87《坐着饮茶的女子与站着端茶的同伴》，1963 年

88《淋浴草图》，1963 年
89《淋浴中的两个男子》，1963 年

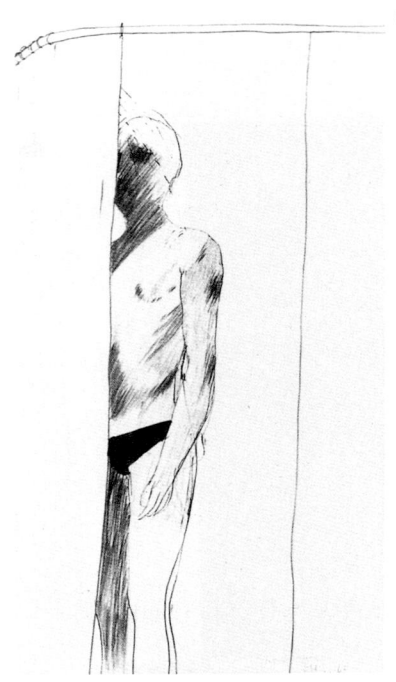

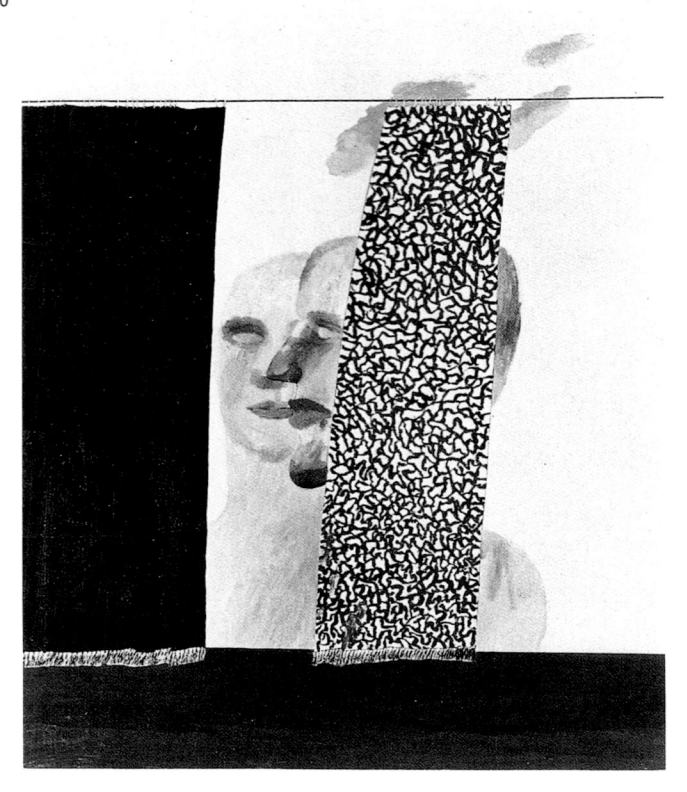

90《两个朋友与两块帘子》，1963 年

91《卡斯明像》，1964 年

92《戏中戏》，1963 年
93《闭幕》，1963 年

94《室内景，洛杉矶》，1963年

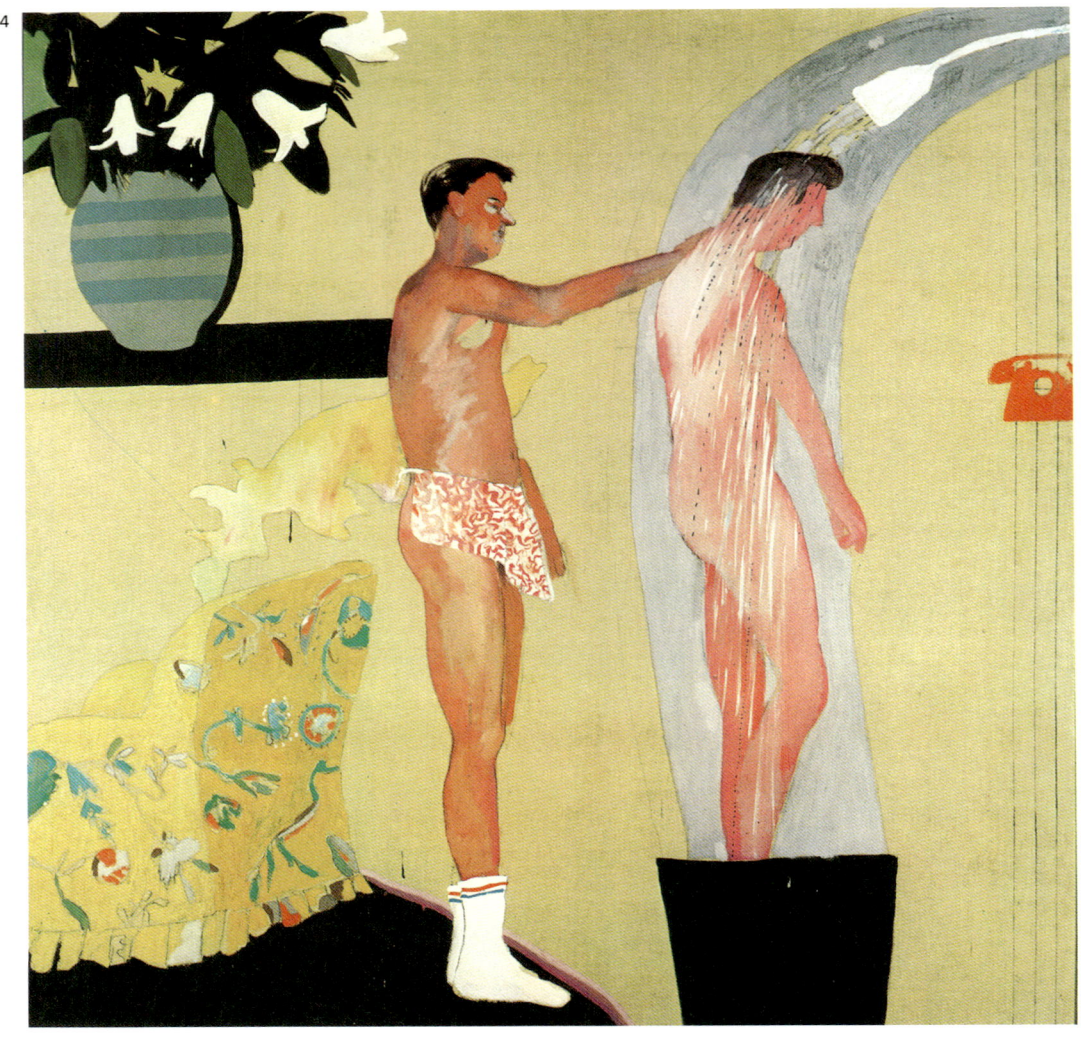

期间的佛罗伦萨肯定很热。我想，意大利，永远都是阳光明媚。但那儿真的下了场雪，很大的雪，雪后佛罗伦萨狭窄的街道活像圣诞卡上狄更斯式的伦敦。

前往乌菲齐美术馆［Uffizi］这样的地方令人快乐。但我抵制那儿的艺术对我的任何影响，因为那时我想，那不是现代的。后来我不再抵制它们的影响了，但是在 1961 年我确实抵制。1961 年，我对现代世界，尤其是对美国的兴趣要大得多。我脑子里储存了很多我从来用不到的艺术，部分出于恐惧和不安全感，我想现在我还用不到这些，我没有办法以任何方式对这些艺术加以利用。就是现在我还会想有些艺术是用不上的，但我错了。有些人就会用到这些艺术，从它生发出一些东西。不过，我一边觉得我用不上往昔的艺术，一边却从来不惧怕往昔的艺术。我记得彼得·菲利普斯，他听说我要去国立美术馆，便夸口说，他从来没有进过国立美术馆，将来也不会进。我觉得这太蠢了。我说：好吧，你会错过很多东西，你不需要像那个样子画，但你会错过所有那些可爱的画。在我看来，拒绝看另一个时代的艺术，出现这种态度的原因是恐惧。我能理解这种态度，我自己就曾有过这种态度。任何有过"想当一个艺术家"的想法的人都懂得这种态度。你不可能去佛罗伦萨而不去乌菲齐美术馆，那是说不出口的，是不可想象的。可是有些人就是不去，当然还有未来主义艺术家（Futurist）们，说要把乌菲齐美术馆炸毁。这理论挺有意思，但要是真把这想法付诸实施，后果会相当严重。我认为我和往昔的艺术永远联系在一起，这种联系时冷时热。我们对待往昔艺术的态度有可能过分倨傲，而那个时候大多数人对待往昔艺术的态度就是过分倨傲，觉得往昔的艺术卖弄学问、枯燥无聊，仿佛它们不再活着了。可事实是，往昔的艺术仍旧活着。往昔已经死去了的艺术，我们身边见不着。然而，虽说往昔的艺术不久之后就对我产生了影响，但当时我还没有想透。虽说我自己的理论告诉我要忽略往昔的艺术，但我忍不住要看它，在实践上我无法忽视。

在乌菲齐美术馆看了杜乔［Duccio］的大幅《基督受难》，使我确信了自己的看法，控制画幅的外部形状可以增强画的力量，使它更适合所要表达的主题。不过那时我对一些流行的绘画观念，比如平面性等，执念太深。平面性的确是当时人们喜欢讨论的话题，我对这个话题也很感兴趣。每个人都在说贾斯珀·琼斯［Jasper Johns］的画：这就是平面性。它后来又出现在抽象绘画中。《蛇》［*The Snake*］（图 45）表达了我对平面性的态度，它是平面性绘画的一个版本，这幅画唯一能产生深度错觉的地方就是画框里一条蛇躺在一块画布上，画布空白部分任何颜料都没有，就是留白。手工制作的外框刻意暗示出一条机械蛇的样子。这幅画的初衷是想画一个生动的靶子，当时这是学生中很流行的主题，可能源自肯尼斯·诺兰和琼斯。我想给我的靶子找一个完全不同的主题，但当时周围都在说平面性，我想这东西我应该参与进去。

第一批写生绘画

皇家艺术学院那时候有个规定，每个学生每年必须画十二张油画写生，要是按学院的方法画，这要花很多时间。后来学校也觉得这个规定有点儿太严格了，于是减少为三张油画写生，就是说在毕业展上每个学生至少要展出三张油画写生。我因为写生的问题曾和校方吵过几次。我说模特儿不够吸引人，他们说模特儿是谁没关系，也就是说，模特儿只不过是由球体、圆柱体和圆锥体构成的。我说，这个，我觉得模特儿好不好挺有关系的，你无法忽视模特儿，模特儿好不好是有关系的，真是这样。一切杰出的人体画家无不是画其喜欢的人体。雷诺阿［Renoir］爱画漂亮的、胖胖的姑娘，因为他显然觉得这样的姑娘才真的美妙。他觉得她们性感、漂亮，所以才画她们。假如来了几个瘦瘦的小女孩，他也许就会想，模特儿太差劲儿了！肯定是这样的。米开朗琪罗爱画肌肉强健的男青年，他认为这样的模特儿最美妙。简而言之，模特儿启发画家的灵感。我于是找了一份美国《体格杂志》，照抄了它的封面，我还把我早期画的一张骨骼素描贴在我的油画上，只是为了向学校表示，就算油画的解剖画得不对，我也有能力画一点解剖对的东西。带着放肆的冲动，我给油画起名为《为文凭画的写生》［Life Painting for a Diploma］。这画是在嘲讽学校的观点，他们认为面对模特儿应该保持客观，可实际上你对描绘对象必须有感觉。我觉得学校忽视了感觉，这可不应该。我用这个办法规劝他们。

学校确实提供上年纪的肥胖女模特儿。她们垂着大乳房，坐在椅子上，屁股都从坐垫边上耷拉下来。在我看来，就肉体吸引的角度来说，不可能碰上比这堆肉体更不吸引人的了。因此我说：你们难道找不到好点儿的模特儿吗？学校说：这个，我们总是让模特儿多样化一点儿。但是学校觉得，画一个吸引人的模特儿，这种想法相当邪恶。于是我说：好吧，我画不了这样的模特儿，我能不能自己找个模特儿，把他带到学校来，然后学校付模特儿费用？他们说：好吧，我们会按定价付费。于是我找到了莫·麦克德莫特［Mo McDermott］。我当时刚认识莫，他没工作，于是我说：你愿不愿意来皇家艺术学院当模特儿？皇家艺术学院里没有人想画他，他们不想画男模特儿，于是他就成了我的专用模特儿。他就坐在我那小小的角落。我已经给他画过一两张小幅素描，而我给他画的第一幅油画是《为自己画的写生》[Life Painting for Myself]（图 41）。画中他以三个姿势出现，包括一个站姿，一个坐姿，画面右侧有他的衣服，一件条纹 T 恤，牛仔裤，保持才开始画的样子。我在画上写道："为我自己画的写生"，画面右侧底端还有"别放弃"的字样，不是我写的，是这幅画留在皇家艺术学院的画架上时，被人写上去的。直到今天我仍不知道是谁干的，不过我把它保留了下来，现在它成了这幅画的一部分，但笔迹不是我的，我没写这句话。

那时候我是个激进的素食主义者，我曾为伦敦素食协会 [London Vegetarian Society] 派发传单。我母亲终生食素。我在纽约画过一张画，画着一头猪正从热狗机边逃跑，还有一头大象践踏着草地，把草都踩平了。这头大象的形象后来又被我用到《残忍的大象》[The Cruel Elephant]（图 44）一画中。在这幅画里我没有对草做刻画，而是写上了文字："爬行的昆虫"，大象被迫踩这些虫子，它们眼看着要被踩扁。我在大象身上画了个人，这样看上去好像是这个人压着大象往下踩，而大象自己根本不想杀死爬行的昆虫，是多出来的人的重量干出了残忍的事儿。

以结婚为主题的画作

1962 年夏，我离开皇家艺术学院后又一次前往意大利。我是和一个美国小伙子杰夫·古德曼 [Jeff Goodman] 一起去的。之后，我们坐火车去了慕尼黑，又从慕尼黑到柏林。柏林吸引我是因为克里斯托弗·伊舍伍德给我讲的柏林故事。我永远不相信一个地方的性格会变化，我去亚历山大时就觉得这座城市就像卡瓦菲。从柏林归来后我画的第一张画是《柏林记忆》[Berlin: A Souvenir]，这幅画有点儿走回头路，因为它又带上了抽象表现主义的痕迹。柏林之行还启发我画了一张小画：《柏林人和巴伐利亚人》[The Berliner and the Bavarian]，此外，我在柏林博物馆看见一张小素描，画着一头跃起的豹子，这只豹子后来被用作《强调静止的图画》（图 46）中那只豹子的素材（图 47）。我参观的另一座博物馆贡献了《结婚之一》（图 48）的主题，这幅画的另一个名字——《风格的结合》[A Marriage of Styles]，更多透露了我的创作意图。我参观博物馆时从来不能与别人步调一致，我和杰夫在帕加蒙博物馆 [Pergamon Museum] 中就走散了。后来我突然看到了他，他站在一座埃及雕像旁，但没有注意身边这座雕像，他的注意力集中于墙上的展品。他和那座埃及人像都朝着同一个方向张望，从我这里一眼望去，他俩活像一对夫妇，把我给逗乐了。在完成的画中，丈夫礼貌地站着，而雕像被画成妻子的模样，因为有点儿累，所以坐着。夫妇俩都望着同样的东西，不过画里看不见他们望着的东西。我集中思考博物馆里看到的场景，越发觉得这个场面很逗，因为两个人物之间的联系真是太微妙了。一两天后我画了张这个场面的素描，返回伦敦后我把它构想得更为完善。我喜欢用"结婚"这个词来玩儿。这幅画的背景是含糊的，但是画面左下角有扇哥特式的窗户，加上这扇窗户是因为结婚总是和教堂联系在一起。

《博物馆中的男子》[Man in a Museum]（图51）与《结婚》那一批画具有相同的主题。《结婚之二》(图6) 是《结婚之一》更复杂的一个版本，我在画室里对其加以思考和完善。《结婚之二》中的男子看上去更像新郎、更家常。这幅画的场景更加复杂也更具体，有些地方画出了深度错觉和透视效果，我喜欢的帘子母题在这幅画中被安排在室内。帘子的形状一开始让我产生兴趣，觉得可以用作一个主题，接着我突然想到更有意思的东西：帘子是平面的！又碰上这个神奇的词汇了。一块帘子从本质上说完全就像一幅画。你可以把一幅画从内框上拆下来，把它像帘子一样挂起来，所以说画上的帘子就是一块非常真实的帘子。只要你深入进去就会发现，一切有关平面性的哲学思考都是有关真实性的思考。要是去除深度错觉，绘画就完全变成"真实的"了。有关窗帘的观念也是出于同样的思考。

《结婚之二》中女人的头部是参考一张照片画成的，其原型是收藏在柏林的一具埃及雕像。这张质量超凡的照片对我产生的吸引力，几乎不亚于雕像本身的美。《结婚之二》促成了《催眠师》(图85) 的问世。《催眠师》比《结婚之二》更具有戏剧性，因为一个催眠师比一个结了婚的男人更具有戏剧性。这幅画里也出现了帘子。那一时期我画的所有作品中都有两个人物，要么亲密地待在一起，要么有直接的关联，于是我想画一张新作，让里面的人物分得很开。此时我已经意识到，把分布在一张大画各个角落的人物统一起来的办法，就是把这些人物统统置于一个戏剧式的舞台场景中。我在创作过程中想到了催眠师的点子。这个点子的一个来源是一部名叫《乌鸦》[The Raven]的电影，影片中两位催眠师文森特·普赖斯 [Vincent Price] 和彼得·洛尔 [Peter Lorre] 坐在一间大房间里。镜头不怎么移动，两人分布在银幕两侧，努力用法力降服对方。文森特·普赖斯抽出皮带，把皮带变成一条蛇，扔向彼得·洛尔。正当这条蛇缠住彼得·洛尔脖子之际，他随手将它解下，蛇已然变成了一条丝巾。又经过几个回合的较量，文森特·普赖斯在暴怒中像催眠师那样抬起双手，一时间他和彼得·洛尔的指尖闪耀出绿色的电火球。闪耀的电光几乎像画出来的一样，与两个人物阴郁的照相写实风格形成强烈对比。

我的画里画了个样子很邪恶的催眠师，还有一个模样稚嫩、无助的小伙子（他的手臂没有画出来）。这是我早期少数几幅既画成油画，又做成蚀刻版画的作品之一（图86）。我在蚀刻版上按油画相同的位置画下这两个人物，当然印出来就是左右颠倒的了。把油画和版画放在一起看，我意识到画也是从左向右读的。

画中画中的帘子

完成《催眠师》后我接着就画了《静物、人物和帘子》[Still Life with Figure and Curtain]（图83），这幅画画得很规矩。开始画这幅画不久，有一天我前往国立美术馆，得到一次非常难得的观看体验。我原以为我熟知国立美术馆及其所有藏画，然而在1963年，美术馆买进了一批17世纪艺术家多米尼奇诺的油画。我在馆里闲逛，在一间展厅里看到了这批画，为之震撼，我之所以感到震撼是因为这批画能够为我所用。我立刻看出它们是什么意思。这批画一旦揭开自己的面目，我就意识到自己的想法压根儿就不是什么创新。吸引我的不是希腊神话的主题，而是这些画看上去绝似拟真[trompe-l'œil]画。这批画的创作本意就是想让人们把它们看成依据画样织成的挂毯，这里已经包含两层真实性了。所有这批画都画出了挂毯四周的镶边，下边画着流苏，流苏下面还画着一英寸左右露出来的地板，赋予画面以一英寸左右的错觉深度。在其中一幅《阿波罗杀死独眼巨人》[Apollo Killing Cyclops]中，挂毯一角向后折进去一点儿，就像柯达[Kodak]胶卷的结构一样。折进去的挂毯前画着一个侏儒。我不知道这个侏儒是谁，也不知道为什么要画他，但是他和观众之间的双重空间安排引起了我的兴趣。《戏中戏》（图92）是我对《阿波罗杀死独眼巨人》的翻版，我没有命其名为"画中画中画"，而是决定使用"戏中戏"这一常见的文学表达。这幅画借用了多米尼奇诺的创意，采用了深度很浅的画面空间，挂毯上的图画具有再现错觉，因为它四周镶着边，所以观众难以判断它再现的是一个真实空间，还仅仅是一幅画。这幅画里玩儿了好多视觉游戏。挂毯是生搬硬造的，图像素材取自上述《阿波罗杀死独眼巨人》。画中人物是以约翰·卡斯明为原型的肖像。卡斯明一直想让我给他画张像，但我一直没画，因为想不好该怎么画。像现在这样，把他困在艺术和生活之间的小小空间里，似乎挺合适（画上那块玻璃是真玻璃，凡是卡斯明的双手和衣服碰到玻璃的部位，我都画在玻璃上）。我本来想用玻璃覆盖整个画面，但那么干整个作品就太重了，运不了（运画的费用太高，我付不起），所以只装了那么一块玻璃，算是妥协。不管怎么说，原装玻璃打碎了，后来换了一块有机玻璃板。1970 年，我把这幅画的画面转移到爱丁堡的阿尔齐·布伦南［Archie Brennan］所制的一幅挂毯上，于是双重空间游戏变成了三重空间游戏：一幅依据画样做成的挂毯，所依据的画样是一幅描绘挂毯的画，所描绘的挂毯又是依据另一幅画织成。回头再看，现在我承认，这幅画在我那个时期的作品中属于比较复杂、比较成功的作品。后来，我一个布拉德福德的老画友、老朋友戴维·奥克斯托比［David Oxtoby］来看我，见到挂在我墙上的挂毯，问我为什么做这张挂毯。我告诉他，这张挂毯是依据我的一张画做的，我那张画又是依据一张描绘挂毯的画画的，而我依据的这张画中所描绘的挂毯，又是依据另外一张画做的。他听完说：我的天！大卫，你能把这张挂毯借给我吗？我想依据它再画一张画。这是一个多么好玩儿的螺旋式进程啊！

　　接下来我又画了两张以帘子为母题的画，其中一张是《坐着饮茶的女子与站着端茶的同伴》（图 87），画中人物取材于迈布里奇的书。一年前我买了本他的《人的动态》［The Human Figure in Motion］，借助这本书来画人。我知道弗朗西斯·培根也用这本书，不过我用这本书真是为了画素描人物。我喜欢书里的图片标题，又棒又直接，标题里不会提到女模特儿的裸体，这有点儿怪，但我喜欢。这些图片标题都是干巴巴的，否则，假如说"站立的人体侍从给坐着的女人体端茶"，就没那么好了。

艺术家及其代理人

　　大约这个时候我接下了一份工作，在梅德斯通美术学校［Maidstone School of Art］教蚀刻版画。我之所以选择教蚀刻版画而不是油画，是因为我自己想在那儿搞一点儿蚀刻画，此外每周教一天画所挣的钱足够我过日子。与此同时，我开始卖画了。

　　离开皇家艺术学院的时候，我已经成了一个富裕的学生。我每年有三百镑的补助金，靠卖画每年还能再挣三四百镑。够了，假期都不用打工了。大约在 1961 年 1 月我认识了卡斯明，当时他在马尔伯勒画廊［Marlborough Fine Art］工作，对我的画很感兴趣。他让我多带画去马尔伯勒。我带去了，画廊**憎恨**我的画。哈里·费希尔［Harry Fischer］认为我的画一塌糊涂，他告诉卡斯明说：这些画糟透了，你拿这些垃圾怎么办？但当时在那儿工作的詹姆斯·柯克曼[James Kirkman]以十镑一张的价格把我的画都买下了，这批画我想现在可能还在他手中。1961年夏末我去美国时，卡斯明曾资助我一点儿盘缠，大概四十镑左右，他说：等你回国，要是还缺钱，我还能给你一点儿。到了美国，我收到他一封信，信上说：我已经离开了马尔伯勒画廊，你回国后不要再去找他们了，来见我。我照办了。他说：我马上要开一家画廊，我想卖这样一些画，我想买你一些画。那时候他是唯一说要买我画的人，因此我非常礼貌地说：好的，没问题。他后来不断从我这儿买画。当时我的画很便宜，就连油画都只卖十五镑一张。他以十五镑一张的价格出售，自己从中收取三镑。接着，我在皇家艺术学院的最后一年，也就是从1961年9月到1962年7月间，卡斯明买下了我的所有油画，这样我挣了相当一笔钱。我觉得自己发财了，我真的富了，我买得起画布、上好的颜料，还开始四处旅行。旅行也不用搭车了，我坐火车。就是那一年圣诞节我去了意大利。那是我第一个不用在邮局打工，帮着送圣诞邮件的圣诞节。我离开皇家艺术学院时卡斯明对我说：我想给你一份每年六百镑的合同。这比我的补助金高一倍。我想，就算别的钱都不挣，我每年也能拿到六百镑，是我以前的收入的两倍，太好了！我不需要更多钱了，我还可以天天画画。后来我想，每周教一天画也不错，于是我就接下了梅德斯通的这份工作。不过六至八周后我就辞了这份工，从此以后我就再也没在英国教过课。

卡斯明的合同其实不止每年六百镑，因为我还多画了不少画，他也会买了去卖，这样我又有收入了。我开始每年挣一千五百镑，这收入对一个刚刚离开大学的人来讲已经非常好了，比得上任何老师的收入，何况我是通过自己的作品挣的钱，这就更棒了。

《浪子生涯》

我当时还在画《浪子生涯》系列（图59—74）。这组系列画是1961年开始的，直到1963年才画完，因为它是一项长期工程，那时我也没有助手。我是从纽约回国，完成了《达官贵人的游行》之后开始这个系列的。最初的想法是画八张蚀刻版画，借用贺加斯[Hogarth]的老标题，戏谑一下原作，把它置于现代纽约的背景中。我喜欢画这个系列就因为想用视觉语言讲个故事。贺加斯的原作没有文字，就是图画故事，完全靠图画的诠释。我想，我要干的就是这个。当我开始创作时，皇家艺术学院的院长罗宾·达尔文对我说：这个创意好，我们能不能让狮子与独角兽出版社［Lion and Unicorn Press］给你出成书？我说：行，我不介意。于是他说：八张不够，你得多画几张。这个要求相当毁创意。他说：你能画二十四张吗？我想，好吧，就这样，我试试。我就这么干起来了。仅从制作角度讲，在没有人帮助的情况下完全靠自己制作二十四幅蚀刻版画是相当大的工作量。不算绘画的时间，光是给锌版敷蜡、用飞尘法给版子落粉等过程，就要耗去大量时间。我很快就发现，不论制作还是构思，二十四幅都是相当大的一项工程，累赘的东西太多了，可我不喜欢废话。因此我对他们说我不想做二十四幅那么多，因为故事会被无谓地拉长。我不想这么干，最后我同意只做十六幅，但实际做的超过十六幅，因为有几幅我做了多个版本。到离开皇家艺术学院的时候，我已经做了差不多一半，不想放弃其余的，这时他们说，你可以回学院把剩下的做完，什么时候都可以。我就这么干了。我继续回学院做这批版画，直到，我记得是1963年，我想再去一次纽约，回来就把它干完。然后我去找卡斯明，想拿点儿钱去纽约。我把已经做好的版画带给他看，卡斯明那时候也没多少钱，因此我对他说：我正在做这套版画，要是你可以支援我些钱，等做好了我会送你一套版画。后来我乘伊丽莎白女王号邮轮［Queen Elizabeth］去纽约，回来是坐的飞机。我在纽约待了大约三个星期，在那儿又做了两张蚀刻版画，是在普拉特工作室做的，之后又四处参观。我找到了完成这套版画所需的素材，回国后的确在1963年完成了它。完成时我刚好认识了保罗·康沃尔-琼斯。

  直到那时我还是亲自印制所有样张，就在学院里。遇见保罗时这套画即将完成，我把它们都贴了起来，随着印制的进展我不断把印好的样张贴上墙，最后墙上终于贴齐了十六张样张。这时保罗提出要把它们出版，要为阿列克托画廊［Alecto］买下这套画，他向我开出了五千镑的价格，这在当时是一个令人瞠目结舌的大数目。一版共印五十张，就是说他们以一百镑一套的价格买下全套十六张版画，然后自己再去印，并以一套二百五十镑的价格销售。我不敢告诉别人这个价钱，因为它真是高得离谱。我对这个价钱感到惭愧。我想，蚀刻版画的价格每张应该就两三镑，二百五十镑——简直疯了！这笔钱他们没有立即全部给我，而是分两三年付给我的，但当时知道有了这笔钱，我立刻意识到我可以去加利福尼亚生活一年，根本不用带钱了，就算我一张油画都不卖，也会有人寄钱给我。我就这样去了加州。

室内景

　　1962年我搬进波伊斯广场公寓［Powis Terrace］的一套大公寓里。此前我一直住小房子，甚至在离开学院后，我还是不得不离开住处到别的地方画画。这下我搬进了这套大房子，租金很便宜，每周五镑。这是我生平第一次能够在一套房子里同时画画并生活，早晨一起床就能直接开始画画，这真是太美妙了。我就睡在用来画画的房间里。房间角落里有张小床，床头有只抽屉柜，因为这只抽屉柜是我早上醒来看见的第一件东西，我便在柜上很仔细地用罗马字体写了"马上起床工作"几个字。当我醒来时，不仅能读到这行警句，还能想起我曾蠢到花费一整天的时间悉心描绘这行罗马体字，这样我就起得更快了。

　　搬进新住所时我快要完成《结婚之一》，1963年初，我开始画《结婚之二》。那段时间我惯于几张画同时画，五六张的样子。接着我开始画《室内景，诺丁山》［Domestic Scene, Notting Hill］（图54），我那时想，干吗不从生活中取材呢？人物再一次主宰了我的画面。我觉得这种图式需要加进一些取自生活的东西。

　　人在走进一间房间的时候并不是一下子注意到所有东西，根据兴趣的不同，注意力有个递减的次序。我估计酒鬼首先注意到的是酒，幽闭恐惧症患者首先注意到的则是天花板的高度，以此类推。因为有这样的考虑，我在这幅画中忽略了墙壁，也没有画地板，任何我觉得不重要的东西我都没画。我觉得重要的是两个人物、椅子、床、灯、瓶花、窗帘以及几个电灯泡，此外其他的一切都无关紧要。画中的每件道具都是写生的。人物本就不打算画成肖像，两位都是我的朋友：莫·麦克德莫特站在床上，奥西耶·克拉克［Ossie Clark］坐在椅中。我将此画命名为《室内景，诺丁山》，是因为我觉得这个题目是如实直说。在完成这幅画以后，我又画了《室内景，洛杉矶》（图94），这幅画取材于《体格画报》上的一张照片，一个小伙子腰间系着一条小围裙，正给另一个小伙子搓背，背景是一间陈旧的美式房间。我想，洛杉矶的室内场景肯定是这样。画这画的时候我甚至还没去过洛杉矶。虽然那时候我已经去过美国两次，但足迹所至还没有超出华盛顿特区以西。加州在我的心目中是个阳光明媚的地方，到处是电影工作室和半裸的帅男靓女。我对加州的印象大受当地出版的《体格画报》的影响，《体格画报》经常刊登街景、木房子、棕榈树和摩托车手。杂志中的室内场景显然是（像老电影那样）在室外搭建的摄影棚里拍摄的。浴室的地毯上都有棕榈树的投影，墙壁突然让位于游泳池。《室内景，洛杉矶》中的椅子借用了《室内景，诺丁山》中的那一把，电话机是写生的，瓶花取材于一本女性杂志的插图。六个月后当我在洛杉矶安家落户时，我才发现我的画相当接近当地的真实生活。

大约同时我还画了《两个朋友》[Two Friends，全名为《断头巷道中的两个朋友》]（图 82），在这幅画中还能看出杜布菲的影响。我发现一切都可以成为绘画的主题：一首诗，所见之物，不期而至的念头，所感之事，等等，一切都可以用为绘画的素材，这本身就让我感到自由。我那时对风格的自由运用可以从画中找到生动证据。这是我第一次有这种感觉。

《室内景，布洛德乔克，威尔茨》[Domestic Scene, Broadchalke, Wilts]（图 57）是从小幅素描写生发展而来的。为我做模特儿的分别是彼得·菲利普斯和乔·蒂尔森，不过画的时候不以逼真为目标。从这幅画上同样可以感到我当时对风格的兴趣，花是立体主义式的，人物却不是。这幅画是把两种风格嫁接在一起，混合在一起。后来我画玻璃杯全都沿用这幅画中的画法，我想这是我第一次画玻璃杯。

浴者

在《淋浴中的两个男子》[Two Men in a Shower]（图 89）中，左边的人物取材于一本杂志，而在洗浴的那个人是写生的。我有一块画中那样的浴帘，我让莫站在浴帘那边淋浴，这样透过浴帘对他进行写生。接着，我又画了一系列以帘子为母题的画：先前提到过的《静物、人物和帘子》（图 83）相当抽象；《闭幕》（图 93），这画的题目透露出它是另一类型——用拉上的帘子遮住部分画面，又玩儿起了文字和观念。《我在路易斯安那见到一棵活生生的橡树》[I Saw in Louisiana a Live-Oak Growing]（图 81）取材于惠特曼的诗，写的是一棵树，它终其一生"喃喃吐出快乐的深绿色叶片"，身边没有一个朋友，也没有一个爱人。我想，在写一个人看着一棵树的诗句里，这是多么美妙的一句啊！我把树画得上下颠倒，让它看上去更显孤独，我当时的想法就是这么简单，真的。

《画布缺陷引起的事故》[Accident Caused by a Flaw in the Canvas]（图 80）是幅很小的画，它强调的不是视觉效果，而是观念。我绷了一块小画布，等我绷好了，发现布纹中有一两处缺陷，花了这些工夫绷好布，布却有缺陷，这令我有些懊恼，心想，真倒霉，太糟了。我对质量非常在意，我在卖画，可不能出售画材质量低劣的作品。我想，这太糟了，浪费了。可是转念一想，不，只要我把画材的缺陷融入主题，就不算缺陷了。我用模板刻了一个奔跑的小人，把他印在画上，当他跑到画布那条缺陷的位置，便被绊倒了。我给它取名为事故，小人因为画布上的缺陷才绊倒的。

大约在1963年5月，我完成了《浪子生涯》并请人把它印出来，印制过程花了几个月时间，一位老人印的。当我送给他一套完整的样张时，他说他不想要，因为他不喜欢。每次我去看他，视察印制进度的时候，他都会给我看一张小蚀刻画，画着教堂墓地之类的东西，他会对我说：你能不能画些像这样的东西？我便回答他说：哦，有一天会的，我会画这些东西的。

埃及之行，1963年

1963年9月，完成《浪子生涯》后，为了完成《星期日泰晤士报》的委托，我去了埃及。有一天他们打电话给我，问我愿不愿意去布拉德福德为他们画稿子。他们的杂志当时刚开始搞彩色印刷，想找些画刊登。负责此事的戴维·西尔韦斯特［David Sylvester］和马克·博克瑟［Mark Boxer］想到了委派艺术家前往指定地方作画的办法。当他们问我愿不愿意去布拉德福德作画时，我说：哦，那太像普里斯特利［J. B. Priestley］画的东西了，我不合适。我想画更具有异国情调的东西，我几年前才离开布拉德福德，再回去画画对我并没有吸引力。我对他们说：我想去火奴鲁鲁［Honolulu］，要是你们把我派到那儿去，我可以给你们画从火奴鲁鲁希尔顿酒店［Honolulu Hilton］顶楼看到的景色。让我吃惊的是他们说：我们考虑一下再给你电话。他们肯定讨论了我的提议，因为他们给我回了电话，说：你愿不愿意去埃及？他们知道我对埃及艺术感兴趣。我说：好啊，那敢情好。就这样，我去埃及旅行了三四个星期，一路画了很多素描，我想大概有四十张。我见什么画什么。我去了开罗［Cairo］，接着是亚历山德里亚［Alexandria］，又往上游的卢克索［Luxor］，在那儿待了大约十天，那里是最让我感兴趣的地方。回国后我画了《吉萨大金字塔与底比斯的残破头像》［Great Pyramid at Giza with Broken Head from Thebes］（图79）以及《（埃及）四头像》［Four Heads (Egyptian)］（图77）两幅画。

1963年底我参加了两个展览，第一个是卡斯明的展览，我展出了自从离开皇家艺术学院以后创作的所有油画作品，大概有八张到十张左右，此外还展出了部分素描。我记得全部油画都一售而空。其中卖的最贵的是《戏中戏》，卖了三百五十镑。马克·格莱兹布鲁克［Mark Glazebrook］买下了它，三四

107

年后，他以两千镑的价格把它卖给了保罗·康沃尔-琼斯，我觉得保罗简直疯了。在卡斯明展览同期，阿列克托画廊展出了我所有的蚀刻版画作品，包括《浪子生涯》在内。

第一次加州之行

伦敦的展览一结束，我就带着从《浪子生涯》系列——即卡斯明展览上挣的钱动身前往加州，这是我第一次加州之行。途中我在纽约停留，画了两幅蚀刻版画《丛林小伙》[Jungle Boy]（图97）和《爱德华·利尔》（图99），每件作品获得一千美元。

抵达洛杉矶时我鬼都不认识一个。纽约的朋友说，你一个人都不认识，车也不会开，这样去洛杉矶真是疯了。要去西部，最多去旧金山。我说：不，不，我想去的就是洛杉矶。于是他们给我安排了行程。我将在纽约查尔斯·阿兰画廊[Charles Alan's Gallery]办个展览，我说要去加州画我的参展作品。查尔斯说你疯了，要是不会开车，你连机场都出不了，你疯了。于是他给一个叫奥利弗·安德鲁斯[Oliver Andrews]的雕塑家打电话，这位也在他的画廊里办展览。奥利弗人非常好，在机场接我，把我送到圣莫妮卡[Santa Monica]的一家汽车旅馆。他放下我，给我留了他的电话就走了。我住进旅馆，感到很兴奋。真的、*真*的很刺激。比我第一次到纽约感觉刺激多了。我是在晚上到达的，当然没有交通工具，不过我住的旅馆就位于圣莫妮卡峡谷谷底的边上，就是克里斯托弗·伊舍伍德家旁边。那时我还不认识他，尽管有他的地址，但当时我并没意识到自己就在他家附近。我住进旅馆，在沙滩上散步，一边在找市区的方向，但我看不见市区。后来我看到灯光，心想，那儿肯定是市区。我朝灯光的方向走了两英里，等到了才发现，那儿只不过是一家大型加油站，加油站灯火通明，我还以为是市区呢。于是我又往回走，一边想，接下来干什么呢？第二天早上我给奥利弗打了个电话：说，我想去城里，我一定要买一辆自行车。他说：好，我送你去。原来市区就在旅馆背后，我昨天找错了方向。他带我去买了辆自行车，还向我介绍了一位当地作家。我问：你说的是克里斯托弗·伊舍伍德？他说是。他认识克里斯托弗。于是我说，我很愿意认识他。

我读过约翰·莱奇[John Rechy]的《夜之城》[City of Night]，我觉得它勾勒出美国某一类生活的精彩画面。它是最早一批写出珀欣广场[Pershing Square]那种充满肮脏性欲的、热烈的夜生活的书之一。我查地图，看到威尔希尔大街［Wilshire Boulevard］从圣莫妮卡海边一直通往珀欣广场，只要沿着这条大道走下去就行。可是当然，那时我还没有意识到，这条大道足有十八英里长！我骑着自行车出发，等到了珀欣广场，那里却空荡荡的。那是晚上九点钟，天刚刚黑，一个人也没有。我想，人都到哪儿去了？我要了杯啤酒，心想，还要骑一个多小时才能回旅馆。末了我只好骑回去了，心想，这可不是办法，自行车根本没用，我应该设法搞一辆汽车。

第一辆汽车，第一间画室，第一批加州画作

　　第二天奥利弗来看我，问我骑车的感觉怎么样？我说：哦，我去了珀欣广场。他说：你去珀欣广场干什么？在洛杉矶没人去市区。我说我必须得搞一辆汽车。他说：我带你去考驾照的地方，你可以考一个实习驾照［provisional licence］，然后就可以到处开了，练一练，开车很容易。在此之前我从来没开过车。他教了我一点儿怎么开。他说：你把脚踩在这个踏板上就是往前，踩在那个踏板上就是停，自动档的车，不用换档。于是我就练起来了。我们一起去考驾照的地方，他们说你填个表。表上是像这样的一些问题：加州的最高限速是多少：每小时四十五英里；每小时六十英里；每小时一百英里。喔，这些问题都可以猜，不需要有多聪明，甚至连高速公路的标志都不必认识。表上的所有问题都像这样，我就凭常识选择答案。他们说：你错了四题，在允许范围内。你的车在哪儿？我说：我的车在哪儿？这话什么意思？他们说：现在要考你的驾驶，考实践，你已经通过了科目一的考试。我说：能不能明天再来？他们说下午过来，付三美元，可以考三次，要是通不过，以后还可以回来再考。奥利弗听说我轻描淡写就通过了科目一的考试，乐坏了，接着又教了我一通，完了以后说，你差不多可以去考一下了。结果他们发给我了一份驾照。

　　我感到很刺激，但也吓坏了。我想，每个人都呼啸着从你身边越过，就这样开起来了？我下午就去买了一辆福特猛禽［Falcon］汽车，价格一千美元左右。这是我拥有的第一辆车，开着它我非常害怕，心想，我必须得多开多练。我就到处开。第二天我就开上了高速公路，不敢变道，一路开到圣贝尔纳迪诺［San Bernardino］，深入内陆六十英里。我想，要是能找到掉头的地方，我就在这儿掉头。这时，我看到了一块路牌：拉斯维加斯［Las Vegas］，两百英里。我想，太棒了！去沙漠里练车！于是我就一路开到拉斯维加斯去了，当天夜里又开了回来。

95

95〈加州艺术品收藏家〉，1964 年

96《比华利山庄的淋浴男子》，1964 年

第二天，我找到了一家工作室。当时我正开往维尼斯，看到一块小牌子上的求租广告，就是我租下的这间工作室。我说我租下了。房间俯瞰大海，不算大。接着我又租了一间小公寓，在洛杉矶很容易租到房。只需要开车沿着大街走，就能看到很多广告牌，写着有半间房 [1½ room] 待租。我想"半间房"是很美式的表达方式。我开始还以为"半间房"是天花板只有半层高的房间呢！在来到这座大都市的第一个星期里，我在一个人也不认识的情况下，通过了驾照考试，买了辆车，开到拉斯维加斯赢了一点儿钱，租下一间工作室，开始画画，这都是一个星期里做到的。我想，美国和我预想的完全一样。

我走进一家美术用品商店，里面全是美国画材。我在英国国内曾试用过丙烯，压根儿不喜欢，它的肌理、色彩都不太好。但美国产的丙烯我喜欢，颜料质量很高。于是我开始用丙烯作画，它对我的作画习惯产生了影响。丙烯让人可以就着一张画持续画下去，因为不必等待颜料干燥，而油画可能得两三张画同时进行，轮着画，因为油画颜料要很长时间才能干。

我开始结识当地艺术家。那时候，洛杉矶所有的画廊都集中在好莱坞的一条街上。这些画廊都是年轻人在运营，展出的也都是年轻艺术家的作品。我原来根本不认识当地艺术家，那里让我很惊奇。每个星期一的夜晚，所有的画廊都开着，人们停好车，在这条街上漫步，走进画廊参观。气氛很愉快，这也给艺术家每周见面搞搞社交提供了机会。在洛杉矶这样一座城市，想碰上个熟人很不容易。在巴黎很容易碰上熟人，但在洛杉矶不容易。在这条街的尽头有家巴尼连锁餐厅 [Barney's Beanerie]，埃德·金霍尔茨 [Ed Kienholz] 后来照着复制了一座。我到那儿去四处转悠，和人交谈、结识，也被介绍给新朋友。那儿有很多与我年岁相仿的艺术家，还有个小型的加州波普艺术画派，我以前从没听说过。到洛杉矶以前我唯一听说过的当地艺术家是理查德·迪本科恩 [Richard Diebenkorn] 和戴维·帕克 [David Park]，他们来自加州北部，其作画方法有点儿像邦博格 [Bomberg]。迪本科恩是个绝妙的油画家，也是个神奇的素描家，他素描一直画得很棒，他在美国向来被人低估。

加州主题

我在加州画的第一张画是《塑料树与市政厅》[Plastic Tree Plus City Hall]（图 102），第二张是《加州艺术品收藏家》[California Art Collector]

(图95),然后是《普通图画》[Ordinary Picture](图100),这幅画仍然有帘子母题。

在加州待了几个月后,卡斯明第一次来访,他来是为了看我及一些收藏家。我陪他一起拜访那些藏家。我以前从没见过那么奢华的房子,也没见识过他们显摆自己奢华生活的方式!大多数藏家都是女人,她们的丈夫在外面挣钱。她们会带你参观藏画、花园和房子。后来我画了一幅《加州艺术品收藏家》,时在1964年2月。画中有个女人坐在花园里,周围摆着艺术品,其中有一件特恩布尔的雕塑。我在美国见到很多特恩布尔的雕塑,有人从几年前就开始在美国卖特恩布尔的作品。这幅画完全出于我的创想,唯一有参考的是游泳池,取材于《洛杉矶时报》[Los Angeles Times]星期天版上一则游泳池广告。我访问过的豪宅都有大而舒服的椅子、毛茸茸的地毯、带条纹的画、前哥伦布或原始风格的雕塑,以及近来(1964年前后)的三维雕塑。当地的气候以及这些房子的开放性(大玻璃窗、露台等等)让我忆起了意大利,因此我从安吉列科修士[Fra Angelico]和皮耶罗·德拉·弗朗切斯卡的画里借了一点儿味道。

我马上就投入到工作中了。这时我已经见过克里斯托弗·伊舍伍德,我俩一见如故。在我见过的作家里,他是第一位让我真正景仰的。我慢慢与他,与和他住在一起的唐·巴恰尔蒂处得很熟。他们会邀我出去玩儿,带我去吃饭,我们一起度过了不少美妙的夜晚。克里斯托弗谈锋甚健,对什么都能聊得有趣,我爱听他聊,真的非常喜欢。我也不知道我们怎么会处得这么好,但就是投缘。这不仅因为我俩都是英国人,恐怕还因为我俩都是英国北方人。我还记得克里斯托弗后来对我说:哦,大卫,我们有这么多共同点,我们都爱加州,我们都爱美国小伙子,我们都来自英国北方。当然,克里斯托弗出身于一个和我不同的英国北方,他家非常有钱,我家则属于工薪阶层。

我拜访了《体格画报》杂志社,那是在洛杉矶市中心一个非常肮脏的地方。负责杂志的是个神奇的、彻头彻尾的疯子,他的油腻腻的游泳池边上摆着一圈好莱坞翻制的石膏希腊雕塑。真是棒极了!在我看来到处都有点儿卡瓦菲那种油腻腻的感觉。就连洛杉矶也能让我想起卡瓦菲,炎热的气候和亚历山德里亚的感觉接近。洛杉矶市中心这块地方很肮脏,灰扑扑的,非常有男子汉气,永远是男性的感觉,女人不属于这里的生活。《体格画报》的人会趁着各种年龄段的男人刚出狱时找他们:想不想挣十块钱?脱了衣服,跳进游泳池,差不多就这么干。这些男人的外貌都有几分粗犷,但他们的身材都相当棒。他们的脸长得难看死了,根本不是帅小伙儿。我得承认,帅小伙对我来说是难过的一关,我喜欢帅小伙,胜过那种大块头的、粗鲁的、肮脏的家伙。这块地方让我兴奋极了,我把这感觉告诉了杂志社的人。我从他那儿买了一大批照片,这些照片现在还在我手上。

爱荷华州

夏天,我去爱荷华市的爱荷华大学教书。我并不知道这座城市在哪儿,这是我第一次对美国内陆有所体验。他们给我一个教职,上六周课,付我一千五百美元。我就同意了,开车到了那儿。我驱车一路穿过新墨西哥、俄克拉荷马和堪萨斯州,一路不断捎带搭车旅行者。我向北开到芝加哥,然后再折向爱荷华。我开到爱荷华市的时候,一路就开过去了,我还以为这儿是爱荷华市郊。爱荷华市,"市"难道不应该是大地方吗?但在美国并非如此。爱荷华市是个特别袖珍的大学城,位于芝加哥以西三百英里,在这个地方要想过好玩儿的生活,就没法不跟大学沾边儿。我在爱荷华大学画了四五张画,只有一张画和当地题材有关。

爱荷华的风景相当单调,这地方地势很平,偶尔有几处起伏的小丘,城里大多数建筑都是同一类木房子。我在这儿见过的最令人兴奋的风景是大雷雨。有几场大雷雨的闪电很精彩,但几乎每次雷雨时都能见到快速移动的云朵,其形状和色彩也在快速变换着。我给一个油画班上课,学校给了我一间工作室,我画了几张画,都是在六周时间里画的:《爱荷华州》(图107)、《亚利桑那》[Arizona](图110)、《男演员》[The Actor](图108)、《立体主义小伙与彩色的树》[Cubist Boy with Colourful Tree](图109)、《比华利山庄的淋浴男子》(图96)。我早就开始画这些画了,还在洛杉矶的时候我就起了稿,然后我把内框拆了,把画卷起来塞进车里带了过来。我在洛杉矶已经把《准备淋浴的小伙子》[Boy About to Take a Shower](图104)画得差不多了,画中人物基于对形体健美的美国小伙子的观察,是我的创想。这幅画作于1964年初(但最终完成于爱荷华市),仍然带有帘子的母题。我把这种风格称为"立体主义式",因为它依凭的是概念而非知觉。

美国人老是洗淋浴,我是通过生活经验和《体格画报》了解到的。对艺术家来说,浴者显然是个有趣的画题,一般都能看到整个人体,而且还有动作,浴者擦拭自己身体的动作通常还挺优雅。此外,浴者成为绘画主题已经有三百年的历史了。比华利山庄[Beverly Hills]的宅子里到处藏着各种体形、各种块头的浴者,浴室则有的是透明玻璃门,有的是磨砂玻璃门,有的是透明浴帘,有的是半透明浴帘。这些浴室在我看来都带有奢华的元素:脚下是粉红色的长绒地毯,浴室靠近卧房(在英国完全不是这样的!)。《比华利山庄的淋浴男子》一画中人物及地砖均取材于体育模特行会[Athletic Model Guild]的一张照片,这是洛杉矶一个摄影家团体,专门研究男人体。我很喜欢(现在也喜欢)以缓慢、细致的手法描绘流动的水,但人物的脚我画得很困难。前景中那盆植物在一开始的构图中就有,我确实利用了一下它,把叶子画得弯过来,遮住了人物的双脚。

我同时也画素描人物写生。我很少拍照,拍的大多是拍立得[Polaroid]相片,我把它们存入相册。不过,我不会有意识地为了油画创作而拍照,可以说,我那时的做法和现在一样,只是把照片当作参考。对着照片直接画是一件困难的事儿,假如照片不是你亲自拍的,即便看着照片你也只能想象。假如是你亲自拍的,那它至少能帮你回忆起拍摄时面对的景象。照片的作用仅仅是用来给记忆热身,或给某个造型做个记录。我觉得对着照片画素描是不可能的,它们包含的信息不够。看看照片上的脸,它其实没有什么真正的信息。

游泳池

我第一次运用游泳池为母题的画是《加州艺术品收藏家》。我在加州画过几张泳池的素描,结束了爱荷华的教学后,我回加州待了几个月,又画了一批泳池素描。与我同行的是奥西耶·克拉克,他就在我毕业那一年进入了皇家艺术学院,我以前在诺丁山就认识他。那是他第一次来美国,我带他来加州。我们一起观看了披头士乐队首次美国之行在好莱坞之碗露天剧场[Hollywood Bowl]的首场演出。我在加州画了很多素描,包括那批水面上画了许多弯弯曲曲线条的泳池素描。这以后,我于1964年圣诞节前后回到英国,回国后画的第一张画就是《好莱坞的游泳池》(图118),是根据素描画的。我在英国完成了这幅油画。这幅画里水的画法受到了杜布菲晚期抽象画以及伯纳德·科恩那种"意面绘画"[spaghetti pictures]的影响,我觉得那是画水的好办法。在图像四周留出空白画布的做法,现在想起来有点儿发怵。它让整幅图景看起来更像是一幅画(观众不可能脚下一绊,跌入泳池了)。画就要像画,这在当时是前卫绘画必须遵守的基本原则。以前我从来不认为自己的画前卫,但是在1964年,我仍旧有意识地希望参与到现代主义中,哪怕仅仅活动在外围。

在画游泳池系列作品的过程中，我开始对怎么画水这个普遍问题产生了兴趣，想找到画水的好办法。这是个有意思的问题，真正的形式问题，主题之外的问题。再现水，描绘水，这之所以是个形式问题，是因为水可以是任何形式，可以是任何颜色，它变动不居，也没有固定的视觉外观。我画这批油画的时候只有素描作为参考，全靠脑子来创想水的模样。等到后来，我再度回归泳池母题上时，用的是和这一时期不同的画法——我用了水的照片。因为我当时面对的是形式问题，所以那一时期创作的其他画作也都呈现出更多的形式要素。接着泳池主题之后创作的静物主题，就非常强调形式感。这就是我当时专注的问题，比起以前的画，文学性少多了。这一时期的画几乎不用文学题材，连我创作的版画也一样，直到卡瓦菲系列蚀刻画，才又恢复对文学的参考。我的"形式主义"思考始于真实的问题：怎么画？不过，静物主题作品参考了其他形式主义艺术。我相信怎么画是个形式问题，它是个有意思的问题，永恒的问题，永远没有最终解决方案。你有成千上万种画法，没有固定画法。

到 1965 年初，我完成了《泳池中的两个小伙子，好莱坞》[*Two Boys in a Pool, Hollywood*]（图 122），还有一张取名《加利福尼亚》[*California*]（图 121）的画，此外还画完了《各种不同的水注入游泳池，圣莫妮卡》[*Different Kinds of Water Pouring into a Swimming Pool, Santa Monica*]（图 126）。这些画再现了我从不同角度对水的观察，它们也让我有机会画些抽象的东西，画抽象东西的欲望不断回到我头脑中，就像画肖像的欲望不断涌现一样。

静物

这之后，我就开始画静物主题了，包括《静物之图》[*Picture of a Still Life*]（图 132）、《蓝色的室内及两组静物》（图 133）、《单色风景与文字书写》[*Monochrome Landscape with Lettering*]（图 129），以及《被各种艺术手法包围的肖像》[*Portrait Surrounded by Artistic Devices*]（图 136）等作，最后这张是参考我给父亲画的一张素描画的。画中的"艺术手法"是我自己收集的图像和创作元素，以及当时其他一些艺术家的作品和创作观念。在《单色风景与文字书写》这张画的画面上，我先画了一张单色油画风景，之后觉得需要给它起个清晰的标题，并在画面上用文字写出来。我给画中的单色风景画了外框，那么框子以外的画面表现的是什么，我觉得要有所交待，于是就有了这个标题。最开始我给这幅画起的题目是"单色风景与文字书写及画框",而且最初想把文字写在画中的墙上——"墙、单色风景与文字书写及画框",但我意识到得有个限度,否则最后就可能搞成"英格兰、伦敦、邦德街、卡斯明画廊、墙、单色风景与文字书写及画框"。简单的标题搞得不好也会过头。

所有这批画作在某种程度上都受到了美国抽象表现主义画家的影响,尤其是受肯尼斯·诺兰的影响,我是通过代理他的卡斯明认识他的。我特别留意他的作品。我这批静物画都始自头脑中的抽象构思,其绘制手法全都与肯尼斯·诺兰的手法相同,技法都是粗纹棉质画布上渍染丙烯之类。

完成这批画之后,我又去了美国。先在科罗拉多大学当老师,布尔德 [Boulder] 校区位于落基山脉 [Rocky Mountains] 脚下,景色宜人。学校分给我一间没有窗户的工作室,因为没有窗户,所以看不见落基山。看不见山,倒让我想起《逃往意大利:瑞士风景》那张画。我被美丽的落基山环绕,可是走进工作室却发现——没窗户!哪怕几扇小窗户也行啊。然后我就画了《落基山与疲倦的印第安人》(图127)。这张画是以地理杂志和各种浪漫奇想为基础创作的(离布尔德校区最近的印第安人也在三百英里之外),画中的椅子纯粹是为了构图需要才画在那儿的。为了说明为什么要有把椅子,我就给画起名为"疲倦的"印第安人。那只鸟是一只木头雕的鸟,画出了点儿错觉效果。《英国花园》(图128)也是在布尔德画的,灵感来自一张英国林木造型艺术的照片,是我从美国《时尚》[Vogue] 杂志上看到的。因为它与《落基山与疲倦的印第安人》是同时画的,我的一些学生以为画的是印第安人蹲在草地上。那段时期我还画了《写实风格的静物》[A Realistic Still Life](图134)、《更写实的静物》[A More Realistic Still Life](图137)以及《不那么写实的静物》[A Less Realistic Still Life](图135)。我开始对静物和摆静物感兴趣,点子是从以前画过的帘子母题生长起来的。逻辑过程大概是这样:从帘子联系到戏剧,戏剧舞台在视觉上是把一群人或物布置在台上,美术学校传统的静物画(以塞尚的静物画为楷模)通常是把苹果、花瓶或酒瓶布置在台布上,台布就相当于一块平铺的帘子。记得塞尚曾经说过,一切物体都能简化为锥体等等,我就产生了创作一组静物画的想法。其中第一幅,《写实风格的静物》,是一堆圆柱体,其投影和画面上其他一些元素暗示出空间,照塞尚的意思,这些创造出来的空间是真实的空间。第二幅题为《更写实的静物》,画里能辨认出来的东西更多,包括传统的苹果、简单的花、揉皱了的台布,还有一块衬布作背景。第三幅是《不那么写实的静物》,把具象和错觉元素减弱到最简单的形式，画出了我认为是自己画过的最抽象的作品。必须承认，这类靠不住的杂耍式推理当时对我很有吸引力。

与此同时，我在纽约举办了第一个展览。参展画作全都售罄，价格仍然在一千美元一张，也许略少。之后我和帕特里克·普罗克特一起回到了加州，他此前曾在爱荷华教课。我们住在西洛杉矶的一所小房子里。我在那儿一张油画也没画，但做了一批版画。肯·泰勒［Ken Tyler］邀我在杰尔米尼画廊［Gemini］做了个题为"好莱坞画辑"［A Hollywood Collection］的石版画展。杰尔米尼画廊在一家画框店后面，因此我把画框也印进画面。

一个悲伤的故事

1965年底我不得不回伦敦参加卡斯明办的一个展览。大约在离开好莱坞前一周，我在一家同性恋酒吧遇见了一个令人销魂的美小伙。刚要离开就遇见了他，好像很不公平，为了展览我必须把画带回伦敦。我便对他说：要不和我一起去伦敦？他以前从没出过加州。于是他去办了张护照。他的全名是罗伯特·李·厄尔斯三世［Robert Lee Earles III］，昵称博比·厄尔斯［Bobby Earles］。他真漂亮，是个真正的加州好莱坞小伙子，一头金发，真是帅极了。我俩一起坐帕特里克的大轿车前往纽约。帕特里克吵了一路，他说：你疯了，大卫，你疯掉了。我说：没关系，我们晚上就会好，一切都没事儿。博比从来没到过纽约，等到了纽约，他一点儿也不喜欢，觉得纽约太差劲儿了。但是我想，你会爱上欧洲的。我俩一起坐法兰西号高铁到达伦敦，卡斯明和几个朋友在滑铁卢车站［Waterloo Station］接我们，欢迎场面很大。现在不搞这种欢迎仪式了，到了直接走下飞机。不过要是坐船，经过六天航行，那么就有从远方归来的感觉了。回到伦敦的第一个夜晚，卡斯明推荐我去杰明街［Jermyn Street］的一家会所，我带博比·厄尔斯一起去，刚巧碰上林戈·斯塔尔［Ringo Starr］就坐在他旁边一桌。博比以为到伦敦就该这样，遇到披头士乐队很自然。我对博比的态度感到很惊讶，他很笨，真是笨透了。他对什么都没兴趣，对一切都丝毫没有好奇心。真正让他感兴趣的，只有好莱坞的酒吧。一周后我对他说：我觉得你该回去了，我会给你一张回程票。于是我把他送上飞机，打发他回去了。我有一张素描题为《鲍勃，"法国"》［Bob, "France"］（图150），画着他漂亮的粉红色屁股，我想那是他最好的东西了。不过他后来死了，现已不在人世，让人悲哀。我回到加州后有一两年还见到过他。他是个脱衣舞男，在拉古纳海滩［Laguna Beach］一家酒吧里以跳舞为生，几年后他因使用毒品过量身亡。悲剧！他是个可爱的小伙子，我觉得非常悲哀。

《跨越大西洋》（图 130）是我回加州后画的。坐船横跨大西洋是相当令人兴奋的，不过画面上看不出跨的是大西洋、太平洋、印度洋、南中国海还是北海。但这没关系，广大的水体和云彩给了我挑战。要是坐飞机飞越大西洋，海水会有更多白沫，虽然同样单调，但色彩不同。我试着把这种视觉经验与其他跨越大西洋的点子熔为一炉，以此奠定了这幅画的基础。与此同时，我还画了两张具有剧场意味的画：《画出来的风景》[A Painted Landscape]（又名《红色和蓝色的风景》[Red and Blue Landscape]，图 131）和《布景式的风景》[A Theatrical Landscape]。

卡瓦菲诗意蚀刻画

我以卡瓦菲的诗歌为主题创作版画始于 1966 年，不过，在那之前我已经揣摩了一段时间。做这一系列版画（图 156—167），也许是想抵消那段时间我画中的形式主义。那时我下定决心，我得把油画停一阵子，做些版画。

我去找卡瓦菲最早的英译者约翰·马弗罗戈达托。我打听到他住在伦敦靠近哈罗德百货公司[Harrods]的一所小屋里。他那时年事已高，他妻子说，不管想从他那儿打听什么，你都得把问话写下来，因为他记性已经很差了。真实情况还要糟，他的记性之差令人震惊，说完下半句，忘了上半句。他真令人惊讶，让人没法对付。我向他说明我要什么，他于是起身去取一本书，回来就忘了我是谁，来这儿干什么。我于是再向他说一遍。我意识到，老天爷！这可不是办法。他接着絮叨哈罗德·麦克米兰出版社[Harold Macmillan]，埋怨他们不肯再版自己的书。我说书不是麦克米兰出的，他说：哦！是的是的，书是贺加斯出版社[Hogarth Press]出的，我记错了。我意识到从他那儿我什么也了解不到。这时候，斯蒂芬·斯彭德[Stephen Spender]告诉我卡瓦菲的诗有新译本。

1966 年 1 月我前往贝鲁特找气氛，同时为版画创作画些速写。我在贝鲁特的收获比在亚历山德里亚大，因为当我到达亚历山德里亚的时候，所有欧洲人都已经撤离了。我认为贝鲁特更像卡瓦菲待过的亚历山德里亚，一个国际化城市，有不同族群的人们——法国人、阿拉伯人。我知道希腊人口不多，但最好还是去一趟。我这趟旅行用时两周，画建筑和本地人的速写。我走过贝鲁特的犄角旮旯，捕捉到各种景色。这次经历非常好。

接下来我便开始蚀刻版画的创作了。我做了大约二十张，但只用了十三张。那时我第一次与莫里斯·佩恩［Maurice Payne］一起工作，他是我的助手，负责准备版子。这套画做起来比《浪子生涯》容易，它花了我大约两到三个月时间。

《愚比王》

同时，我还为艾尔弗雷德·雅里［Alfred Jarry］的《愚比王》制作布景和服装（图168—174）。两项工作同时进行，为这，1966年我从年初直到夏天回到加州，其间都没有画油画。除了最后收入诗集的诗作，我想为许多未收入卡瓦菲诗集的诗歌作画，尤其是《等待野蛮人》这首诗。他的这些诗原本并没有现在看起来这样，大多都像同性恋诗歌。我想有一天我会为其余的诗作画的，我总这么想，有一天我会为卡瓦菲的诗画一两张油画。

完成了卡瓦菲诗歌的版画，我回到了加州，在加州大学洛杉矶分校任教。我开始并不确定在加州要待多长时间，最后我待了一年多一点儿，其间只为了参加《愚比王》在伦敦皇家宫廷剧院［Royal Court］的开幕式离开了四周，我在加州大学洛杉矶分校的课也只上了六周。我开着一辆在英国买的小跑车，从东海岸一路向西横跨美国开往加州，越向西越激动，想象我班上的学生都是金发的冲浪少年，可是很不幸，大多数选修我的课的都是家庭主妇。说起来我的课是高阶课程，可是我永远也分不清高阶学生和初学者。这时一位有吸引力的少年很偶然地来到我的班上，我立刻把他招进来，和他交上了朋友。他的艺术才能也很不错，他告诉我他的名字叫彼得·施莱辛格。

《愚比王》是我最早搞的两个舞美设计之一，另一个是1975年做的斯特拉文斯基［Stravinsky］的《浪子生涯》［The Rake's Progress］（图400）。《愚比王》的导演伊安·卡思伯森［Ian Cuthbertson］问我愿不愿给他做舞美设计。我对艾尔弗雷德·雅里略知一二，以前甚至读过剧本，但真的没记住多少。于是我答应再读一遍剧本，然后接受委托。因为雅里给予了很多指导，这个活儿允许我自由地搞很多发明。他说别管布景的样子，就做个标牌，上面写着"波兰军队"就好。这真的很对我胃口。有些布景就是这么做的。所谓波兰军队只有两个演员，我们给他俩围上了一块旗帜，上面直白地写着"波兰军队"。这个活干起来很好玩儿。与《浪子生涯》相比，这出剧的布景简单多了，设计概念也简单多了。

受邀之初，我记得自己还有点儿抵触情绪，回答对方说我觉得自己干不了。虽然此前我在油画里一直对可称之为"戏剧手段"的东西感兴趣，我原以为在戏剧手段的大本营——真正的戏剧界里，他们讲的戏剧手段与绘画中所讲的戏剧手段会有所不同，不过我转念又想，戏剧舞台上天经地义要用戏剧手段，那里不存在绘画中戏剧手段和绘画性之间的矛盾，于是我连怎么干都不会便答应下来。我画了一批速写，为每个场景都画了草图，他们就按照我的草图制作。

概念基本上很简单，用油画绘制的背景幕布比舞台小很多。这些幕布就像大油画，大约有十二英尺乘八英尺那么大，用粗绳子吊着放下来。舞台就像小丑玩具舞台，其中一块幕布边上还画条粗绳子，向下垂在舞台上。我问：你们画那条绳子干什么？他们回答：你的草图里有啊。我的草图里的确画了那么一条线，后来改成舞台的边缘线。老天爷！他们这么较真儿，简直无法相信。不过后来我明白了布景画家就是这么工作的，他们就是严格复制草图。做舞台设计非常享受。我还设计了服装道具。舞台设计是个允许搞各种发明创造的活儿，比如在"阅兵场"这一幕里，角色们出场时每人扛着一个大字母，然后把字母放在舞台上，拼成"阅兵场"字样。这挺符合艾尔弗雷德·雅里的指导意见——别管场景的样子。

洛杉矶的现实世界

完成了《愚比王》，我匆匆赶回了加州。接下来我开始画的第一幅大油画是张肖像，题为《比华利山庄主妇》（图 184）。我还开始画《晒太阳的人》[Sunbather]（图 145），这幅画用了一种不同方式画水，画出了阳光透过水的反射。我用彩虹的颜色——紫色、黄色，还用黄色来画滉漾的反光线条。这时候我还开始画素描，画了很多很多写生素描。我在洛杉矶有了新变化——从两年前就已经开始，那就是我开始画自己眼见的现实世界。这以前我所有的油画要么是画各种观念，要么是画从书上读到的东西，或者取材于书。在洛杉矶，我真正开始画身边这座城市。我从来没有这样画过伦敦，到现在也没有。伦敦对我意义不大，我不觉得想画伦敦。这个变化催生了我后来那些更具有自然主义色彩的肖像画。就此而言，这是我绘画事业的一次重大转变。当然，我的画混合了不同东西，有些油画也不写实，纯粹出自想象。但是从1966 年起，眼见的现实世界开始主导了我的画。在《比华利山庄主妇》中，我画了一张具体的人像，一所具体的房子，一个与肉眼所见一样的真实场所。我根据素描和照片作画，在画《晒太阳的人》这张画时，我拍了波纹荡漾的水面照片，而人物则取自一张杂志照片。

　　游泳池水的变化最多，超过一切水体的变化形式。河流的颜色与它反射的天空色彩相关，而大海在我看来颜色总是一样的，反光的纹样也一样。但是泳池水的外观是可控的，就连池水的色彩也可以人为改变。至于有节奏地荡漾的反光，不仅反射天空，而且由于池水是透明的，也能反射水下之物。因此我不得不运用一些技巧以再现泳池的这些特点（后来在 1971 年我拍摄的那些泳池照片里，我对水面效果有了更好的意识）。假如水面趋于静止，阳光又很强烈，那么具有七彩光谱色的潋漾的反光线条就会随处可见；假如泳池几分钟不受扰动，也没有风，那么它的色彩就会随池底的渐渐变深而呈现出层次变化。在所有这些变化之外，还要加上泳池材料及图案的无穷变化。有一次我在法国见到一个泳池，池底用松活的笔触刷成蓝色，在人为的水色和自然的水色之间形成了精彩对比。我还忍得住，没有尝试去画那样的东西。

　　接着《晒太阳的人》之后我画了《尼克·怀尔德像》（图 146），是在 1966 年早些时候动笔的。我请马克·兰开斯特 [Mark Lancaster] 拍了尼克在泳池中的照片，就像画中那个样子。我让尼克摆出姿势，全身只有头部露出水面，马克不得不下到池水里去拍照，我只管照着画。我想这是多年来我画的第一张绝对具体的肖像画，也许自打布拉德福德学生时代以后，这是第一张。以前我也画过肖像画，但画的不是具体真实的个人。我得出了结论，现在是画一张具体的肖像画的时候了。

现实主义转变为自然主义

　　对于我，向更加自然主义的方向转变意味着自由。我想，我愿意画肖像就可以画肖像，这就是我说的自由。只要愿意，明天我可以一早起床，给谁画张素描，可以凭记忆给我妈妈画张素描，甚至可以画一张奇怪的小抽象画。这都符合我对绘画作为艺术的认识。许多画家做不到这一点，他们对绘画有着完全不同的认识。他们的绘画概念太窄了，自己搞的。他们中有很多人根本不会画素描，比如弗兰克·斯特拉 [Frank Stella] 自己就这么告诉我。不过也许有些年纪更大的画家，英国抽象画家，曾经受过素描训练。比我更早进美术学校的画家肯定都画过大量素描。在我看来，许多画家作茧自缚，他们挑选了绘画中一个非常狭窄的领域，专精于斯。这就是个陷阱。要是有勇气爬出这个陷阱，那陷阱也就不算什么了，可是回首绘画的历史就知道，爬出陷阱需要极大勇气。

陷阱

1974年巴黎举办了胡安·格里斯［Juan Gris］的展览，他是个立体主义画家，追随毕加索和布拉克［Braque］，画得非常好。不过毕加索到1923年放弃了立体主义，转回了古典主义。现在更容易看清为什么他会放弃立体主义，但当时就没那么容易看清了。一个艺术家发展出如此复杂、高级的艺术，他只会想，已经探索过了，够了。现在回头看，能看出他是对的。胡安·格里斯沿着立体主义风格继续画了一阵子，后来去世了。沿着他的展览走到最后也能看出，他也把立体主义探索完了。他正在收拾自己，打算从中撤退。要是他活得更久，也许能成功撤出。他只是不巧于此时去世。遗憾！展览最后一个时期的作品不如之前的好。他只是不巧，恰在他要摆脱的艺术低谷期去世，他的名气显然不如毕加索大。毕加索有那种勇气，自己说要放弃立体主义，而当他放弃立体主义之后，他回归的风格又是那么令人震惊，古典主义！当斯特拉文斯基出于相似的理由回归古典主义时，人们总说他背叛了艺术，其实人们并不真正理解艺术。毕加索可以这么干，但名气不如他的艺术家则不行。艺术家落入了陷阱，到最后，也许爬出这个陷阱的唯一办法就是彻底改变，停下来，好好想想。停下正在进行的工作并不意味着对此前工作的否定，这样想是错的，不是否定，而是表示自己已经探索够了，现在想把目光转向其他角落。假如断裂和转变是出于自信，那就是真正有必要的断裂和转变，只管继续前进；假如断裂是因为缺乏自信，那它就真是个断裂。我会落入各种陷阱，任何艺术家都会落入陷阱，慢慢你就会感觉到。爬出陷阱有时候容易，有时候不容易。

任教于新的学院

学院派这个词本身并不代表风格，它代表态度，一种感到枯竭、无法创作的状态。我总是对重复怀有恐惧，这就是为什么我从来都不搞一般称为系列作品的东西。我会用同一母题创作几件作品，很少超过三件，然后我就会觉得想法差不多穷尽了。根据一个主题搞许多变体创作，这对我没有吸引力。我觉得这样做太容易了。任何视力正常的人都能轻而易举地根据六个基本形状做出一百个变体来，可我认为这么做很没意义。我喜欢画不同的画。在我的大多数展览中，就像在好莱坞专辑展中一样，我都努力做到让每件作品有个不同主题。那种一个主题一个展览，比如一个主题全是游泳池的展览，即便画得可以很不一样，对我也根本没有吸引力。可是人们还是会说：哦，他是画游泳池的。实际上纵观我的全部画作，游泳池只有很少几张。1971年我重拾游泳池这个主题时，整个技法已经完全不同了。我能理解为什么一个艺术家只想探索一个主题，并微妙地加以变化，就用这个办法不断画出大量作品。但说真话，当把这些作品放在一起展出时，看起来就非常乏味。这么做艺术家也许觉得很有意思，但观众看起来就是另一回事儿了。

艺术家喜欢自己那些未受他人影响的作品，这是非常自然的。现在我有时会抱怨抽象画，但是有许多抽象画我都喜欢。我并不曾真正涉足抽象画。有时候你就是忍不住要对一些现象做出反应，不需要外界刺激，我自会想要接受那些想法。想法本身就足够给你美学刺激。我对艺术界的近况一直都有兴趣，只要你是个艺术家，只要你有艺术的意识，这就不可避免，真的。有些奇怪的艺术家无视艺术界的近况，但我觉得自己做不到。有些时候我确定自己基本无视近况，因为这时我的兴趣集中于某一点，不属于近况的一部分。对于艺术中的概念主义［Conceptualism］，我整个没什么兴趣，我的作品几乎没有受其影响。

然而，对我这种人来讲，受周围人的影响是不可避免的。画家常常以自己的家人作为模特，作为自己身边的主题。要是你能感觉到身边这些人，就能通过他们，以视觉的方式表达自己的感觉……就像我遇到彼得·施莱辛格，他马上就成为我绘画的主题。

1967年我去加州大学伯克利分校上了十周课。当时我住在洛杉矶，去伯克利上课时住旅馆。我去那儿上课是因为他们给了我一间画室，只要求我在周二、周三、周四三个下午上课。我经常飞回洛杉矶。彼得当时在加州洛杉矶分校，我周五飞回洛杉矶，周一早上再飞去伯克利。我在伯克利画了一张题为《房间，塔尔扎纳》［*The Room, Tarzana*］（图185）的画。这张画最初取材于《旧金山周日记事报》［*San Francisco Sunday Chronicle*］上的一张彩照，拍的是一间房间的室内，原是梅西百货［Macy］的一张广告照片。这张照片之所以吸引我，是因为它如此单纯、直接，虽说角度也有些特别。在我看来这张照片与众不同，我一般不用对角线构图，而是用强烈的水平构图。这张照片里到处可见强烈的对角线，但是用得单纯、漂亮。我想，真精彩，就像一件雕塑，我一定要用它画张画。当然，我得在床上画上人，我不想画一张空床，于是我就画了彼得趴在床上。这张画直接借用了照片。我把彼得叫到伯克利来，让他趴在一张桌子上，角度和画里的一样。

97《丛林小伙》，1964 年

98《杂技演员》，1964 年

99《爱德华·利尔》，1964 年

100《普通图画》,1964 年

101《加州银行》,1964 年

102《塑料树与市政厅》,1964 年

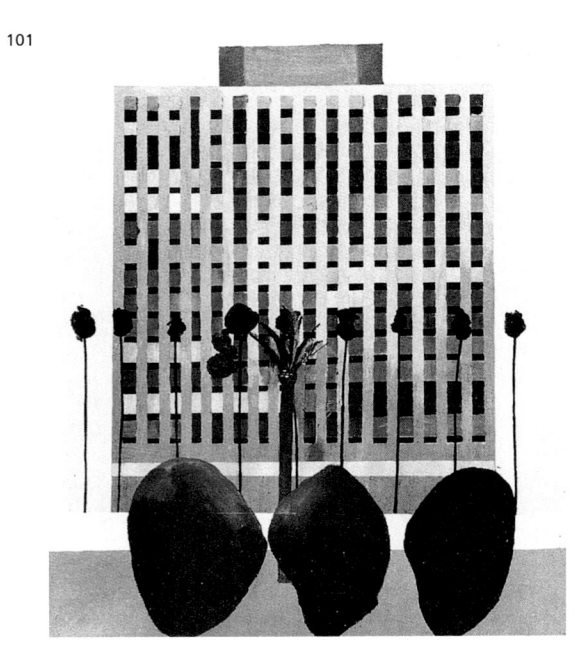

103〈想象中的风景与狗〉，1964 年

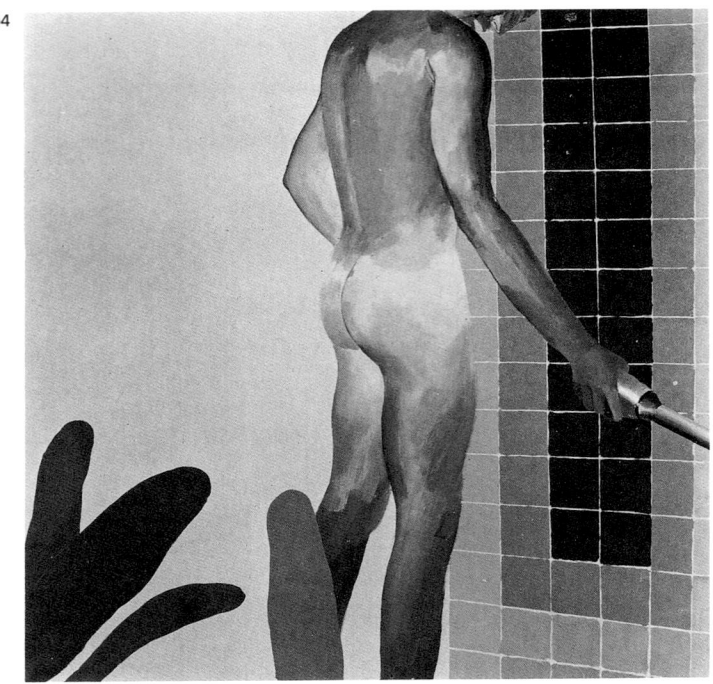

104《准备淋浴的小伙子》，1964年

105《比华利山庄的淋浴男子》，1964年

106《淋浴的男子》，1965 年

107

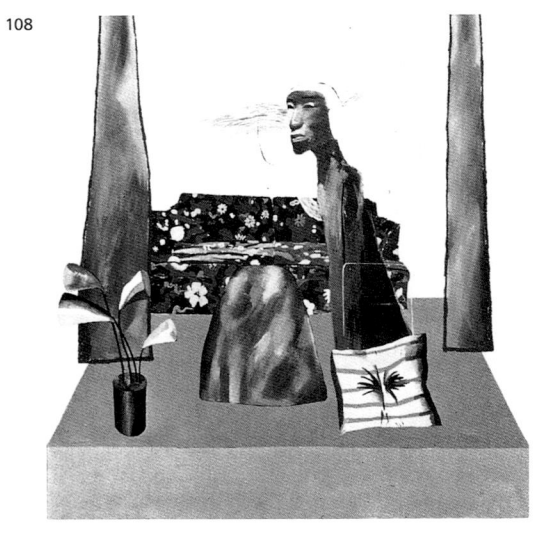

108

107《爱荷华州》，1964 年
108《男演员》，1964 年
109《立体主义小伙与彩色的树》，1964 年
110《亚利桑那》，1964 年
111《美国立体主义小伙》，1964 年

112《建筑、珀欣广场,洛杉矶》,1964 年
113《平静的共同生活》,1964 年
114《珀欣广场草图 I》,1964 年

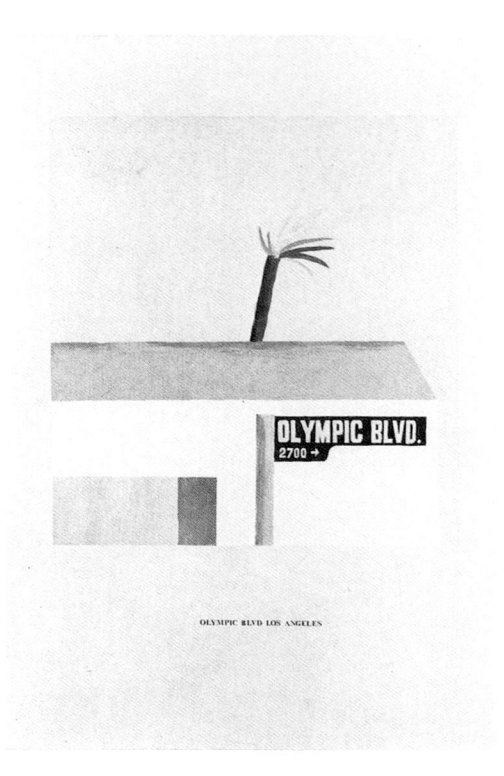

115 《威尔希尔大街,洛杉矶》,
1964 年

116 《奥林匹克大街,洛杉矶》,
1964 年

117 《华盛顿大街》,1964 年

118

119

120

118《好莱坞的游泳池》，1964 年

119《游泳池》，1965 年

120《好莱坞泳池与棕榈树》，1965 年

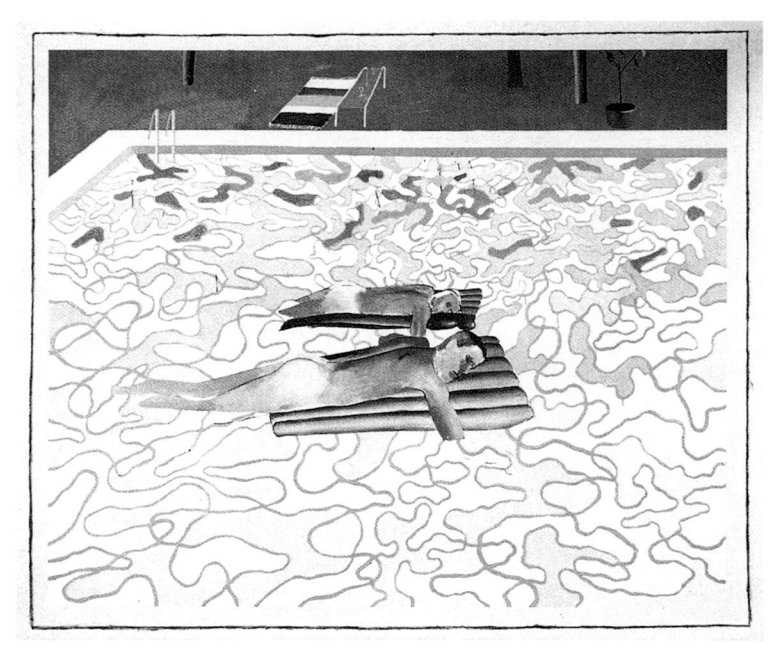

121《加利福尼亚》，1965 年
122《泳池中的两个小伙子，好莱坞》，1965 年

123

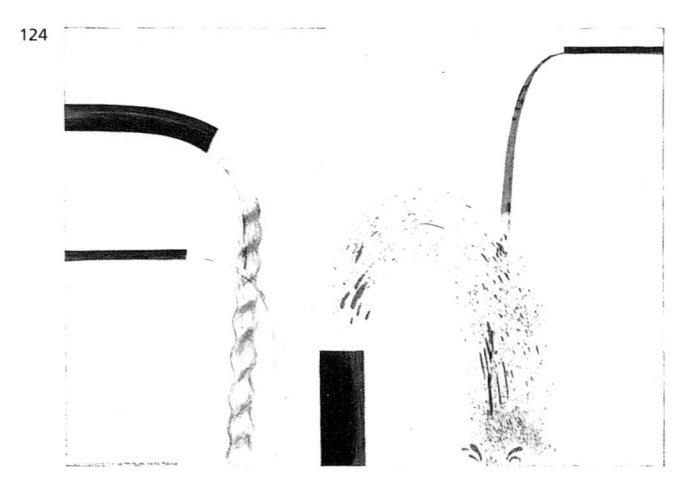

124

125

123《流入泳池的水，圣莫妮卡》，1964 年
124《泻入泳池的水，圣莫妮卡》，1964 年
125《条纹状的水》，1965 年

126《各种不同的水注入游泳池,圣莫妮卡》,1965 年

127

128

1

127《落基山与疲倦的印第安人》，1965 年

128《英国花园》，1965 年

129《单色风景与文字书写》，1965 年

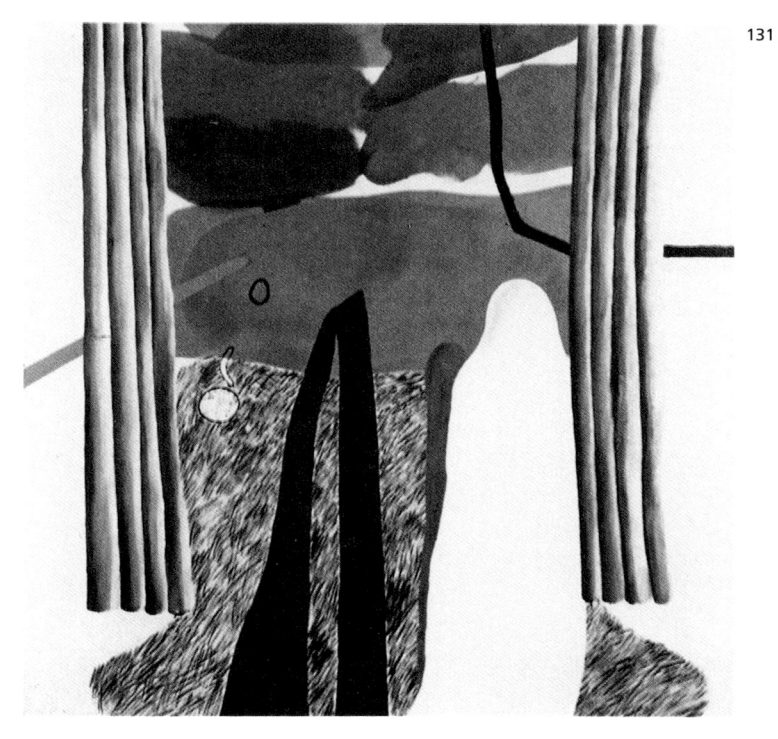

130《跨越大西洋》，1965 年

131《画出来的风景》(又名《红色和蓝色的风景》)，1965 年

132《静物之图》，1965 年

133《蓝色的室内及两组静物》，1965 年

134《写实风格的静物》，1965 年

135《不那么写实的静物》，1965 年

136《被各种艺术手法包围的肖像》，1965 年

137《更写实的静物》，1965 年

《好莱坞画辑》，1965年

138《带精致银框的静物画》

139《精致金框中的风景画》

140《银框中的肖像画》

141《华丽金框中的梅尔罗斯大街》

142《简装外框中的传统女人体》

143《玻璃框中的无主题抽象画》

光源

　　这是我第一张留意光线、阴影的画。我的《尼克·怀尔德像》（图 146）其实没有真实阴影，《一朵大水花》（图 186）中也完全没有阴影，《比华利山庄主妇》（图 184）中暗示了一点儿阴影，但没画光，光影不是这画的主题。而在《房间，塔尔扎纳》中，因为房间里到处跳荡着光线，我意识到光线是主题之一，光线破天荒头一回成了我感兴趣的东西。结果就是我不得不认真安排彼得的位置，以便与从窗口照来的光线方向吻合。以前我创作时从来不为这些操心，我只会让他趴在桌子上，然后就开始画，我也不会在乎阴影是朝哪个方向投射。我记得画光的时候我受到了触动，真实的光线，这是我第一次留意阴影和光线。从这以后，光和影在我的画里就越来越强了。《房间，曼彻斯特街》（图 202）中有反光，《克里斯托弗·伊舍伍德和唐·巴恰尔蒂》（图 189）的右侧有个真实光源，在后来的肖像画中我非常留心光，我开始意识到光源的位置，我的作画方式越来越传统。我想就是这时候的做法，催生了后来那些过分自然主义的作品，我发现摆脱自然主义比摆脱其他任何倾向都难得多。

　　1966 年我为《牛津插图圣经》[Oxford Illustrated Bible] 画了一些素描插图。他们找了几个画家来画，强调说画家不一定非得是基督徒，也不一定都很虔诚。于是我就答应了。我分到的章节是《尼希米记》，内容是关于重建耶路撒冷的（图 153）。我的原创插图全都画在一页上，像连环漫画。我画得很快，什么也没有参考，完全是自己脑子里编造出来的，要是碰上姿态比较难画的人物，我就借迈布里奇的书作为参考。这些画单纯直接。我母亲是个虔诚的基督徒，原创画稿现在在她那儿。

三张水花题材画作

　　《小水花》[The Little Splash]（图 190）是张小画，大约两英尺乘一英尺大小，是 1966 年我参考同一张照片画的三张油画之一（另两张分别是《水花》[The Splash，图 191] 和《一朵大水花》)，参考照片出自我在好莱坞一间报亭里买的一本书，书的内容是教人建造游泳池。这是个很不错的小主题：水花四溅。这张小画画得相当快，可能两天就画完了。我想，这个主题值得再画一张大的，画得有点儿变化，于是我就又画了张稍大一点儿的，就叫《水花》，画得比第一张更小心。完成之后我觉得背景有点儿乱，建筑有点儿过于复杂了，不是很对头。于是我决定再画第三张。第三张画得大，建筑画得很简单，光线很强烈。这张画与《房间，塔尔扎纳》是同时画的，因此尽管没有画出投影，但我脑子里有强光的想法。那是非常强烈的加州阳光，响亮的色彩，碧蓝的天空。颜色我是用滚筒滚上去的，四溅的水花是用小笔短线条画的，溅起的水花我用了两周时间才画好。我最喜欢这个主题，它让我觉得自己就像莱奥纳尔多·达·芬奇那样作画，想起他对水和漩涡的研究。我也很爱画这种仅持续两秒钟的效果，我得花两周时间才能画下这仅仅持续两秒钟的事件。溅起的水花越变越大，效果也更令人称奇，人人都知道溅起的水花无法凝固在时间中，凝固不动的水花根本不存在，因此当你在画中看见凝固的水花时，其效果比照片更有冲击力。一张照片是在一秒钟甚至更短时间里拍摄下来的，想让一朵溅起的水花看起来清晰，毫不模糊，那得在十六分之一秒内拍下，比水花存在的时间还短。而绘画则用了比水花持续时间长得多的时间才画成，因此它对观众起到了十分不同的效果。1974年我们在巴黎展览上挂起《一朵大水花》的时候，我觉得它的效果很好。我们把画挂在墙上，展方负责给画打灯，我让他们用一盏射灯直接照射在水花上，这样它看上去更亮更白，真是闪闪发光。视觉效果真是非常好。在光线非常好的展厅里，画看上去也更好。光线越明亮，画的效果就越好，除非光线过强，把画的色彩完全漂白。

丙烯与油画

那段时期里我都用丙烯作画，对质感的兴趣不大。原来用油画颜料画时，我对质感有兴趣，如今我又对质感产生兴趣了，又用回了油画颜料。我转回油画的唯一原因是丙烯颜料的色彩令我沮丧，这部分要归因于我的自然主义手法，我想画得更具自然主义效果，而丙烯不是画写实的最佳媒介。如果你想用单纯、大胆的色彩，那么丙烯是很好的媒介，色彩强度很饱和，而且能维持这种饱和，不怎么变色。今后我也许还会用丙烯画，并不是就此放弃它。但是因为我重新用回了油画颜料，我便对质感发生了兴趣。油画颜料可以先铺在帆布上，然后慢慢调整，但丙烯颜料就没法这么做，因为丙烯干得太快了。用丙烯很难实现颜色的过渡，要画出过渡效果，我一般都把活儿做得很细。我记得有一次画《乔治·劳森与韦恩·斯利普像》（图386），莫给我当助手。我要画一面墙，光线从左边照来，因此墙面由亮部渐渐过渡到暗部。我调好颜色，手持调色板，一边走一边从亮部画到暗部，而莫不断往颜料上喷水，使它保持湿润。整个过程中只怕颜料干掉，而且我还得调进新的颜色，一直保持颜料湿润，这样才能继续往下画。我们被迫不停地画，速度如此之快！用油画颜料画这样一堵墙会花更长时间，但画起来相当容易，可以用几天时间来画，其间可以不断调整。要是不喜欢，还可以把颜料刮掉，但要是用丙烯颜料，一旦画上去就下不来了，它相当牢固耐久。

从 1964 到 1967 年间，我经常在画里画上边框。这并不仅仅是边框那么简单。开始我把它作为形式手段。我记得自己第一幅在画面四周画出边框的作品是 1964 年的《好莱坞的游泳池》（图 118）。到 1967 年我已经意识到，之所以我会在画面四周画出边框，是意欲使自己的作品获得完全的绘画性，这是对时下艺术做出的让步。在我看来，要是把画面从框子里完全裁切出来，它会更接近传统的常规画作，而那时候我对接近常规还有点儿害怕。后来我放弃了在画里画上边框的做法，因为回头想一想，自己这种害怕挺懦弱的，而且我觉得自己应该更诚实一点儿，接受这个事实，即我的画正朝着有悖于艺术主流的另一个方向发展。决定改变自己的绘画方向，并不是某天早上醒来，郑重做出决定。改变是渐渐发生的。你常常意识不到自己在改变，直到后来回头一看，也许是经过两年的创作以后，才发现自己的变化。我倾向于缓慢地工作，不会突击搞出一大批画作。我想我画得最多的一年曾经完成过十八张画，那已经是很久很久以前的事儿了。

《一朵大水花》有着平衡的构图，我非常有意识地追求这种平衡，这张画是凭空创想出来的。画中的建筑具有非常典型的南加州风格，当地随处可见。不过，我在加州画的许多画都是以抽象方式仔细建构起来的。举例而言，要是画里没有人物，那画面建构就容易一些。可以把《一朵大水花》看成人物画，因为画里有个人刚刚跳进水中，沉在水面以下。水花肯定是什么东西溅起来的，想来是一个跳下水的人。但假如把画中的椅子去掉，把玻璃反射的景象去掉，这张画就变得抽象得多了。你甚至可以把玻璃都去掉，那样这幅画就更抽象了，没有色彩，绝对平面。我就从这一局部开始，画出横穿画面的线条，用滚筒依次滚上一种颜色，再上**一种**颜色，再上**一种**颜色。这样画面又分解了。它就是张一个条带接一个条带依次画出来的画。作画过程中我根本没给它拍过照，有些画我会拍，但这张画没有。画这张画的同时我还在画另一张画：《洒水器》（图 187）。这张画也是用滚筒上色的，画得很平。在洒水器和窗户画好之前，它有一个阶段看起来完全就像罗宾·丹尼［Robin Denny］的对称绘画。我有意识地往那个方向凑近一点点，所有那些方方的建筑都赋予这张画以调侃的意味。

当然，一切绘画，不管你画的是什么，就画面必须加以组织这一点讲，都是抽象的。无论它造成了何种深度错觉，画终究是一块帆布平面，必须组织成形。就此而言，组织有再现内容的画面与组织没有意义的、纯粹是形的画面，两者是完全一样的。**这样看的话，一切绘画都是抽象画，都必须经过组织。**不过另一方面，要是你的画朝自然主义方向走得太远，最后就没有组织画面的必要，仅仅就事论事地观察眼前所见，然后把它画下来，直到画完。1968 年我多少就用这个办法画了《清晨，圣马克西姆》[*Early Morning, Sainte-Maxime*]（图 208），这张画是参考照片画的，与直接画眼前所见有点儿不同。这张照片给我的印象如此深刻，我直接把照片画了下来，并不觉得要把自己的想法强加进去。比一比《房间，塔尔扎纳》与其参考照片之间的差别，你就明白在《清晨，圣马克西姆》这张画中，我加进去的自己的东西非常少。不过，别人要是画同样的场景，或者用同一张参考照片，可能画出来的会是全然不同的情绪。

早先从 1960 到 1963 年间，我都是用油画笔直接在布上起稿。但是在画《室内景，诺丁山》（1963 年，图 54）时，我先用铅笔给椅子、灯、花瓶和人物起稿，之后再开始画油画。先用素描起稿再画油画，显然与不画素描直接用油画起稿不同。一旦完成了素描搞，画面就建构好了，剩下的工作就是填入颜色，要是别的什么都不管，那真就只是填色而已。好比要画桌上的一瓶花，要是只想画出这瓶花，屋里别的什么都不管，就只需要画下瓶花的素描轮廓，然后把颜色填进去就行。但假如不但想要画出这瓶花，而且要把屋里的陈设一同画出来，那么填色就不那么容易了，因为要处理画面关系的问题。你得决定墙怎么画、画在哪儿等等问题。这样一来，就有许多决定要做。要是把主题从周围环境中孤立出来，就像我的《室内景，诺丁山》，那画起来就容易许多。轮廓线定义了色彩描绘的边界，不存在要在花的旁边画一块颜色，从而把花突显出来的问题——假如花有背景空间，或者后面有一堵墙，才会考虑这个问题。在画这张画时，我决定不要背景空间，我就是想忽略那些东西。就这样，我开始画素描。我忘了自己开始画画的步骤，无论如何，我开始越来越多地先用素描起稿，然后再上色。这个变化也许和用丙烯颜料有关，因为用丙烯作画事先必须有个计划，丙烯画上去就刮不下来了。一天画下来，要是觉得画得不好，就不得不换一块布完全从头开始。不过，要是开始画的一部分让你满意，决定保留，那么你就会想，进展顺利，我要的就是这个效果，对，我要的东西开始出现了，这时候丙烯会让你对余下未画的部分产生一点儿担心。用油画颜料就完全没有这种担心。你可以刮掉任何一个部分，即使画完以后很久，哪怕过了两个月，你也可以用溶剂把不想要的部分去掉。丙烯颜料决定了作画进程，从某种角度讲，它限制了作画。为此两年前我又转回了油画颜料，之前我曾有十年时间没用过油画颜料。我重返油画的前四张画都被我自己毁掉了，因为我技艺有点儿生疏，找回状态费了点儿时间。我的油画是在美术学校里学的，他们教了不少有关油画的知识，告诉你油画能实现什么效果，不过，油画主要还是靠自己探索。

1967 至 1968 年前后，我还用过另一种丙烯技法。这种技法为海伦·弗兰肯塔勒，还有后来的莫里斯·路易斯、肯尼斯·诺兰等美国画家所常用，就是用水将丙烯颜料稀释，再给经过稀释的丙烯颜料加一点儿洗涤剂，用它在没做过底子的棉质帆布上作画，洗涤剂就会发挥作用，它使颜料突破棉布的油层，使画布吸收性加强，画起来就好像在吸墨纸上画一样。颜料将扩散、渗透进画布里，不是堆积在画布表面，而是真正地渍透。这种技法是部分可控的，可以试出加多少洗涤剂合适，要是加得太多，颜料就会渗得到处都是，但要是加少了，颜料的渗流速度又太慢。我从伦尼·布科［Lenny Bocour］那儿学会了这种技法，在纽约，他是制作丙烯颜料的。我意识到这种技法能够为我所用。我的确用这种技法来画水，画出一点儿水彩的效果。为了实验这种技法，我画了《画布上、房间里的两块色渍》（图 200）。这张画就是从色渍开始画的，一块橙色，一块蓝色，我实打实地将两块色渍渍染到画布上，打算不管这两块色渍，围着它们画。于是我把两块色渍范围以外的整个画布都做上底子，有底子的区域颜料特性与色渍区域差别很大。接着我就画了这幅小景，就像画廊一角，地板上摆放着一件雕塑。我画出了帘子和地板，就当两块色渍根本不存在。当然，在帘子被色渍挡住的地方，肯定还是会注意到色渍。我给这幅画起的题目不是"屋里的两块色渍"，而是"画布上、房间里的两块色渍"——这是用文字和画面玩儿游戏。

我也不认为这幅画很有意思，但这幅画的技法后来被我广泛运用。我很喜欢这个点子，即让观众的眼睛感觉到加了洗涤剂的水性丙烯颜料与画在底子上的丙烯颜料这两种效果之间的差异。从某种程度上说，这就是利用材质。肉眼能够辨别出画中有两种不同材质，两种差别非常大的质感。我不敢说用油画颜料也能达到这个效果，我觉得是无法完全达到的。由于添加了洗涤剂，丙烯颜料可以坚持三四个小时才干，在这段时间里，你就可以控制它。比如可以先画一层蓝色，就像我画的游泳池那样，一层深蓝，接着再层层上色，过渡到浅蓝。或者更容易的做法，是先画浅色，后画深色，更容易。因为颜料能够保持湿润一个小时以上，你就能控制它了，时间足够你调整形、重新安排画面。《画布上、房间里的两块色渍》是1967年底我回到英国期间完成的。它是一幅荒唐的画，甚至有点儿滑稽，不过，它说明了我做试验的方法。我原本可以在墙上挂一小块帆布，在这块布上进行颜料试验而根本不把它画成画。但即便只是做一个小小的技法试验，也最好把它画成作品，以某种方式实际画出来。这样做能检验新技法的力量，新技法怎么运用？具体怎么操作？也许将来有一天我会在一张画里运用所有技法，既有丙烯，又有油画。你当然可以先用丙烯颜料画，再用油画颜料盖住它们，不过，反过来就不行，一旦用了油画颜料，就无法用丙烯颜料压住油画颜料了。到目前为止，我还从未将丙烯颜料和油画颜料混用，但我将来也许会为了试验技法的目的这么做。就算用大量松节油稀释油画颜料，画布对油画颜料的反应也不会变得像吸墨纸一样，油画颜料被稀释得太厉害，只会流出画布边缘。我把不同的技法元素结合在一起，就像把不同风格元素结合在一起一样。对于绘画必须统一的说法我很难理解，统一是个含糊的词，嘴上说统一的人，想的意思都不一样。主题的统一？颜料和材质的统一？也许一切绘画都必须服从一种统一——我的意思是，一切绘画都必须被我们接受为绘画，才成其为绘画，这就是绘画的统一性，它把不好的画排除在外。

提倡绘画中庸的观点让我觉得很恐怖。所谓"现代艺术批评"用"主流"[Mainstream]这个词来谈绘画，我必须承认，这让我感到很恐怖。对我来说，艺术，尤其是现代艺术，是怪异的，根本和主流这个观念搭不上边。主流这个词含有一种二流的意味，这个概念本身就意味着太普通了，它的意思就像是"中心"。在艺术世界中，外围比中心更有意思。这个看法也许让我置身于一个相当隔绝的位置，不过还不是完全孤立，因为周围还有一些画家实际上赞同我的观点，与我感同身受。我的好友和同事罗恩·基塔伊就是其中之一，此外还有理查德·汉密尔顿等几个人。只要听到、读到"主流"这个词，我就知道与我无关。人有时候并不介意特立独行，我对任何事物的主流都不感兴趣。但有些时候，只要信心稍稍减弱，确实会有那么一个星期或一个月，你感到自己在艺术道路上很孤独。作为一个人来讲，我是个乐于独处的人。我不怕独自一人，不怕独自工作，实现自己那些想法。我想，我有一种倾向，就是不喜欢人群。要是人群朝一个方向走，我的本能就会告诉自己：大卫，朝另一边走。哪怕大家都向右转，只有我一个向左转，我也不在乎。我能应付独处，自我感觉非常好，实际上我甚至情愿独处。我不知道拒绝主流艺术与自己这种性格之间有没有关系，但这就是我的本能。也许，知道很多人喜欢我的作品，这助长了我的特立独行。现在我有时会想想这个问题，过去我根本不想，因为我不知道有多少人喜欢我的作品。现在我很清楚，虽然我自称特立独行，与主流没有联系，但我是一个相当受欢迎的艺术家。

成名的烦恼

不过，我认为自己之所以受欢迎，是因为我的画各个阶层的人都能欣赏，原因就在于此。我并不会想太多，只会偶尔想到。不，我不在乎。我不认为一个人受欢迎就一定是坏的，我不是那种清高的精英主义者。有个荒诞的说法，说假如只有四个人喜欢你的作品，那你的作品肯定好。但也可能非常坏啊！喜欢你的四个人也许只有你的母亲、兄弟、叔叔和姑姑。我已经注意到了，我属于那种严肃艺术界难以归类的艺术家。他们永远不知道该把我归入哪一类。当然，这不用我担心。我不需要给自己的作品归类，不需要给自己的艺术风格起名字，所有艺术家都不需要。实际上任何人都不是非要给自己的艺术风格起个名字，但是大众喜欢，而且有时候人们不知道应不应该认真看待艺术风格的名字。不过，这仍旧轮不到我发愁。人们没必要为艺术风格的名称发愁。当然，我偶尔也会感到害怕，因为我和所有艺术家一样，信心会有所起伏。有时候你一直觉得困惑。我就一直都有困惑，困惑永远都有，我想以后也不会消失。你永远都想有所改进，做得更好，这是自然而然的，我想这种困惑是永恒的。

我唯一敢保证的就是除了担心自己的艺术风格叫什么，还有别的东西让我害怕。我非常害怕重复自己，就是出于这种害怕，我不敢从一个主题画出多幅变体画，哪怕我能轻而易举地变化出大批作品。要是我那么干，每年我都能比现在多画四倍数量的画。至于成功，完全可以忽视。许多人都出于错误的理由喜欢一张画，或者在不明真意的情况下喜欢一张画。他们不知道画是什么意思，这倒不重要，人们的喜好常常出于错误的理由。有人喜欢一件家具是因为它曾属于某个名人，换个人则可能因为设计得好而喜欢它。喜欢的理由不重要，只要不是太纠结，即便知道自己喜欢的理由是错误的，也不会在意。我觉得忽视自己的成功，阻止自己受成功的感觉影响，这相对容易。只要有一点儿诚实正直之心就能做到。对于外头写我的那些东西，我其实从来连一半也不信。他们老是说我的艺术长久不了，它太生动鲜活了，肯定会垮掉。对这些批评我总是忽视，而他们说我一切都好的话，我也忽视。我有自己的真实意见，这才是我真正珍贵的东西。我之所以"受欢迎"可能与我是个具象画家有关。不过话说回来，具象艺术有良好的智性基础。在我看来，永远保持前卫，一直前卫下去，这是个荒唐的观念。罗恩·基塔伊告诉我，他曾在泰特美术馆和一个家伙争论，此人说应当如何如何支持前卫艺术，好像前卫艺术正在进行一场战斗，仿佛回到了 1910 年，而不是 1975 年。我们必须记住，到 1975 年，抽象绘画的观念早被接受了，因此在这个时期很多具象画家开始被接受，只不过是因为不少人到这时觉得抽象艺术不那么有意思了，我也倾向于认同这部分人的观点。现代艺术早已打赢了保卫自己的战斗，庸俗主义还存在，但不是当年那个情况了。曾经的大战发生在很多很多年以前，我知道很容易被后人遗忘，但战争已经打赢了，现代艺术取得了胜利。在我们的时代，现代艺术的战役已经取胜，因为它是正确的方向。认为这场大战今天还在进行的观点是荒唐的，它把本来已经结束了的剧情又搞出了新剧情。

具象艺术与新综合

我尽管是个具象画家，但是对近七十五年来艺术界的情况了如指掌。我并没有忽视它们，我觉得自己努力把它们吸收进自己的艺术中。艺术中有一个新的方面大家似乎还没认识到，即在我们所处的时代里，无论家在哪里，只要足够勤奋，就能很好地了解往昔的艺术，了解过去五十年来复杂纷纭的艺术史。无须离开伦敦、纽约和巴黎，从书上就可以看到、读到、体验到艺术史。我知道书上的图画与挂在墙上的图画不一样，但在这个时代，我们头一次可以通过书上的图画了解艺术史。四十年前，要是你家在伦敦而想了解巴黎的艺术现况，就必须亲身前往巴黎。即便到了巴黎，你可能还得知道该去哪儿看作品。我感受到了这种变化。在布拉德福德美术学校读书时，学校的图书馆很小，没多少书，因为没出多少书。今天任何一所美术学校都有相当规模的艺术图书馆，藏有大量期刊杂志，对于半年前出了什么画、上个月出了什么画，大家都能知道。这肯定是一种新现象，我觉得可以加以利用。这种便利也给予我们看待往昔的不同视角，更有趣的视角。你可以从五十年前还根本不可能的视角去观察往昔，这一点就可以用到艺术中。在我看来，只要人们意识到这一新的视角——人们必定会意识到——就能改变一些事情。就以绘画来说，新视角让过去五十年的绘画史更有意思了。新视角的发展，可能也是绘画多样化的一个原因。从 1900 到 1950 年，甚至到 1960 年，是一个各类绘画非常丰富的时期。虽然我说在布拉德福德即便到 1953 年还很难知晓艺术界发生的事情，但在巴黎也许 1930 年就能知晓。巴黎这座城市对艺术更有意识，有些知识分子明白艺术界正在发生什么，并渐渐能把现况与往昔联系起来。我认为迄今为止没什么人运用过这一观念，就是把过往艺术的多样性全都植入自己的作品中。这听起来像是为折中主义［eclecticism］辩护，但我的意思不是仅用折中的方式来搞。折中主义到最后可能变成综合艺术［synthesis］，心里想的要是折中主义，就可能搞成综合艺术。我是个折中的艺术家。我觉得什么也不能阻止我想画什么就画什么，哪怕就是几道条纹，只要我愿意，就能把它们画成一幅画。我觉得老一辈具象画家中有些人对近来的艺术史根本毫无意识，从他们的作品中看不出有这种意识。他们的作品没有回应近五十年高度发展的艺术。也许我的作品看上去也没参考多少，但是它们慢慢地渗入我的作品，我现在当然看到了对现代主义的多样性加以综合运用的愿景。在我看来值得这么干，值得尝试。这件工作很复杂，仅仅在画布上构想色彩和形，仅仅把自己限于绘画领域，对我来说太窄了。这就像你有一间漂亮的房间，但只待在其中一个角落，向隅独坐。然而要是你环视房间，就能看到更多东西，有趣得多了。

视觉艺术确实存在一种危机。虽然我们迟迟不肯接受，但到了现在，任何人都会承认存在这一危机。我不觉得危机是什么了不起的事儿，我知道危机会被克服的。艺术不会死，就算绘画也不会死，它死不了，因为艺术要是死了，那就意味着将来我们的一切图像都得由机械产生。我觉得那将会非常无聊，搞到最后艺术又会重生，人们会有所反应的。因此，从这个意义上讲，我认为绘画的死亡是个不着调儿的话题。艺术界的人士对往昔看得不够努力，见不到艺术发展的连贯性，而这种连贯性是可以整理出来的。那些最努力去了解往昔的人将从往昔学到东西，最终将成为优秀艺术家。优秀艺术家总会层出不穷。过去的艺术有高峰时期，也有低谷时期，没有什么东西可以永恒不衰。盛期文艺复兴［The High Renaissance］最后也变成了手法主义［Mannerism］，接着又迎来一个产生杰作的时期。往昔的艺术就像这样起起落落，假如生在艺术的低谷期，那算你不幸，你会想，要是能站在艺术的高峰感觉肯定很棒。我们都知道，艺术的低谷期也许会延续三十年，也就是一个艺术家毕生的活跃期。

我们所说的艺术实难定义。我还记得许多许多年前在布拉德福德，我还是个学生，找到了一本托尔斯泰［Tolstoy］的《什么是艺术》［What is Art？］，天真的我以为他在第十二页就会告诉我什么是艺术，可是我读完了整本书却还是不明白。现在我意识到这个问题无法被完善地解答，通过这样一种说理、智性的方式肯定不行。不知怎的，你有种感觉，这就是艺术。也许艺术和非艺术之间只有质量的差别，这是高质量的艺术，那是无关紧要的艺术。我不会费神去定义什么是艺术，接受艺术无法定义的事实。

绘画与摄影

就绘画而言，我认为引起混乱的是摄影。当人们说绘画正在死去的时候，我觉得刚好相反，摄影正在死去。我认为摄影让我们大失所望，它根本不是我们曾经期望的那个样子。它是个不错的事物，但它不能解决艺术问题。作为制作图画的方法，它并不能完全被我们接受，并且我们肯定不能让摄影成为制作图画的唯一方法。它的观看视角太机械了，太缺乏生命了。我甚至不敢肯定一张照片的情感力量到底能有多强。拿起一张妇女和哭泣儿童的照片，我会觉得它不那么真实。我当然能感到痛苦，但我也意识到摄影师就站在娘儿俩面前，他拍了她们，其实他应该帮助她们。说到底，画可以事后再画，画家可以先救助她们，然后再把她们画成画。

摄影的这个弱点在我看来越来越明显，因此我假定别人也越来越认识到这个弱点。我不可能是唯一一个这样想的人。观看摄影展，那些照片最终会磨钝你的感觉。照片的质感永远都一样，不知怎的，比例的感觉也都一样，摄影展让人产生一种单调感，那在画展上是不会有的。

在国立美术馆里是不会感到单调的。但要是有一座专门展示摄影杰作的国立美术馆，我认为你会觉得单调的。我现在提出这个小小的问题，它是我们必须回答的，是我们不得不思考的。我认为现在对这个问题讨论得不够。你可能觉得美术学校会讨论这个问题，可是要讨论一个问题必须先感觉到这个问题的存在，这可能需要点儿时间。我认为这个时刻会到来的。摄影当然是一门有趣的艺术，或者说有可能成为一门有趣的艺术，但我认为现在我们对摄影即使不是过誉，也是依赖过多了，以至于画家在画油画和素描时都借助照片而放弃了对现实世界的观察。我认为等我们搞清摄影到底是什么，就会回归对现实的观察。摄影毕竟是晚近才出现的艺术门类，它的确与现代艺术同步出现，也许不是巧合。肖像画的衰落与肖像摄影的同时兴起当然不是巧合，可是在我看来，一张真正画得好的人物素描或者油画，比任何摄影都要好无限倍。毕加索为格特鲁德·斯坦［Gertrude Stein］画的像比我见过的她的任何照片都更有意思，对我来讲，不这么认为才是愚蠢的。

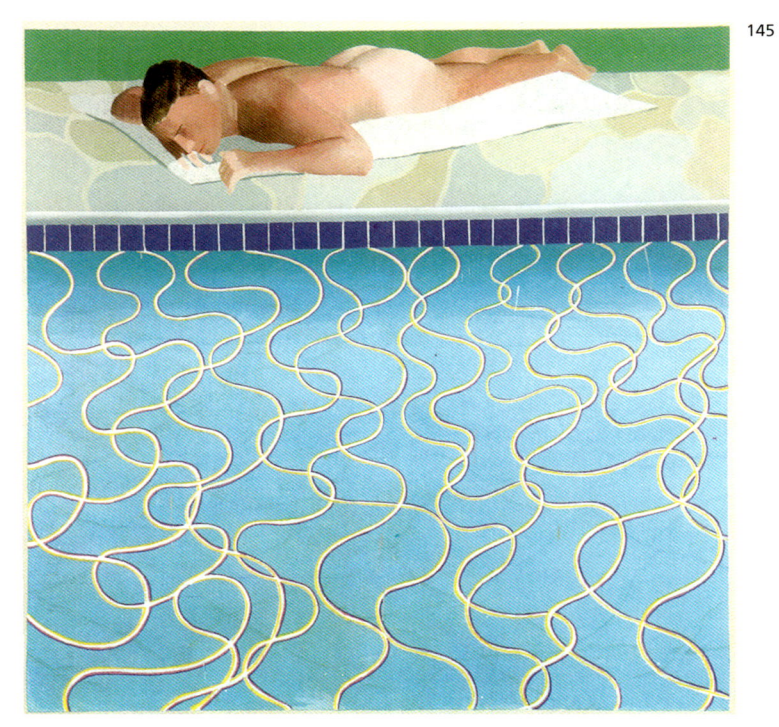

144《彼得爬出尼克的泳池》，1966 年

145《晒太阳的人》，1966 年

146

146《尼克·怀德尔像》，1966 年

147《尼克·怀尔德看我的电视》，1966 年
148《尼克·怀尔德的公寓与约翰·麦克拉肯的雕塑》，1966 年

149

150

149《卡斯明和简双人像》，1965 年

150《鲍勃，"法国"》，1965 年

151《游泳池与花园，比华利山》，1965 年

152《好莱坞花园》，1965 年

153《尼希米检查耶路撒冷城墙》，1966 年

154《贝鲁特》，1966 年

155《山地风景，黎巴嫩》，1966 年

《卡瓦菲诗歌十四首插图》，1966 年

156《卡瓦菲像之二》

157

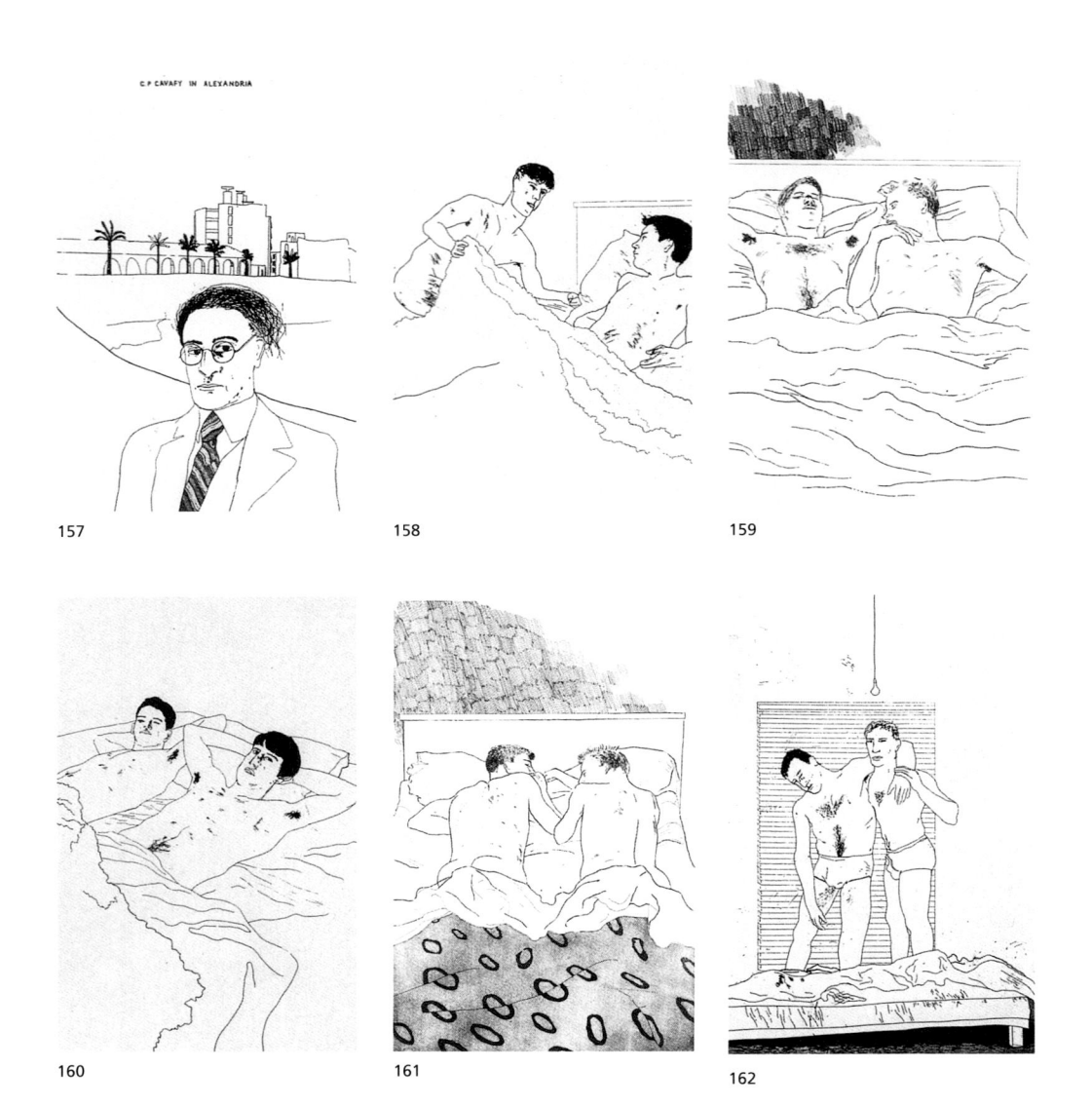

158

159

160

161

162

163

164

165

166

167

157《卡瓦菲像之一》

158《古魔法师的药方》

159《无聊的村中》

160《身陷绝望》

161《二十三岁和二十四岁的两个小伙》

162《一夜》

163《美丽洁白的花朵》

164《开始》

165《他问起过质量》

166《烟草店的橱窗》

167《留住》

161

为《愚比王》所作的草图，1966 年

168《佩尔·愚比和梅雷·愚比》

169《战争机器》

170《鲍尔都在牢房中》

169

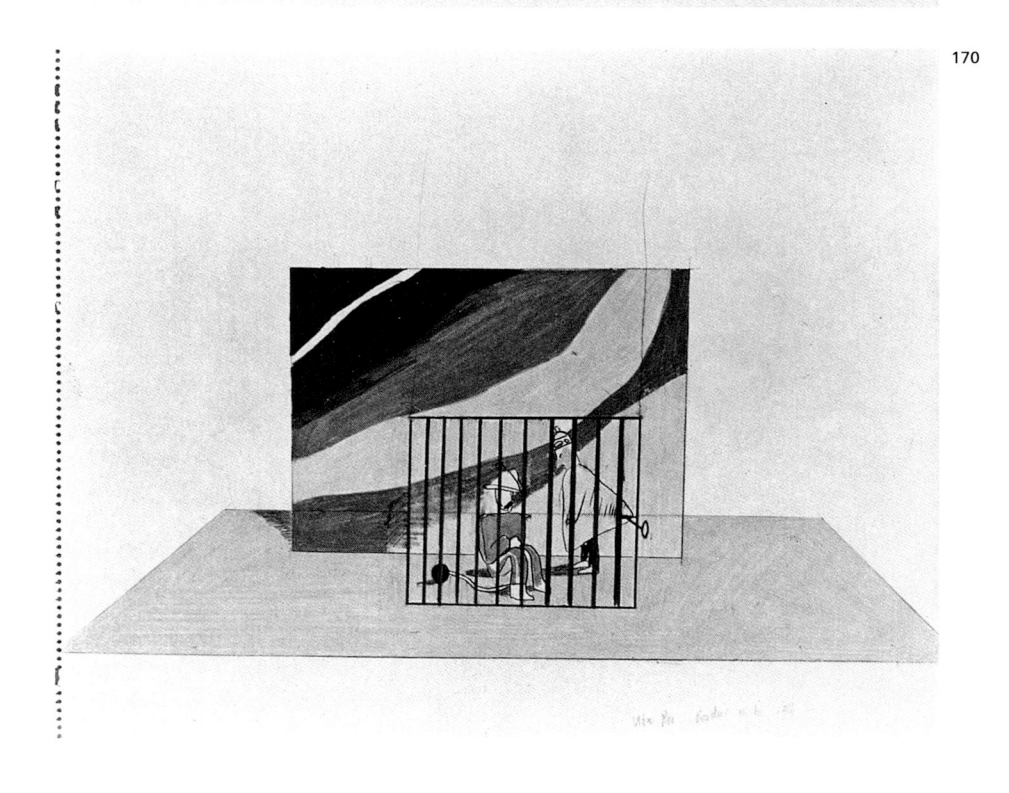

170

171

172

171《愚比的宅邸》
172《愚比的宴会与装有传送带的餐桌》

173

174

173《愚比在思考》

174《波兰军队》

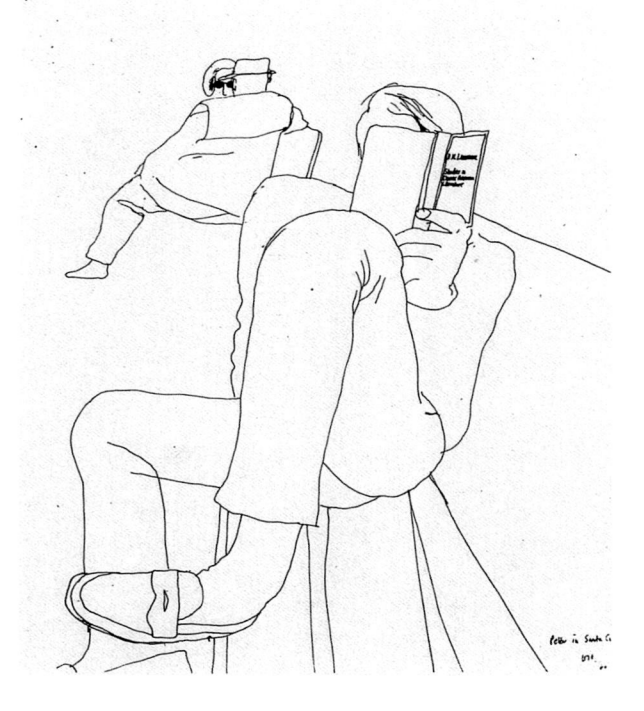

175《彼得在圣克鲁斯》，1966 年

176《彼得，广场酒店，圣克鲁斯》，1966 年

177《彼得在床上》，1966 年

178

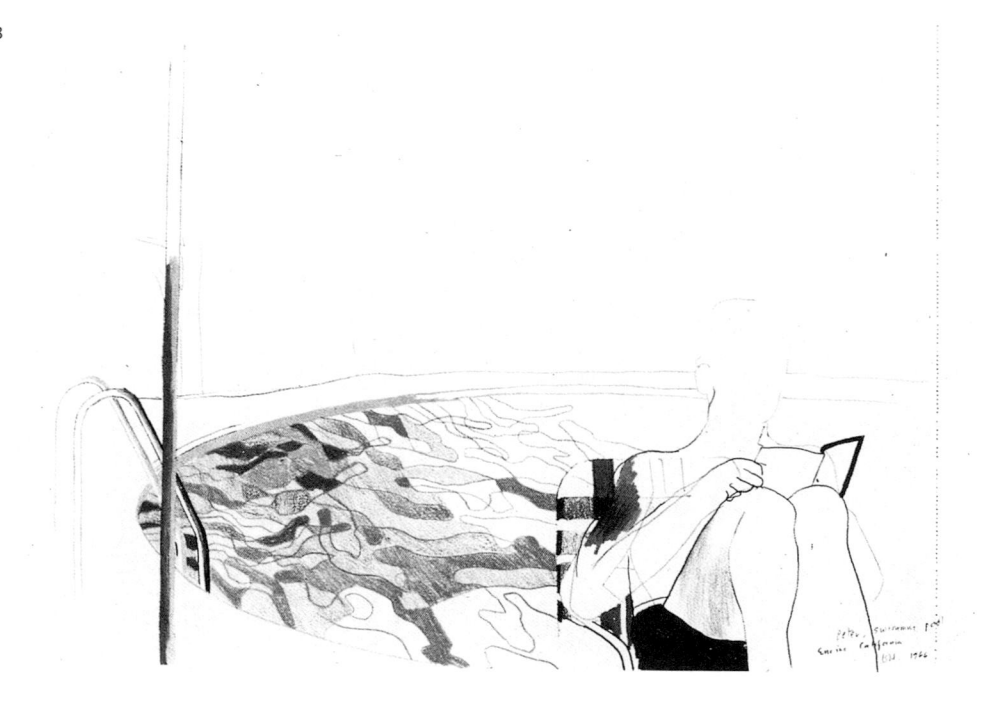

179

178《彼得，游泳池，恩西诺，加州》，1966 年

179《彼得》，1967 年

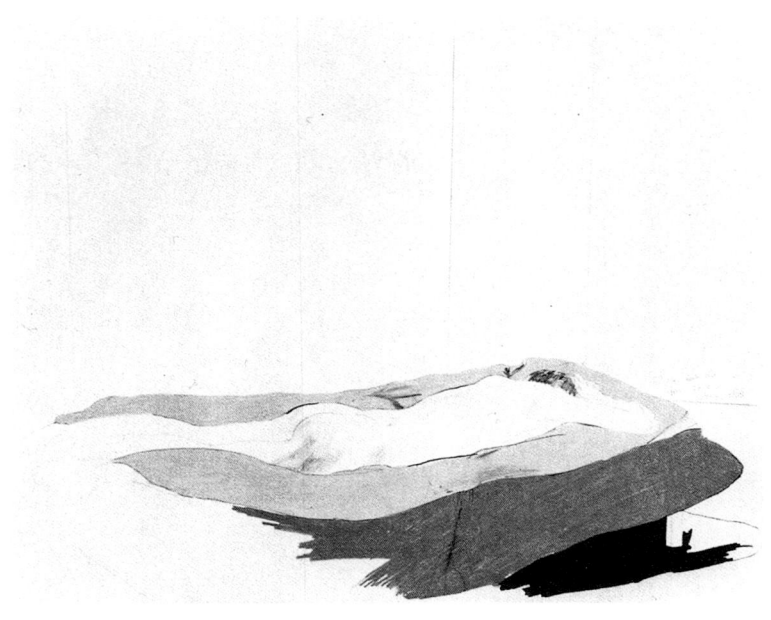

180《莫趴在灰色的床上》，
1966 年

181《莫》，1967 年

182

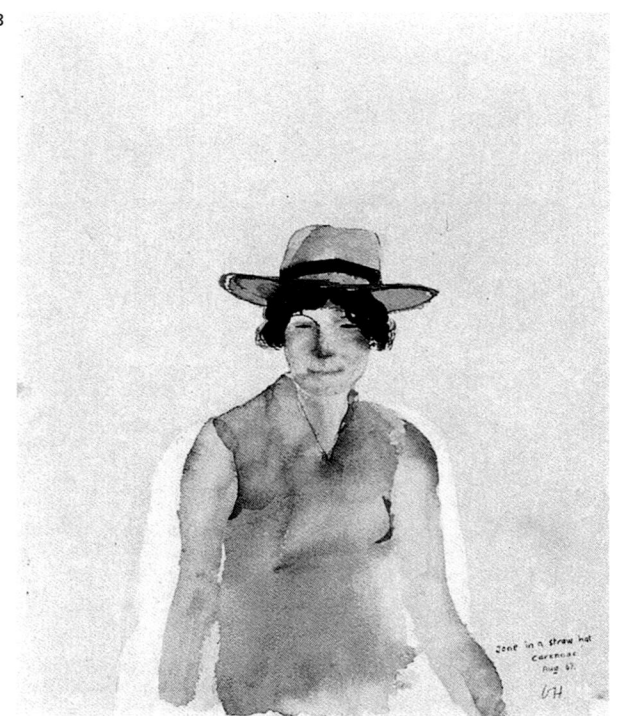

183

182《卡斯明靠在他卡雷纳克城堡中的床上》，1967 年

183《头戴草帽的简，卡雷纳克》，1967 年

照相机确能欺骗

果真如此，该怎么解释？我们倾向于认为摄影师提供的信息是真实的。你给人画一张素描像，他的朋友说画得不像，你也可以给他拍一张照片，可是末了你也可以说，我知道，照片不像他，他不是照片上这个样子。因此照片呈现的信息并不总是真实可靠。我们倾向于认为照相机不会撒谎，可是我认为照相机撒起谎来也许和画一样厉害。

返回英格兰，1967年

1967年夏我从加州返回欧洲，彼得·施莱辛格与我同行。那是他第一次来欧洲。我买了一辆小车，一辆莫里斯迷你[Morris Minor]敞篷小车，我不知道这车还在生产。我找到一辆全新的，买了下来，然后我们开着它周游了欧洲。意大利、法国，到处跑。帕特里克·普罗克特陪我们一起，他就从这时开始画水彩画。我对他说：我们干吗不带上小板凳和水彩颜料呢？我以前曾在埃及试过一次水彩，不喜欢。实际上这次欧洲游期间我再度放弃了水彩，我就是不喜欢用水彩。我带上了彩色铅笔，于是把水彩材料给了帕特里克。我们在意大利进行了一场很不错的文化旅游，然后去维亚雷焦[Viareggio]海滩待了一周。接着我回到了伦敦。彼得不得不赶回加州，他十月开学，我继续在伦敦待到1968年1月，画了《房间，曼彻斯特街》（图202），这是张肖像画，画的是帕特里克·普罗克特在自己的画室里。1967年帕特里克的画室看上去干净整洁，像写字楼，但第二年就变得像卡斯巴[Casbah]的贫民窟了——他的画室变化无常，就像欢乐梅姑[Auntie Mame]那样善变。我用照片记录下这些变化，这张画是根据素描、写生和照片画的。

这之后我画了《桌子》[A Table]（图201）以及《整齐的坐垫》[Some Neat Cushions]（图198），后者是根据我在加州画的一张素描创作的。1968年1月，我用这些画在卡斯明的画廊搞了个展览。我给在卡斯明画廊办的所有展览都起了题目。第一次展览题为"有人物的图画"[Pictures with People in]，因为所有参展画作中都有人物形象；第二次展览题为"有外框和静物的图画"[Pictures with frames and still-life pictures]；而本次展览我用参展的五张画的题目凑成展览题目，叫它"水花、草坪、两间房间、两块色渍、一些整齐的坐垫以及一张桌子……的图画"[A splash, a lawn, two rooms, two stains, some neat cushions and a table... painted]。《桌子》实际上是根据梅西百货广告照片画的，我在画《房间，塔尔扎纳》时也参考过这张照片。这张画吸引人的地方是它的单纯。现在看起来有点儿沉闷，但当时我喜欢它的色彩，喜欢它单纯的、雕塑般的形。它和《画布上、房间里的两块色渍》一画是有关联的。

记得是 1964 年吧，那年的"青年一代展"[Young Generation Exhibition]要求每个参展艺术家在目录里留下一段话。我的留言非常简短。我说自己的画可以分为两类，一类我称之为技术性绘画，极其形式化，在这类画中，天平朝形式的一端倾斜；另一类是极端戏剧性的绘画，天平朝着内容一端倾斜。从某种程度上说，这个分类到现在仍然成立。我觉得自己仍然按照这两种分类作画，时不时地，我会觉得需要画些"技术性的"画，这类画与绘画技法，与我自己的其他画作，与我身边其他艺术家的画都有关，它们是相对于现实生活的画，在某种程度上是绘画的宣言。不过，我的双人像与此很不同，因为一旦你把两个人物塞进一张画中，确实就会产生无法忽视的戏剧性内容。

我在英国一直待到 1968 年 1 月展览开幕。其间彼得于 12 月从美国来我这儿度假。我完成了上面提到的这批画，然后彼得又得回美国了，我决定也回加州，待上个半年。彼得说他想来欧洲生活，于是他申请了斯莱德美术学校，最后诸事安排妥当，他将从 9 月开始在斯莱德美术学校读书。

又到加州，1968年

回到加州后我画了三张画，其中两张双人像，还有一张大画，画的是窗口的景色。三张画用了我半年时间，它们都很大，分别是《克里斯托弗·伊舍伍德和唐·巴恰尔蒂》(图 189)、《美国藏家》(《弗雷德和马西娅·韦斯曼》，图 188) 和《加州海景》[California Seascape](图 203)。

我和彼得一起住在圣莫妮卡。罗恩·基塔伊当时正在加州伯克利分校教课，我经常去旧金山看他，他也来我这儿聚。有天晚上，我把他介绍给克里斯托弗·伊舍伍德，罗恩是个狂热的藏书家，他说他想见见克里斯托弗·伊舍伍德，于是我说你过来，我给你做个菜。我对克里斯托弗说我有个朋友要过来，是个很有意思的艺术家。克里斯托弗就来了，而罗恩来的时候带了五本克里斯托弗写的初版书，想让克里斯托弗签名。我记得他带来的书有《狮子与阴影》[Lions and Shadows]，初版中有一张克里斯托弗二十一岁时的照片，他现在看上去还是二十一岁那个样子，真是太神了！他的脸仍然像照片里那个样子。

罗恩执教的伯克利分校，其老师与英国的老师不太一样。加州的艺术界分成两个圈子，一个可以称之为职业艺术圈，包括画廊以及被画廊代理的艺术家；另一个则由在大学教书的艺术家构成。当然，两个圈子互有重叠，我想英国也是这样。既教课也参展的艺术家，只教课不参展的艺术家——还有一帮只教课而什么画也不画的人。我是个很差劲儿的老师，我唯一想教的课是素描。我曾在加州洛杉矶分校和欧文分校教过素描，喜欢教素描是因为素描课可以教得很具体。我教的是素描写生，教室里摆个模特儿，一个班二十五个人，相当大的一个班。学生开始画，我则挨个儿看画。每个人都在画，所以我有东西可说。我知道学生们留在纸上的笔迹是想画出什么意思，他们的灵感来自正坐在我们面前的一个大活人，所以我总是有东西说。但是教油画就完全是另外一回事儿了。走进教室，可能有的学生在画风景，有的在画静物，再走到下一间教室，学生可能画的是两道条纹之类的东西，还有别的学生在画其他一些题材。对于学生画的这些东西，有些能让我产生同情之心，有些则不会。本来是期望你对所有学生讲些指导的话的，但有时候我压根儿不知道自己该说些什么。有时我不在乎学生的画，有时我对有些学生画的那种东西不感兴趣，但这种时候我觉得也不能说它们画得糟糕透顶。也许有别人对这些画感兴趣，但是我对它们不感兴趣，我该怎么办？我又能说什么？

伯克利是我最后教过课的地方，打这以后，1971年我还曾在斯莱德美术学校上过一门素描课，就三天，除此之外，我再也没教过课。有一次，有人请罗恩去看画，罗恩过去一看，发现画的都是条纹。我还没来得及开口，罗恩就说：你肯定知道现在有一万个人在画非常类似的画，你知道吧？他说得真不错。那个人可能听明白了。罗恩有时候不那么宽容，不过，艺术家必须比普通人更执着。我是个音乐爱好者，但是我对音乐的投入不够，还不足以支持我在音乐问题上论列是非。我看音乐界的争辩都有点儿迂腐，对我来讲他们争论的东西其实无所谓。同样，我肯定许多人也会觉得我们绘画界的种种争辩其实无所谓。我必须承认，对于绘画界的一些争论，我渐渐变得像个局外的看客。

最有家庭气氛的场景，加州

我和彼得住在一起。彼得是唯一真正和我同居过的人，我们是爱侣。我也曾和其他人共同生活过，但并不是真正作为爱侣在一起。是不是爱侣当然不同，和爱侣一起住，生活要稍微宁静一点儿。在加州有一个时期，从 1966 年夏到 1967 年间，我和尼克·怀尔德一同住在好莱坞。我在洛杉矶一个非常脏乱的区域租了一间小破屋，就在比科［Pico］大道和克伦肖［Crenshaw］路交叉口附近。我本来的意思是只把这里当画室，大多时间都住在尼克家。后来我和彼得决定同居，尼克的房子就不够住了。于是我俩就搬进了我租的小破屋。每次一开气炉，蟑螂就一窝蜂从烤箱里往外逃窜，可是我不在乎。我一直没有装电话，因为门口就有一个电话亭，我把零钱都存起来打电话用。在洛杉矶只要打电话就是长途电话，市内电话连四个街区以外都打不到。白天彼得去上学，我在家画画，到了晚上，我俩就一起出去吃饭。我记得我们从来没有在那间破屋里做过饭。我们经常去看电影，散场后回家读书，坐在床上读书。因为家里没电话，所以生活很宁静，那一年我画的画比以往都多。从 1966 年夏到 1967 年，我画了《比华利山庄主妇》《尼克·怀尔德像》《晒太阳的人》，后者中有晃动的水波纹，此外还画了三张水花以及《房间，塔尔扎纳》，其中有几张是我在伯克利画的。在圣莫妮卡一间极小的画室里，我画了十二英尺长、用两块画布拼起来的大画《比华利山庄主妇》。作画过程中允许我退后观察的距离不超过五英尺。《克里斯托弗·伊舍伍德和唐·巴恰尔蒂》也是在一间比这大不了多少的画室里完成的。在小画室里画这么大的画，连我自己也感到神奇。事实就是尽管在大画室里作画更舒服，但豪华的大画室并非必要。伯克利分校给我一间空间很大、设备齐全的画室，《一朵大水花》和《房间，塔尔扎纳》这两张画是在那间画室里画的。那是我破天荒头一回有了一间正规的北光画室。

　　这段时间我一次也没去过酒吧。彼得只有十九岁，还去不了酒吧，所以我就放弃了酒吧。我几乎不外出喝酒，想喝就买一瓶加州产的葡萄酒。我记得我俩总是把葡萄酒存好，冰箱里屯满了白葡萄酒，但没有吃的。

　　我们常见尼克·怀尔德，也常见尼克的朋友，那都是些年轻漂亮的小伙子。我们会在尼克家游泳。他还住在我画他的那个住处，街区里一所便宜的房子，房子带个游泳池，我们就在这个游泳池里游泳。

克里斯托弗·伊舍伍德和唐·巴恰尔蒂

　　我经常见克里斯托弗·伊舍伍德和唐·巴恰尔蒂。我们还与一个叫罗恩·戴维斯［Ron Davis］的加州艺术家是隔壁邻居。他是玩儿几何图形的艺术家，那时候刚处于起步阶段，我们成了朋友。他在尼克的画廊里展出作品，有时候我去找他下象棋。我记得第一盘棋是他赢了，然后他说这就是与几何图形艺术家下棋的后果；第二盘棋我赢了，于是我就说，这就是与一个懂得用后的具象艺术家下棋的后果。现在回想起来，那肯定是在加州度过的最快乐的一年，就在我住过的最糟糕的地方。

1968年1月我和彼得离开伦敦后，驾车横穿了美国。彼得比我早几天回加州，因为他要开学了。我与卡斯明一起飞到纽约。彼得有个朋友在欧洲买了一辆大众汽车，正想开着它横穿美国前往加州，我想和他一起开肯定很好玩儿。彼得有点儿恼火，于是我说：你干吗不直接从加州飞到纽约，我们一起开车，你只要能请到三天假就行。他说：好，我来。我和卡斯明住在斯坦诺普［Stanhope］酒店，彼得后半夜到的，清晨5点我们一行人就出发了。我给这趟旅行拍了大量照片，这次旅行感觉就像开着大众车的"逍遥骑士"［Easy Rider］。雪中的科罗拉多很美。

等开到加州，我在圣莫妮卡租下一间小小的阁楼套房，1934年建的老式样房子，在加州算是很老的建筑了。住在这儿就像住在玛丽皇后号邮轮［Queen Mary］上一样，冬天的早晨能看到雾，圣莫妮卡有雾气从海上吹来，感觉非常好。在这儿度过的时光非常快乐，我们搬进房子，不操心出去见人的事儿。原先住在加州时，我是个浪子，非出去不可。现在在家能待住都是因为有彼得，有了彼得，我干吗还要去酒吧到处晃悠？根本不需要。等他到了可以去酒吧的年龄，我们也许会一起去酒吧，我不知道，不过他也不想泡吧，他懒得外出。

我们搬进阁楼套房前，彼得曾经在街道对面的一所木头房子里住，与他同住的还有他两个同学，我也认识。他们都上过我的课。这所小木头房子里有我一间小房间，我就用它做画室。就这所小木头房子，有五个人住，它还带有一个可爱的大院子。这所房子现在没了，原址上盖起一座公寓楼，大概有两百多人住在里头。世事变化，就是如此。

就在这个时候我想画一张双人像。我曾经在英国给帕特里克·普罗克特画过一张像：《房间，曼彻斯特街》，再早一年，我给尼克·怀尔德画过像。我以前也画过包含两个人物的画，《结婚》系列还有室内景系列都是，但说到为两个具体人物画像，我以前还从来没画过。我决定画一张克里斯托弗·伊舍伍德和唐·巴恰尔蒂双人像（图189），于是开始给唐和克里斯托弗画素描，画了很多，但不是油画草图，只是面部的局部素描，我通过这些素描研究他们的脸，掌握确切的样子。接着我把他俩安排在一间房间里，拍了大量照片，寻找合适的构图，思考怎么画。每次只要我叫他们放松，克里斯托弗总会跷起二郎腿，眼睛看向唐，唐却从来不这样看克里斯托弗，他总是看着我。我想，这就是我要的姿态，我便开始了创作。

  画的背景设定在他们的房子里，就位于我画室几个街区外，房间粉刷得很简洁，有大面积纯色。桌上的静物是我摆放的，他们的桌子上从来不放书。我记得有人问过我，为什么唐的前面摆着四本书，而克里斯托弗的面前只摆着三本，这是不是因为唐没有克里斯托弗读书多，所以要在他面前多摆一本呢？人们对画的读解真是神奇！我画四本书是出于构图平衡的需要。桌上一直有玉米，它是那组静物形式上的组成部分，我认为它营造出很好的空间感。热闹的东西都出现在画面下半截，上半部分非常简洁，但裁掉上半截画就不成立了，画是靠上半部分才获得了空间。从右边向左看，观画者的目光会跟随克里斯托弗移动到唐身上，接着转向书，再转个圈，注意到静物，然后又注意到人物。从构图上说这画就是这么安排的，它是一个圈，你的目光转着圈转。在圆圈结构中只要没有文字内容，观者就可以向任意方向转着看。一般来说人们都是从左向右看，就像阅读文字那样。我想一般人现在仍旧习惯从左向右看，要是发现不对头，人们就会反个方向试试。不过，要是你想让观者上下方向看，就不得不花很多心思来构图。阅读的自然习惯是横向的，这就是观者会跟随克里斯托弗的目光转移至唐的原因，然后注意力会立刻被唐的脸孔反弹回来。

  从进皇家艺术学院以来，有个作画方法我一直用，就是先画出很大一部分，之后我就坐在画前，有时候坐一个小时，什么也不干，全神贯注于画面，有时是欣赏，自己觉得满意的话就是这样。我为自己的画感到兴奋，显然，每个艺术家都会这样，只要他们自觉画得好。要是你的创作不能让你自己感到兴奋，你就会放弃这张画的，对不对？我能够站在自己的画前，盯着它看很长时间，做各种决定，决定下一步怎么画。通常这时候我都静静地坐着，从来不听音乐。

素描

  画画的时候，我只有在画比较机械的部分时，才会听音乐。用素描写生人物时，要是模特想听音乐，我会放给他们听，但是我听不到。就算我打开音乐，挑一支曲子放，我也记不住放的是什么。我在给人物作写生时从来不和对方聊天，尤其是在画线性素描时。我情愿作画的时候完全没有声音，这样我更能集中注意力。线没法慢条斯理地画，必须有一定速度，因此画线需

184

185

184《比华利山庄主妇》,
1966 年

185《房间,塔尔扎纳》,
1967 年

186《一朵大水花》，1967年

187《洒水器》，1967 年

188

189

要相当集中注意力，非常容易使人疲劳。连续画两三张线性素描，脑子就会非常疲倦，因为你得一气呵成，这不像用铅笔画影调素描，那种画法不需要一次画完，可以中途停下，画错的地方可以擦掉重来。但是画线性素描，你不想这么干，线条画错了也不能擦掉，一定不能。画线性素描是令人兴奋的事情，我认为比其他画法都难，所以要是画得好，常常就比一般素描好得多。我画线性素描的失败率到现在仍然很高，我总是把画坏的素描画上叉叉，然后撕掉，因为它是没法修改的，要是腿画错了，只有把画丢弃。

在画布上画素描就不是这样了，因为画布上能改、能调整，用铅笔画，错的地方可以擦掉重来。通常我在画布上的素描都是照着另一张已经画好的素描画的，因此作画过程中的决定都已经做完了。把对象提炼为线条真是最难的事情之一。比如画头发，怎么画才能让线条产生头发的感觉？让人感觉头发是黑色的？真的很难。要是铅笔有颜色就容易了。不过，一旦画出了好素描，拷贝其效果只要十五分钟就成。

《克里斯托弗·伊舍伍德和唐·巴恰尔蒂》这张油画是在上文提到的那间木头房子里的小画室中完成的。克里斯托弗来当过几次模特。大约一个月后我又开始画《美国藏家》。这两张画我同时画。又过了大约一个月，我又开始了第三张画，《加州海景》。然后唐去英国待了两个月左右，我没法经常画他，便画克里斯托弗。因为唐走了，克里斯托弗觉得有点儿孤单，我经常见他，过去他几乎天天来。他就住在附近，他家离我的画室步行只要五分钟。我对他说：你什么时候想来画室就来，要是我在画别的画，你来了我就会停下，给你画，你在椅子上坐着就行了。我有一把椅子，和画中那把一样高，画室的光线也像画中那样从窗口照进来。我给他画像的时候他会不停地聊，但我不介意。他会聊唐在英国的事儿，我清楚地记得他对我说：哦，大卫，对朋友不要有太强的占有欲，要给他们自由。后来我觉得他因为唐离开太久，感到有点儿受伤。不管怎么说，这话说得不错，只不过轮到自己就不是那么回事儿了，你确实觉得这种事儿早晚不可避免。他还聊书，聊加州，什么都聊。他是个亲切、可爱的人，从来都很有趣。

夏天我再回英国的时候，我把油画卷起来一起带回了英国，然而唐却在我回到英国前一周又离开了英国，这让我有点儿恼火。克里斯托弗比唐画得好多了，画得更松。本来唐也可以画得同样好，没画得同样好是因为唐不是写生。我认为是不是对着真人写生，最后会有很大差别。画人的脸、手以及整个姿态时，我都喜欢写生。虽然可以根据素描画油画，但是当对象真的坐在你面前时，你很可能注意到原先没注意到的东西，并据此调整你的创作。

188《美国藏家》(《弗雷德和马西娅·韦斯曼》)，1968 年

189《克里斯托弗·伊舍伍德和唐·巴恰尔蒂》，1968 年

画《美国藏家》（图 188）时，弗雷德·韦斯曼和马西娅·韦斯曼夫妇并没有来摆姿势。我觉得写生对于这幅画没有那么重要，因为他们家的院子以及院里的艺术藏品也是这幅肖像的一部分，而在克里斯托弗和唐的双人像中，背景只有几本书和一盘水果，除了这些屋里就没别的东西了。书和他们有关，但联系并不密切。在韦斯曼夫妇像中，有特恩布尔的雕塑，亨利·摩尔的雕塑，还有别的艺术品，这些都是肖像的一部分。这幅肖像的重点不只在于两张脸，而是整个场景。马西娅问我愿不愿意给她丈夫画张像，我解释说我其实不怎么画订制肖像，但也许为他们夫妇画一张双人像比较有意思。他们的双人像是个好主题，不仅是主题有趣，他们夫妇俩本身也很有趣。于是我说我会上门画些素描，在家里拍几张照片，后来就有了画中这个摆着雕塑的院子。画中有一根图腾柱，很像马西娅，面部、嘴部等处，样子真挺像。我抗拒不了诱惑，非把它收入画面。这幅肖像有点儿与众不同，因为人物周围的各种什物都属于肖像的一部分。弗雷德·韦斯曼的手心往下滴着颜料，那是我故意保留的，因为这样使他的站姿更紧张，仿佛手心攥得太紧，把颜料都攥出来了。

这之后我画了《加州海景》（图 203）。迪克·史密斯［Dick Smith］住在科罗娜德马尔海滨［Corona del Mar］，有次我给他打电话，他说你给我画一张小窗景吧！他想向我订制一张。于是我画了一张小水彩，还有一张铅笔素描，记得这些画都给他了。然后我想，这个主题真棒，我再画一张大的，窗景其实是神奇的画中画。

1968年的英格兰："摇摆的伦敦"名不副实

1968 年 8、9 月间，我和彼得一起回到了伦敦，彼得从 9 月起开始在斯莱德美术学校上学。我们决定在波伊斯广场公寓住，这是自 1964 年以来我第一次回到这个地方，我知道这次将在这里住很长时间。要不是为了彼得，我也许会在加州一直住下去，在加州和伦敦之间来回跑。我俩在波伊斯广场公寓按照居家过日子的方式安置下来，非常快乐，非常美好。我把房子重新刷了一遍，彼得在附近诺丁山一所房子里搞了一间画室，他在那儿画一些大画，满怀雄心壮志。

后来我们去欧洲做了几次短期旅行。1967 年我和彼得在欧洲的自驾游使我重新爱上了欧洲，我已经有四五年没旅游了。五年来我一心扑在美国，等回到欧洲才意识到在欧洲自驾游肯定比在美国自驾游更好玩儿。美国的风景非常好，但是每次在餐馆前停下车，你都能猜到菜单上会有些什么，这让人有些失望。我一直想画《格林童话》，从那时开始着手准备。为了找材料，我觉得应该去一趟德国，沿着莱茵河做一次旅行，先乘船，再开车。我拍了许多城堡，那正是我想参考的建筑。我们到处转，阿姆斯特丹也去了。彼得以前没去过，我出门都带着他。

  回到伦敦感觉很好。这里还有很多老朋友，马克·兰开斯特、斯蒂芬·巴克利［Stephen Buckley］、帕特里克·普罗克特、奥西耶·克拉克等等，不少。帕特里克我见得很多，我和他关系很好，但是因为我离开太久，情况还是有些变化，尤其是彼得来和我同居后。从前我住在伦敦的时候，每天晚上都和帕特里克出去玩儿。

  虽然人们都说伦敦很新潮，我却从来不觉得它新潮，从来不觉得。不过人们这么说伦敦的时候，我其实住在加州。1968年摇摆的伦敦有点儿衰落了——当然，在我眼里它从来没新潮过。不管怎么说，要是摇摆的伦敦只是与超短裙和姑娘有关，那我也没兴趣。我甚至从来没有注意过她们。我对伦敦的评价依然是它永远也成不了一个新潮的地方，因为它太封闭了。我还记得国王大道［King's Road］开了一家名叫"林仙阿瑞托萨"［Arethusa］的俱乐部，他们寄给我一支钢笔，上头刻着我的名字，说签个字就成了他们的会员，这是非常"专享"的做法。我记得自己回信给他们说，正是因为你们的专享会员制把我搞怕了，不敢参加。伦敦这座城市的问题就是这个，什么事儿都是专享。美国的优点是酒吧都开到很晚，根本不需要俱乐部、会员等等荒唐的东西，美国的酒吧人人都可以进，喝的也便宜，你能遇上来纽约闯荡的年轻画家什么的。和伦敦不同，许多纽约艺术家都不在学校里当教师，所以在纽约见人更难，不过纽约人可以在酒吧碰面，只要付得起二十五美分一杯的啤酒钱就行，你可以在酒吧里喝到凌晨四点，酒吧里总有很多活跃的年轻人，他们会找你搭话，问这问那，我喜欢这样。假如这是家会员制的俱乐部，那些年轻人就永远也进不来，这就是伦敦的缺陷。今天的伦敦还是这样，没变，没有人采取行动。总是只有我一个人对此加以批评，现在还是。要是伦敦改一改执照法，改一改俱乐部制，就会有很大不同。从某种程度上说，伦敦这个样子还是和阶级体系有关，要想十一点以后喝酒就必须加入某家俱乐部，这使十一点以后喝酒成了高消费，这里就有阶级意识。人们认为贫穷的工薪阶级十一点后就该睡了，因为他第二天一早还要起来上班。这种观念真是非常不民主。我认为没几个国家会容忍对不同人群采取不同准则，美国肯定就不会这样，那里比英国要平等多了。在伦敦，除了营业时间很荒唐的酒吧，人们找不到聚会的地方，晚上十一点就打烊真是太荒唐了，人用不着睡那么多觉。我从来不去伦敦的酒吧，因为每次我刚想进去喝一杯，它们差不多就要打烊了。每次看完戏和电影，从剧院、电影院出来后我都想去酒吧喝一杯，但这时它们都打烊了，因此人们找不到聚会的地方，全都关门了，整个城市死气沉沉，只有俗气的夜总会还开着，供疲惫的生意人消遣。城市生活不应该是这样的。我到现在仍觉得可以有所改变，我总是说我要给《泰晤士报》[The Times]写信。

奥西耶·克拉克是摇摆的伦敦的一部分。他留意到姑娘们，所有给他和西莉亚制作时装的姑娘们。奥西耶对新潮涉入极深，而我不仅不涉入，而且从根本上反对他。他的整个观念都过于贴近伦敦上层阶级了。也许我不够公平，伦敦确实也有变化，实际上有一刻似乎整个阶级结构行将打破。当然，阶级结构确实松动了一点儿，现在有所改变，然而改变不如十年前我预计的那么大。把1975年的伦敦与1965年的伦敦相比，变化真不大。有些事儿变了一阵子，接着我觉得就被英式的保守主义给扼杀了。从某种程度上说这很悲哀，因为这儿蕴藏着许多能量，许多才华，可是许多有才华的人最后都离开了。不久前我在洛杉矶一家酒吧里遇见几个英国青年，他们问我：你怎么不在这儿住下去？我回答说：我要去巴黎住。他们说住在伦敦太无聊，这儿好太多了，你可以有所作为。这话可真令人悲哀，这说明英国古板乏味的一面仍然存在，仍然在败坏国家。

摇摆的伦敦有一面很好，很多工薪阶级出身的青年在其中释放了能量，这是前所未有的，这包括披头士乐队 [Beatles] 和滚石乐队 [Rolling Stones]等等。但这股能量最终被英式的保守主义给扼杀了，他们想把这股能量也搞成专享，而不是将其开放。他们说太令人兴奋了，我们来保持这个样子，把它密封起来！——这一密封恰恰将其彻底扼杀了。真遗憾！同样的情况可能也发生在年轻一代的优秀艺术家身上，他们被压制。有时候我觉得这是艺术家本人的错，一位独立的艺术家不需要在意周围的意见。我认为只要愿意，艺术家可以做到无视英国的保守主义。我面朝保守主义微笑。我出身于英国工薪阶级家庭，对英国各种中产阶级的事物总是持有轻微的反对态度，并不是一种酸涩的反对，而是觉得中产阶级那套可笑。我不喜欢获得勋位头衔这种事情，名字前加勋位称呼与加个"ABC"有什么不同？这种做法挺孩子气的。你可以置身事外嘲笑它，不过这么做也许没我想象得那么容易。假如你是个外国人，那在英国的处境就完全不同了，外国人可以逃过阶级体系。假如你是外地工薪阶级出身，那你在伦敦就是个外来者，和外国人一样，所以在某种程度上，我认为受阶级体系影响最深的是中产阶级。英格兰北部与伦敦是两个不同的世界，完全不同。而且我觉得，要是你从英格兰北部南下，来到伦敦做一个中产阶级，你就会被毁掉，因为一切都会让你受伤。布拉德福德完全是个工薪阶级城市，那儿的生活与伦敦的生活很不一样，当然，我说的是我那时候的情况。我说这话不是因为我对自己的阶级出身感到自卑，总体来讲，艺术家不在乎阶级，但是我认为阶级观念确实影响了英国艺术。总有少数人不论来自哪里，不论出身如何都能生存下来，但我确信正是英国的阶级观念迫使很多人出国生活。我想克里斯托弗·伊舍伍德会承认，他就是因为英国的阶级观念才出的国。我还记得1968年他回英国时说，现在比以前好多了，他这么说是因为那个时期英国社会的活跃和开放，克里斯托弗立刻就发现了，他说他不了解现在的整个情况。他还向我描述了他年轻时候的情况，作为一个敏感、有意识的人，他显然想逃脱那种情况，唯一的出路就是离开这个国家。

自然主义的陷阱

在加州，我随时用一架拍立得相机拍下我可能用在画里的东西。1967年底，我买了自己的第一台好相机，开始更严肃地拍照。从那时起，我开始把拍下的照片收集在相册里。搬回波伊斯广场公寓与彼得同居前，我收拾东西，找到成箱的照片，于是我想，既然有照片，不如把它们贴在相册里。我从华莱士·希顿［Wallace Heaton］买了第一本大相册，现在我的照片已经集到第五十五册，我有大量照片。

严肃拍照的确影响到我的几幅油画。《清晨，圣马克西姆》（图208）、《圣马克西姆的勒阿不瓦酒店》（图209）以及《私人停车场》（图210）等画都是我在自己拍的照片基础上创作的。画《圣马克西姆的勒阿不瓦酒店》的时候我画了张素描（图211），同时也参考了照片，这个时期我画中的自然主义倾向开始变强。当时这种变化根本没有给我带来困扰，在美国，这正是照相写实主义［photo-realism］开始出名的时期，我对它有点儿兴趣。我感兴趣的根本不是它的技术，我从未用过照相写实主义画家的技术，他们把彩色照片投影到画布上，其作画过程真就是在复制一张照片。我徒手把照片内容画出来，过程和我参考《体格画报》上的照片作画很像，都是诠释照片。照相写实主义作品的主题并不是画中的物体，而是这些物体的平面照片。

我心里对《圣马克西姆的勒阿不瓦酒店》和《清晨，圣马克西姆》这两张画的绘画性一直没数。有时候我觉得《清晨，圣马克西姆》是我画过的最坏的画，它的构图完全取自我自己拍的照片，一点儿都没改，我的其他画几乎都不是这样的。就算是为了作画拍摄参考照片，比如我为画《克拉克夫妇与猫咪珀西像》（图247）拍照，也不可能站在屋里直接就能拍出那样的照片，不可能刚好就是那样一个场景。《城堡》（图207）的情况与《清晨，圣马克西姆》有点儿像，它是根据我在莱茵河上拍的一张照片画的。

我怎么看待自己这几张画不重要，它们在我的作品中是相对次要的。在某种程度上它们算是照相写实主义绘画，尽管与大多数照相写实主义作品相比，这几张画制作得相当粗糙。不过很多照相写实主义绘画制作得也很粗糙，我画得粗糙，为的是避免模仿照片效果。

决定为亨利·盖尔扎勒和克里斯托弗·斯科特画像后（图223），我前往纽约，用一周时间给他们画素描。足有五天我都因感冒卧床不起，不过，在我赶回伦敦前，我还是给亨利、克里斯托弗以及亨利的沙发仔细画了素描。亨利的公寓位于第七大道，我计划把画的背景设在那儿，我给房间、地板及窗外的景色都拍了照。

人体写生

临回伦敦的前一天，我去第四十二街买了几本男人体杂志，结果回国时这几本杂志在伦敦机场被海关扣留了。我到达机场时杂志就塞在包的上面。那时候这些杂志从任何角度讲都不能算色情杂志，它们就是正常的人体，一点儿也不带有性的意味，缺乏性意味到了令人奇怪的程度。几个小伙子在林中空地上，有点儿艺术性，老式的艺术味。一名非常年轻的海关官员把杂志从我这儿拿走，说我们要扣留这些杂志，它们是色情杂志。我说：得了吧！它们根本不是色情杂志。我当时感冒还没完全好，我说：你们今早惹错人了，我可不是一句话不敢说的小商人，我会和你斗，必要的话我会和你打官司。于是这家伙找来了一位高级海关官员，他最后说：不行，我们要扣留这些杂志。我说：好，我们法庭上见，我会斗的。于是我要了收据，上面用紧密的小字写明《金色小伙》[Golden Boys]和《赤裸青年》[Naked Youth]。杂志被扣让我很恼火，等回到伦敦，我给泰特美术馆的诺曼·里德[Norman Reid]打电话，说我有这么几本杂志被夺走了。要点是，我的确用那种杂志来画人物，当然，这不全是用来画画的。我说我看不出他们有任何理由扣留杂志，我有相当充分的合法理由拥有它们。杂志上的人物不过就是人体。诺

190《小水花》，1966 年
191《水花》，1966 年

190

191

192

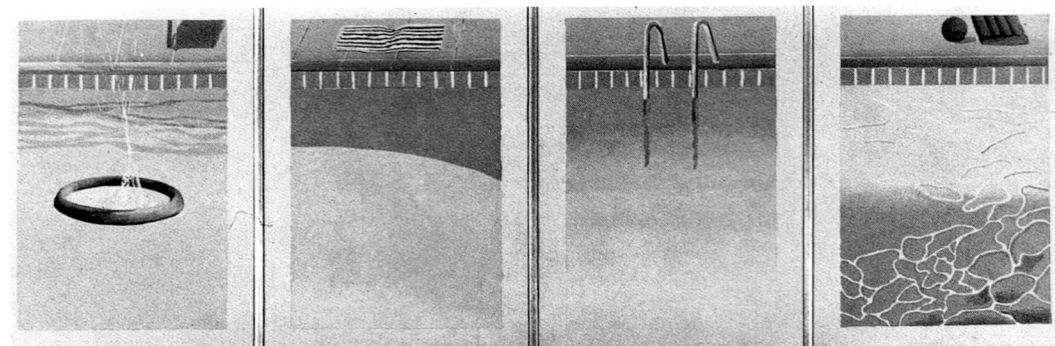

193

192《四种不同形态的水》，1967 年
193《剪齐的草坪》，1967 年
194《正在洒水的草坪》，1967 年

195

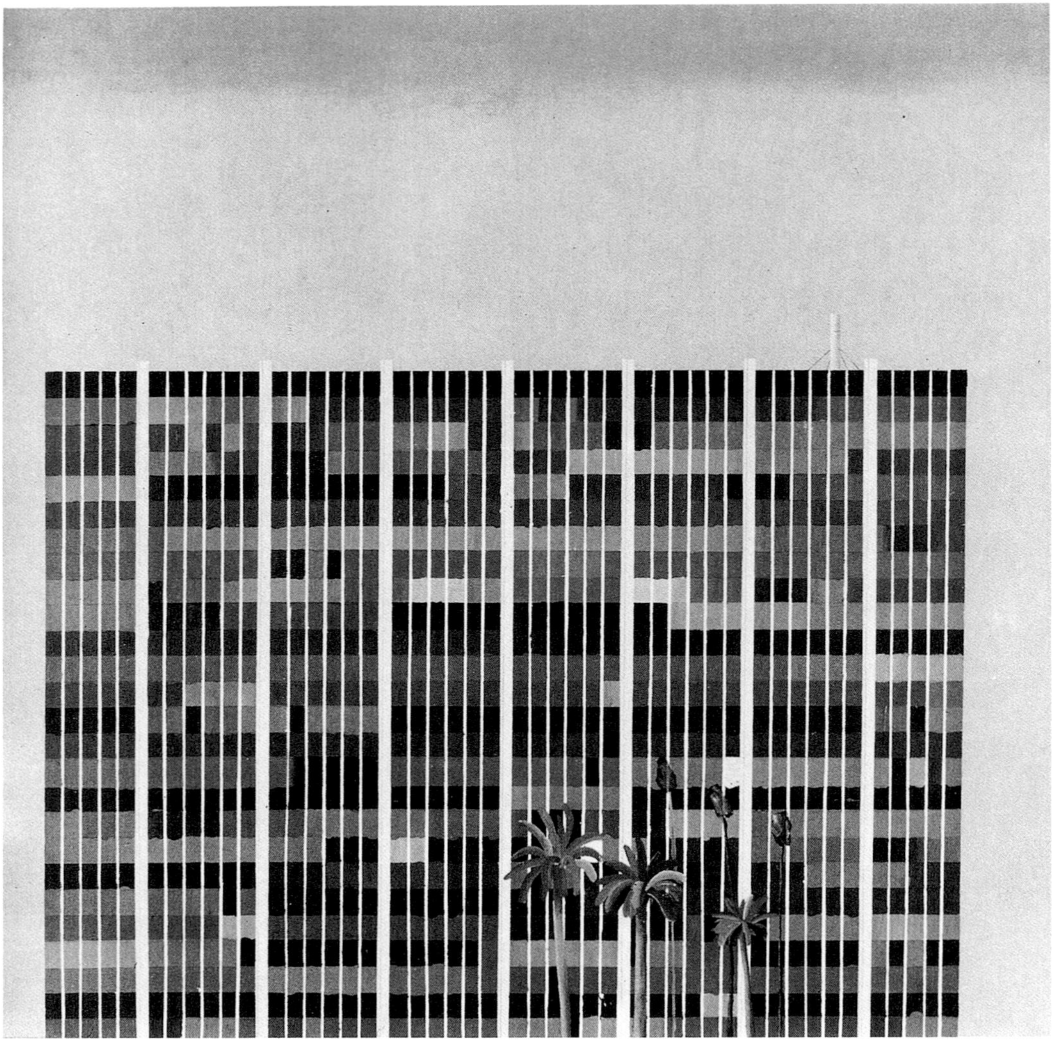

196

197

195《储蓄和借贷大楼》，1967 年

196《洛杉矶》，1967 年

197《奥林匹克大街附近的房子》，1967 年

198

199

198《整齐的坐垫》，1967 年

199《坐垫》，1968 年

200《画布上、房间里的两块色渍》，1967 年

200

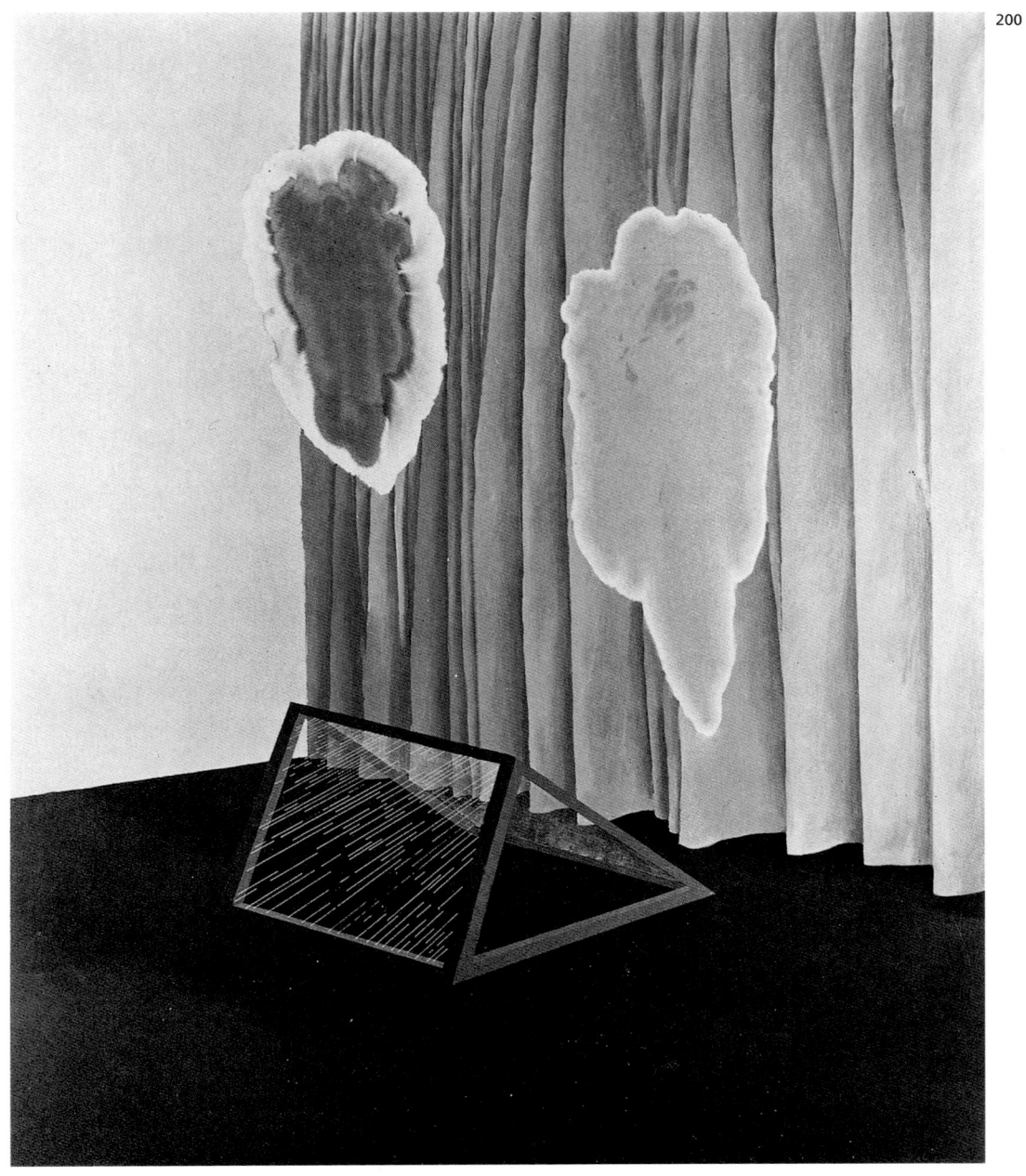

201〈桌子〉，1967 年

202

202《房间，曼彻斯特街》，1967 年

203

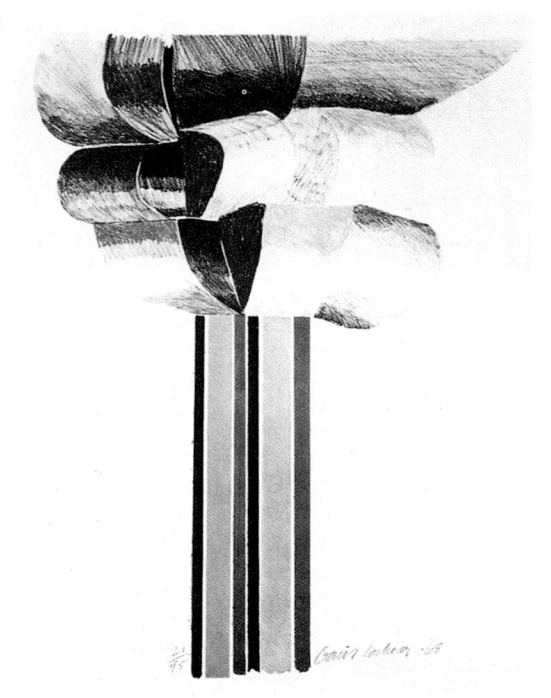

204

203《加州海景》，1968 年

204《树》，1968 年

205《1001 牙科大楼，圣莫妮卡》，1968 年

206《银行，棕榈泉》，1968 年

205

206

207

208

207《城堡》,1968 年

208《清晨,圣马克西姆》,
1968—1969 年

209《圣马克西姆的勒阿不瓦酒店》,
1968—1969 年

210《私人停车场》,1968 年

211 为《圣马克西姆的勒阿不瓦酒店》
所作的草图,1968 年

212

213

212《彼得》，1969 年
213《彼得在阅读，圣莫妮卡》，1968 年

214

216

202

214《罗尔夫·纳尔逊像》，
1965—1968 年

215《卡斯明像两张》，1968 年

216《奥西耶与莫》，1968 年

217《克里斯托弗·伊舍伍德，
圣莫妮卡》，1968 年

218《克里斯托弗·伊舍伍德》，
1968 年

203

219

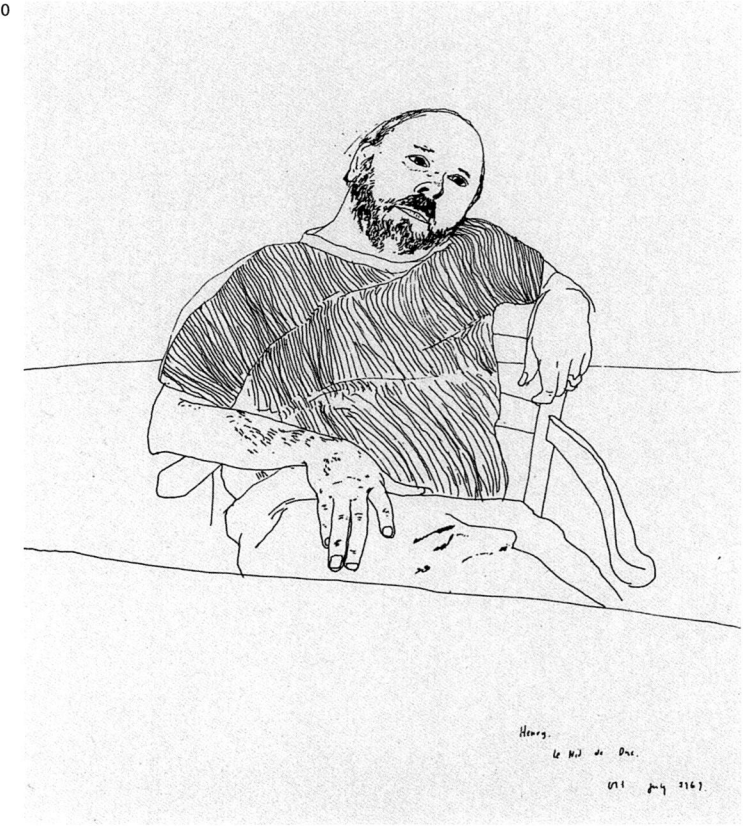

220

219《亨利与克里斯托弗》，1967 年

220《亨利，公爵鸟巢酒店》，1969 年

221《克里斯托弗·斯科特》，1968 年

222《亨利，好莱坞》，1969 年

221

222

223

223《亨利·盖尔扎勒和克里斯托弗·斯科特》,1969 年
224《亨利·盖尔扎勒和克里斯托弗·斯科特》,1968 年

224

225

225《静物与电视》，1969 年
226《柯布西耶式椅子与地毯》，1969 年

226

227

PINK RED & GREEN PENCILS IN
A GLASS JAR.

228

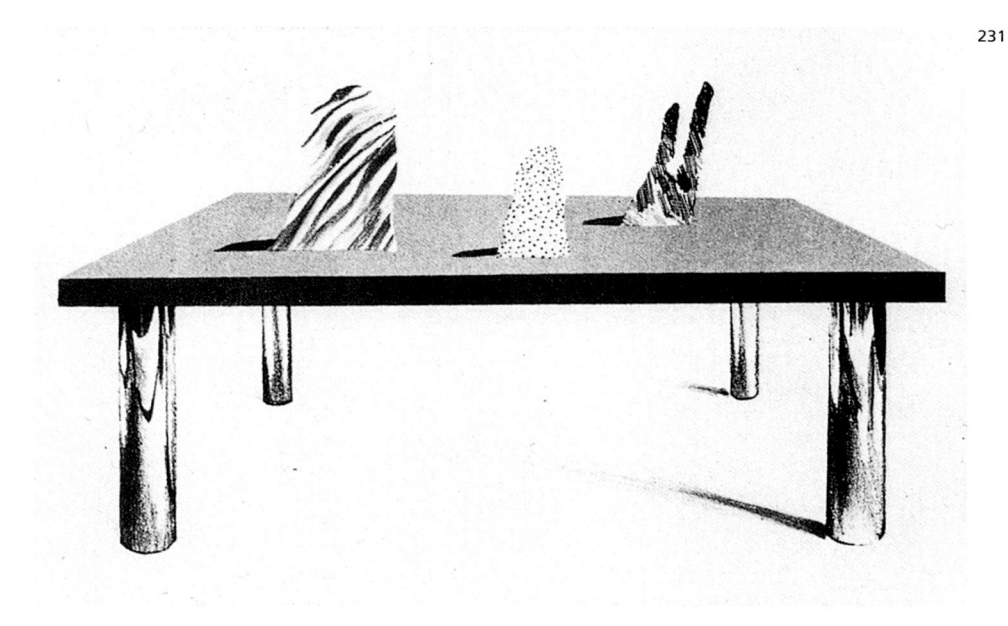

227《玻璃罐中粉红、红色和绿色的铅笔》，1968 年

228《静物》，1969 年

229《花与瓶》，1969 年

230《美丽的郁金香》，1969 年

231《玻璃茶几与物》，1969 年

232《彼得·兰厄姆》，1969 年
233《詹姆斯·柯克曼》，1969 年
234《斯蒂芬·斯彭德》，1969 年
235《W. H. 奥登》，1968 年

236

236《西莉亚（巴黎，1969年3月）》
237《西莉亚》，1969年
238《帕特里克·普罗克特在作画》，1969年

237

238

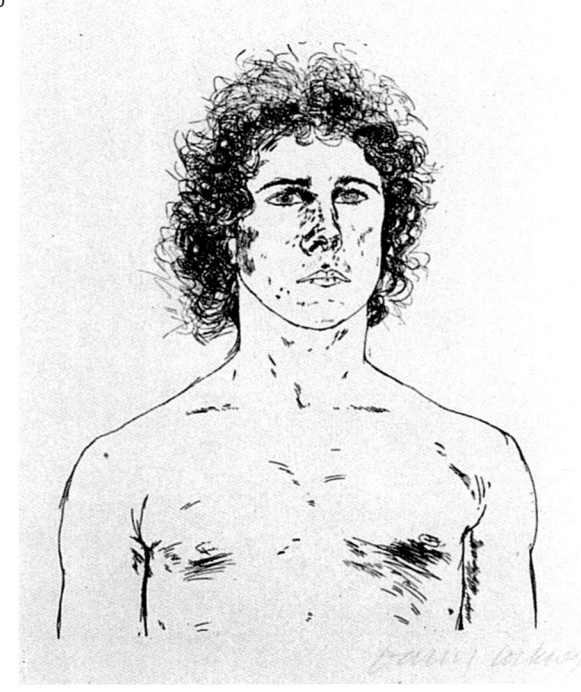

239

240

241

242

239《弗里德里克·阿什顿与韦恩·斯利普》，1969 年

240《韦恩·斯利普》，1969 年

241《彼得》，1969 年

242《莫的侧面像》，1969 年

243《迈克尔·周像》，1969 年

244《鉴赏家》，1969 年

245《菲利克斯·曼像》，1969 年

曼·里德说：好的，我会写封信。他还真写了，而且真的寄给了海关。

我不停地给海关打电话，给城里的海关总部打电话，每个接我电话的人都说：是的，它们是色情杂志，我们会扣留这类杂志，我会把扣留的杂志呈交给上司。每次我都说：好，我不想和你谈，你要是有上司，我想和你的上司谈。随着对话转向越来越高的层级，他们还是说，是的，它们是色情杂志。最后我找到了最高长官，他说：是的，我们会扣留这些杂志，它们是色情杂志。于是我说：算了吧，我这是最后一次给你机会。它们怎么就是色情杂志呢？他说：这个，有张照片里的小伙子把自己的生殖器涂成迷幻的颜色。我在电话里失声大笑，我想，既然他不觉得那是一种滑稽，就根本没法与他交流下去了，无论怎么说他也听不懂。我记得对他说，你是艺术行家吗？你的专业是什么？他说他的专业是经济学。我说难怪海关要完蛋了，你们整天都在搜查人体杂志。他说：不，我对艺术感兴趣，我喜欢艺术。不管怎么说，我告诉他我要和他打官司。之后我一直在授勋名册里找他的名字。他无法从男青年人体中看出美来，这可悲哀了。

我抓住了肯尼斯·克拉克［Kenneth Clark］，对他说：我想请你出席庭审，我们准备战斗。此前一年美国联邦最高法院［United States Supreme Court］刚刚判决人体**本身**不算色情。我不知道怎么会有这个判决，但美国人判了，我相当有信心在英国法庭上打赢我的官司。我找全国公民自由理事会［National Council for Civil Liberties］，他们说你为自己的权利而战，这非常正确，但假如你输了，你就得支付诉讼费，要是你赢了，他们会付，可要是你输了，你就得支付五百英镑左右的诉讼费。我说：没问题，我同意。我想我应该为之而战，万一输了，我也付得起五百英镑。他们说：要是你起诉，官司当然就会被公开。我说：好，都听你们的，你们得帮我，我没有律师。于是报纸公开了事件，他们发表了题为"艺术家的杂志被扣留"的声明。我母亲打来电话，说你的创作正需要这些杂志，真是太糟了。母亲的电话引得我发笑，我开始觉得官司会非常顺。这是我第一次打官司，找我的电话也开始排起队打进来。突然海关打来电话，说：我们推翻了原来的决定，你现在可以拿回你的杂志了。全国公民自由理事会的律师对海关说：你们在销毁这些杂志前，必须先裁定其为不合法，这是法定程序。这个案子刚准备送上法庭时，肯定就报告了内政大臣［Home Secretary］。也许内政大臣看了看杂志就告诉他们还给艺术家，不值得为此打官司。他可能也觉得我会赢。有个帽子上带着"为女王陛下效劳"［OHMS］字样的人把杂志送给了我，装在一个大信封里，上头印着"为女王陛下效劳"，里头装着《金色小伙》《赤裸青年》等一切原物。

准备打官司这段时间里，我还在画《亨利·盖尔扎勒和克里斯托弗·斯科特》，1968 年 12 月回到伦敦后，我立刻动手画这张画，它花了我两到三个月时间。为了画好地板的透视，我从位于亨利头部上方两英寸的灭点向下在画布上贴上胶带。在作画过程中，画布上一度贴着二三十条胶带，从他的头上放射出去。当时我给画拍了照，亨利头部后面就像有个光圈，向四周辐射出光芒，而旁边那位就像天使穿着雨衣来看他。

我对真实光源及由之产生的投影越来越有意识，也越来越感兴趣。光影能够增强画面的空间感，光影也能使画面看上去更加"学院"。刚开始我对用真实光源有点儿担心，但后来我确信采取传统观念实属必要，我的担心是多余的，追求和试验新观念比一张画作的面貌更重要，我也见过大量作品把自己装扮成一副现代主义模样，但其实是垃圾。要是你的探索碰到了死胡同，一个跟头翻回来，继续探索别的途径就是。

在画《亨利·盖尔扎勒和克里斯托弗·斯科特》的同时，我还画了《静物与电视》(图 225)，并开始计划奥西耶和西莉亚像（《克拉克夫妇与猫咪珀西像》），还计划画一张法国维希 [Vichy] 的画，1969 年我曾在那儿画过一些素描，这个计划后来发展成《清泉公园，维希》[Le parc des sources, Vichy] (图 246) 这张画。不过整个 1969 年里，我没有完成别的油画，因为从 3 月份左右，我开始为《格林童话六则》[Six Fairy Tales from the Brothers Grimm] (图 255—283) 做蚀刻插图。

格林童话

这个主题我想画已经有好几年了，这时我搜集够了材料，终于可以开始。我为这组画画了不少素描。当时我画很多素描，画得越多，画得就越复杂。我画了奥登 (图 235)、安格斯·威尔逊 [Angus Wilson]、斯蒂芬·斯彭德 (图 234)、彼得·兰厄姆 [Peter Langham] (图 232) 以及其他许多人的素描像，一阵子以来我都在用油画画肖像，现在也开始更直接地画素描像。我是从 1966 年开始画素描像的，到了 1968 年、1969 年，我素描像画得更多了。

奥登的素描像是彼得·海沃思 [Peter Heyworth] 邀请我画的，他是《观察家报》[Observer] 的乐评人，他问我愿不愿给奥登画张像，我回答肯定愿意，我想认识他。彼得·海沃思和奥登住在一起，于是他安排了个时间让我们会面。我带上罗恩·基塔伊和彼得·施莱辛格一起，我认为奥登不会介意彼得这么个英俊的小伙子。我想象他有点儿像克里斯托弗·伊舍伍德，要是你带几个艺术家去见克里斯托弗，他有可能会不同意的，但要是同来的有英俊少年，他就一点儿也不抱怨了，反而会高兴。然而奥登一见我们去了三个人便发脾气了，那时候他给我的印象是他也许在扮演某个角色，扮演一个脾气急躁的人。他一直在抱怨色情书刊，说个不停。他说每次去纽约火车站坐车旅行，都想读侦探小说，可现在火车站卖的全是色情书刊，全是。他给我的印象更像一个英国的小学校长。那天早上我给他画了三张素描，其中两张还过得去，第三张他看上去就像奥斯卡·列万特［Oscar Levant］，这张是正面像，画得很糟，我后来把它毁了。我把三张素描给他看，他做了一番评论。我觉得他对视觉艺术没什么感觉，不过我老是引用他在《致拜伦勋爵》［Letter to Lord Byron］中的句子——我喜欢这些句子：

我看艺术的主题就是造人用的黏土／
风景不过是身躯的背景；
所有塞尚画的苹果我都会舍弃／
换取一张小小的戈雅或是杜米埃。

我觉得这几行写得特别好，我对之感同身受。这是他 1937 年写的，我知道塞尚的苹果非常特别，但要是把这几行诗句换成：

所有唐·贾德［Don Judd］画的盒子我都会舍弃，
还有所有霍克尼画的泳池，
换取一张小小的戈雅或是杜米埃。

那就更有意思了。我肯定这是诗句的真实含义。

《格林童话六则》由彼得堡出版社［Petersburg Press］的保罗·康沃尔-琼斯出品。1961 年和 1962 年间我曾根据格林兄弟的童话故事《名字古怪的小矮人》［Rumpelstiltskin］（图 34，图 36）做过一些蚀刻插图。我对格林童话一直非常欣赏，一直想为它做插图，就像为卡瓦菲的诗做的那本书，取一些故事做一本书。格林童话我全都读过，三百五十则全读过。等我开始做蚀刻画时，我决定把故事的篇数裁减到大约二十则。我研究了一番前人为格林童话做的插图，找到了几种德文的插图本格林童话，其中有亚瑟·拉克姆［Arthur Rackham］和埃德蒙·迪拉克［Edmund Dulac］做的插图，在英国相当有名。我从莱茵河的旅行中搜集到一些素材，可用于插图中的建筑细节，但还不够多，我想边画边研究。最后我不断精简故事，意识到不可能给太多故事做插图，有些故事相当长。我首先把故事的数量精简到二十个，接着将其中十五个转换为插图，而最终我只出了六个故事。实际上我选了十二个故事的插图，其中六个没出，插图还留在我手上，也许有一天我还会把它们做完出了。出版的插图一共有三十九张蚀刻版画，但我做的总共有八十张左右。

这些故事十分精彩，它们都是短篇，以非常非常朴素、单纯、直接的语言风格讲述出来，正是这种朴素打动了我。故事包含了从魔法到道德各种奇怪的经验。我对故事的选择有时候受到我想怎么画的影响，比如《老林克兰克》[Old Rinkrank]这个故事之所以入选是因为故事开头就说"有个国王用玻璃造了一座山"。我喜欢探索玻璃山的画法，这个故事带给我画画方面的问题。还有一些故事是因为奇怪才被我选中的。《学习发抖》[The Boy Who Left Home to Learn Fear]是个如此奇怪的哥特故事，我不知道该怎么给它画插图，只知道我想给它画。我想在英国最有名的格林童话故事应该是《莴苣公主》[Rapunzel]和《名字古怪的小矮人》了。《白雪公主》非常有名，画起来也很有趣，但最后我裁掉了它，部分原因是它太有名了，而且迪士尼给它拍的电影也让我敬而远之。

我和助手莫里斯·佩恩一起在波伊斯广场公寓建起工作室。版子上的一切技术工作都是他做的。我们把工作室里画油画的工具材料都清除干净，搭起覆盖着塑料的版画工作台，上面可以用酸进行工作。酸池设在小阳台上，否则酸雾会搞得到处都是。要是酸雾搞得到处都是，那屋里一切金属物品将来都会因为接触到酸雾而生锈。莫里斯准备好大量版子，为了印样张他不得不驾车到皇家艺术学院去。

我已经忘了自己是怎么开始的。脑子里很清楚我想做一本图画书。我想做一本真正的图画书，不是法国人意义上的艺术书，只有稀稀拉拉几页图片。因此，我要每页上都有图，不能有一页只有文字。开始我不知道怎样在印有一张蚀刻画的纸张背面再印一幅蚀刻画，我们只是简单地将纸张对折。乔治·劳森建议我们这么做的，这是受日本书籍启发的办法。我非常激动能解决这个问题，因为这意味着我们可以把书做成每翻开新的一页，读者首先看到新一页的图画，然后再读它示意的文字。

我们粗略决定了书的开本大小。我一开始画插图，保罗·康沃尔-琼斯就开始设置各种字体。然后我意识到有些故事更长，故事越长需要的插图就越多，因为我想每页都有插图，因此我不得不持续不断地增加插图数量。

我觉得一个故事结束了，可是因为排版问题又需要插入更多插图。图画是用来支持文字的，但这本书中的插图和一般童话书里的插图作用不太一样，一般童话书里的插图都是展现故事中最富有情节性的场面，可能是人物的对立冲突，假如每个故事只配一幅插图，就应该这样画插图。但我觉得这种插图方法太普通了，决定画出故事的细节。我从《老林克兰克》这个故事开始画，至少画了六张或七张玻璃山（图 277—279）。我记得自己曾打碎一块玻璃，把碎玻璃片堆起来，支离破碎的样子。最后我只用反射的手法画，读者可以透过玻璃山看到后面的建筑，而玻璃则把后面的景象放大（图 277）。

我确实也画过小草图，但经常是直接在蚀刻版子上作画，所以最后画了八十张之多。我想要获得即兴的效果，因此我不想先画出细致的素描再拷贝到蚀刻版子上。素描都画得很快，真是边印边探索，在探索中出风格。例如我会不时地参考故事的时代风格，它们当然是中世纪民间故事，这个我知道，因此服装道具的风格大体上是正确的。我会以那个时代的画家作品为参考，参考最多的是卡尔帕乔 [Carpaccio，他的画用作服装参考尤其方便]、乌切洛 [Uccello]、莱奥纳尔多·达·芬奇 [Leonardo da Vinci] 等。我曾经收到德国艺术史家的来信，说你是不是参考这幅画画的这个，参考那幅画画的那个，等等，好像他们发现了。我想这很明显，我借用了卡尔帕乔和莱奥纳尔多。

有时候我会对故事自由发挥。比如《莴苣公主》（图 264—267）的故事里有个老妇人，我的书把她翻译成一个附魔师 [enchantress]，我忘了德文原文是什么，但我记得和译者讨论过好几次，该把她叫作附魔师还是女巫。在英文里，附魔师和女巫两者意思有差别。女巫基本上是个邪恶的女人，而附魔师没那么邪恶，故事里的这个妇人最后并没有扣留孩子，她待孩子很和善，因此我认为称她为附魔师更好。故事中她想要邻居一对夫妇的孩子，他们老是偷她的莴苣。突然放到现代背景中讲这个故事，会觉得这是个非常棒的、悲哀的故事。一个妇人独自住在一所房子里，邻居是一对夫妇，他们总是偷掐她的莴苣，她会使些小魔法，对他们说：如果把孩子给我，你们就可以留下莴苣。这说明老妇人没法要孩子，所以她想要别人家的孩子，于是我假想她是个长相丑陋的老处女。我想，这是用视觉表现这个故事的好机会，因为关于处女和孩子有个著名的传统主题——童贞女玛丽亚和圣婴。于是我就从希罗尼穆斯·博施 [Hieronymus Bosch] 的画里借来了童贞女和孩子的形象（图 265），姿态就是那样的。当然，我把妇人的脸改丑了。画中的树来自莱奥纳尔多·达·芬奇。读者在看这个故事的插图时，插图从视觉上就会告诉你她是个老处女，因为我借用了童贞女玛丽亚和圣婴的传统主题，这种处理玩儿了一下故事，自由发挥了一点儿。整本书的插图我都这么干。

这批插图多有借鉴。例如，堆满麦秆的房间借自马格利特那些玩儿比例的油画，此外有一张插图非常抽象，左边是柔软的线条，右边是坚硬的线条（图281）。我称之为"左边是麦秆，右边是黄金"以示区别。一条黄金的线和一条麦秆线，肯定是一硬一软。

画这套插图非常享受。一旦投入，我和莫里斯·佩恩就飞快地工作，我越是投入就越不需要为蚀刻画准备素描稿。最后我只为研究而画素描，例如《小海兔》[The Little Sea-Hare]里的人物，《小伙子藏在乌鸦蛋里》以及《小伙子藏在鱼肚子里》等几幅插图（图257）。莫为我画这几个情节做模特（图259）。《小海兔》这个故事说道，有个公主只答应嫁给能躲开她、让她找不到的人，而小伙子的藏身办法是把自己变成一只小小的海兔[sea-hare]（神话里的动物），藏在她身体里，头发的下面。读起来像个挺怪的、有关性的故事，仿佛她想要怀上个孩子，但又不要和别人发生关系。最后，我没有纠结于海兔长什么样，琢磨怎么画出它，而是画了个小孩，仿佛公主怀孕了，而公主对自己的体内是无法查看的。格林童话都是些神奇怪异的故事。在《学习发抖》这个故事里，表现鬼的插图就像马格利特画石头的那些画，其场景就是取自故事里的句子："鬼像石头一样静静地站着。"（图271）

插图做起来很奇妙，不断积累。我本可以持续做下去，再花三个月，也许四个月，就能轻而易举地把十二个故事全都做完。但做完六个故事的时候，我们已经做出三十九幅插图，书的成本升得很高，所以我们不得不停下来。我在1969年圣诞节前后完成了插图本格林童话。保罗·康沃尔-琼斯也为之付出了巨大心血，要是没有他，这部书我要花三倍时间才能完成，他是真正的乐队指挥。埃里克·艾尔斯[Eric Ayers]给书排版，我们三个人一起设计了版式。保罗让人订制了纸张，书是在阿姆斯特丹印的。当时每部书的成本大约是九十英镑，这还仅仅是制作成本，不包括任何费用，这个数字我觉得真是一大笔钱。印刷过程中我经常前往阿姆斯特丹，总共用了一年左右才全部印完。牛津大学出版社负责文字印刷，用的是一种真正古老的字体，手工排字，间距是用肉眼而不是用自动排字机调整的。我们用照相制版的方法做了一个袖珍本，用来给全开本的书做宣传，袖珍本打算印五千册，也是牛津大学出版社印的，这是保罗的主意。而牛津大学出版社见到袖珍本的样书后，问能不能买几千本。于是保罗说：可以，请印两万册吧。我以为他疯了，我问：你拿这两万册怎么办？他回答：没问题，要是连牛津大学出版社都想要两千册，那剩下的我们也能卖掉。这是个好主意，袖珍本每本售价一英镑，

246《清泉公园，维希》，1970年

247《克拉克夫妇与猫咪珀西像》，1970—1971年

246

247

225

248

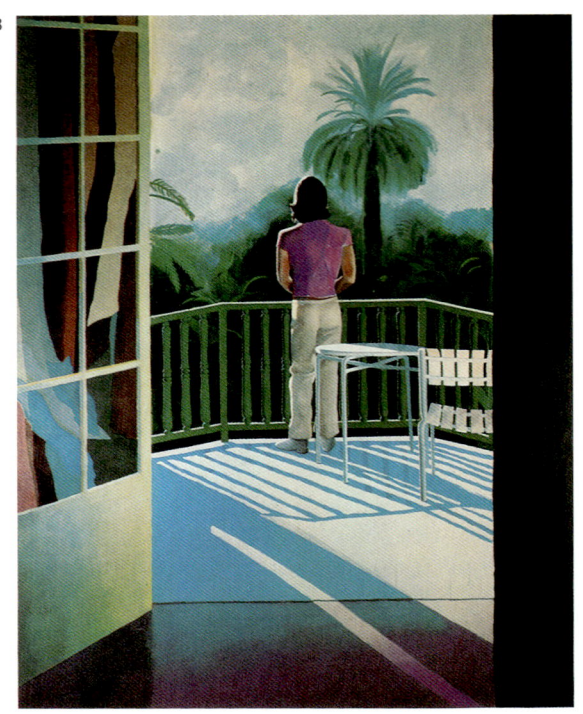

249

248《露台上》，1971 年

249《彼得在阳台上》，1971 年

250《泳池与台阶，公爵鸟巢酒店》，1971 年

251《玻璃茶几上的静物》，1971—1972 年

250

251

252

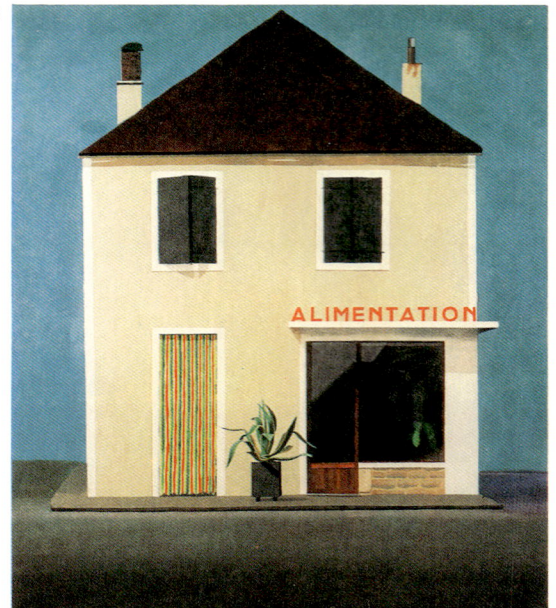

253

254

228

以后曾两次加印，实际上现在正准备第三次加印。这样，这小小的袖珍本共印了六万册，已经售出四万册，我想它们还会继续售出。

这批蚀刻插图后来成为我最著名的作品之一。它们算是我的"主要作品"，因为制作它们用了将近一年时间，很长了。从艺术角度理解，要是你在一张油画上花了一年时间，你就会当它是自己的一张主要作品。全开本的书当然比袖珍本好，我觉得看着这本大书就令人愉悦。要是你喜欢蚀刻版画，书是非常漂亮的。不过，我喜欢袖珍本的主意，这让四万人都能付得起书钱，看到小书。我发现孩子们喜欢小小的书，他们的小手喜欢袖珍本这个主意，这是按照他们的尺度感制作的。我觉得儿童书的尺寸如果做得和大人书的尺寸一样，那是不对的。

这批插图比我从前做过的蚀刻画更复杂。首先，我没有用腐蚀制版法［aquatint］来获取影调，而是从头到尾一直采用交叉排线的方法获取影调。我在画面上随心所欲地画排线，觉得这个办法很好。后来我发现交叉排线可以获得非常丰富的黑影调，画完排线再腐蚀，接着再敷上蜡，在腐蚀好了的交叉排线上再画交叉排线，一遍一遍地加，墨变得非常浓，所以真正的蚀刻版画插图比袖珍本的印刷效果有意思得多。用照相制版法印制的袖珍本有个问题，虽然线条印得非常好，但是黑色部分的丰富层次全都丢失了，原版蚀刻画里的黑色调子要丰富得多。这批画是我蚀刻版画技术的一个进步。不过后来，当1973年我和克罗默兰克［Crommelynck］一同在巴黎合作时，我在三个月时间里学到的蚀刻版画知识比所有这些年我自己掌握的都多。我发现了许多从前无法实践的技术。在画以法式窗户为题的大幅彩色蚀刻画《逆光，法国风格》(图379）时，我就用了克罗默兰克教我的非常精细的技法，假如有一天要做完剩下的六个格林童话故事，我会用非常不同的技法，干起来会非常美好的。

画成的花园

1970年初，我开始画《清泉公园，维希》(图246），我为它准备了六个月左右，一直没能起稿，因为我的工作室完全被画格林童话插图的蚀刻材料占领了。十个月过去了，我还没有画出任何一张油画。在十年中这种情况还是头一遭。《清泉公园，维希》是一张大画，其尺寸与双人像一样大。我从1月开始动笔，在它上面花的时间远超我的想象。在这张画之前，我画一张画用的最长时间是三个月左右，每天所有时间都用来画。这张画因为运用了错

252《法国小店》，1971年
253《海滩阳伞》，1971年
254《漂浮在泳池中的橡胶圈》，1971年

觉透视而具有强烈的超现实主义因素，让我非常感兴趣。画中的树形成了一个三角，而不是一条消失在远方的林荫道。这是把树木缩小而形成的三角形，是人为制造的。这就是它吸引我的地方。如画［picturesque］观念得自油画，人们根据克劳德［Claude］和普桑［Poussin］的画来造园布景，不过修剪园林总体而言是一门比油画更纯粹的艺术，源于几何学和雕塑。

我头一回去维希是在——我想想——1968年。从那以后我几乎年年都去。维希是个非常美的小镇，镇中央有个公园，树形都修剪过，他们利用树木造成透视错觉，以使公园显得比实际上更长。我想这真是太奇妙了，整个公园就像一件雕塑。那时我之所以能够想到它像一件雕塑，是因为这之前我与吉尔伯特和乔治［Gilbert and George］打过交道，我还成了他们雕塑作品的一部分。他们的第一批雕塑中有件《进餐》［The Meal］，场景设在布罗姆利［Bromley］的一所房子里。他们做了顿饭，来看雕塑的观众就坐在现场看我们吃饭。我是他们请来的嘉宾。饭的味道很好，侍宴的是玛格丽特公主［Princess Margaret］的仆役长，非常正式，八道菜，全都配有上好的葡萄酒。这是一顿非常正式的正餐，整个过程都被拍照记录下来。菜单用每道菜的汤汁印出来，木薯汤就用木薯汤的汤汁印出来，樱桃就用樱桃汁印出来，等等，可算是一份概念艺术的文献。因为有过这样的经历，所以我在1970年便会看着一排树说，这些树是按照某种刻意安排种植的，因此它也算雕塑，已经有那么一两个人在雕塑中做过类似的事儿。换作十年前，我是不会从这些树想到雕塑那儿去的。

1969年我又去了一趟维希，专门给这座镇子画素描、拍照。我带上了彼得·施莱辛格和奥西耶·克拉克，我打算为我们三个——彼得、奥西耶和我各摆一把椅子，然后我起身去画这场景，画里的空椅子就是我留下的空椅子，因为我起身去画画了。艺术家不得不起身离开以便画下这场景，这就像是画中有画。我打算给它取名为"画中画"，就像"戏中戏"一样。这就赋予这张画以强烈的超现实主义基调。它表面上是一幅完美的自然风景，并没有真让人奇怪的地方。使它具有超现实主义情绪的正是透视中强烈的、稍稍偏离中轴线的"V"字形。

动手后我开始挣扎。困难来自丙烯颜料和自然主义式的手法，来自想要取得逼真的自然效果的努力，以及调色的困难等等。这张画终于在1970年4月完成了，赶上了白教堂画廊为我举办的大型回顾展，不过这画足足画了四个月。

白教堂画廊展，1970年

我曾于 1968 年在惠特沃斯画廊［Whitworth Gallery］举办过一次小规模的回顾展，展出了十五至二十张油画，而白教堂画廊的展览由马克·格莱兹布鲁克策划，展出了我过去十年间的作品，包括大约三十张油画、大量素描以及所有我创作的版画，包括格林童话故事版画。作品挂满了白教堂画廊的陈列空间。开幕前我自己压根儿没去看过。我帮卡斯明挑选参展油画，但像怎么布置这类真正困难的工作，我都没管。我在卡斯明画廊从来没有自己布过展，都是卡斯明布置的，他布展总是比我好。本来我正指挥着，说把这几张挂在那儿，卡斯明走进来，重新布置一番，结果总是比我安排的看起来效果更好。因此我想，布展我不擅长，马克·格莱兹布鲁克干得好，我参不参加不重要。我认为具象绘画怎么挂都行，可以像格特鲁德·斯坦那样，把几张画从上到下粘在墙上。具象绘画是要一张一张单独看的，不像看罗斯科的作品，需要空间，绕着看去感受。

当时我和克里斯托弗·伊舍伍德一起在法国，展览开幕的前一天我俩从法国赶回来，像大家一样前往开幕式，因此展览给了我自己一个惊喜。我必须承认，就在我们回来几天以前，我还想，天哪，自己那些十年没见的早期作品效果肯定很糟，肯定会让我尴尬不已，肯定很糟。可是等我在展览上见到它们，我想，它们确实站得住，没我想得那么坏。我第一次看清了自己的思路，一直以来自己是怎么想的。此前我从来无法置身局外反观自我，我看到自己在进步，怎么把一张画的某个方面发展成新的画，产生视觉上显著的改变，让我惊喜的是自己的发展竟是如此方向一致、持续不断，这种体验毕竟多数艺术家都不会有。诗人可以把自己的全部作品摆在身边，一天时间里也许就能重读自己的全部作品，因此诗人总是在诗作发表多年后还一直在修改。画家就不行了。要是一个画家以画画为生，他的画会被拿走，卖掉，作品消失了，画家对它们什么也干不了。于是你就会想，这太可怕了，我希望自己的作品永远不离开自己。在这次展览以前，我从来没有这么想过，可看着自己的作品这样陈列着，感受就不同了。接着还有展览目录，能够在一页纸上检阅自己十年来的作品，我的确受到了触动。我开始觉出艺术是多么变幻无常，它丰富多变，有许许多多个侧面。我本来应该明白这个的，也许确实有点儿明白，但没有通过自己的回顾展如此彻底地感到明白。我不是说不知道自己作品的弱点，我只是认为，对任何一位艺术家来讲，能够完整地看到自己的全部作品都是很好的一件事儿。它带来震惊，你能看到所有缺陷，但也能看到各种优点。通常艺术家能够看到的不过是工作室里摆着的那些作品，那最多也不过就是自己一年间的作品。

半自然主义风格，描绘双人像

我最终动手画奥西耶和西莉亚（《克拉克夫妇与猫咪珀西像》，图 247）了，为这张画我在 1969 年画了些小素描，当时我还在为格林童话做蚀刻插图。我拍照、画素描，努力完成构图。画这类大画，我都是在动手前完成构图，不过我不会用素描很完整地画出稿子，而经常是用油画笔起稿。这张画肯定是 1970 年 4、5 月间开始动手的，直到 1971 年 2 月才完成。这张画，连同其素描稿及准备照片，参加了在国立肖像美术馆［Natioanl Portrait Gallery］举办的一个展览。

现在回头看这张画，除了没完成的《乔治·劳森与韦恩·斯利普像》（图 386），这算是最接近自然主义风格的一张画了。我用自然主义一词来区别现实主义。画中的人物近乎真人等大，画这么大的人物很难，作画过程相当挣扎。奥西耶和西莉亚两人都为我做了很长时间模特。奥西耶画了很多很多遍，我把画拿出来又放回去，拿出来又放回去，光是头部我也许就画了十二遍。素描，在布上上稿，再完全刮掉，再上稿到布上，如此反复。你可以看到局部的颜料越画越厚。

这张画在技术上的一大难题是逆光。光源来自画面中央，确实带来了难题。要是光线从侧面入射，而光源本身看不见，画起来就容易得多，因为要是光源看得见，那它必须是画面上最明亮的部分，那么就带来了调子的问题。我觉得自己并不擅长画调子，画出合适的调子总是很困难。要想画好调子，你必须实际面对对象，认真观察真实调子是什么样，不得不反复观察。不过，这张画不是那样画的。尽管画中人物大部分是写生而成，但摆姿势的地点却是在我的画室里，因为画太大了［无法搬到现场去画］。画这么大是想把两个人在房间里的感觉成功呈现出来。我的主要目标是画出两人之间的关系，所有技术上的困难都是因为要实现这个主要目标而引起的。有人说——我记得是纽约现代艺术馆的基纳斯顿·麦克夏恩——我的大多数双人像都像"受胎告知"，总是一个人物像常驻的，另一个人物像来访的。在这张画里，奥西耶坐着让人感觉有点儿奇怪，本该让女士坐着，但西莉亚却站着，这一点会引起小小的关注，因为大家知道本应该反过来的。

一张肖像订件

　　1970年我画了自己唯一一幅受托订制的肖像《戴维·韦伯斯特爵士像》（图302），在动手画之前，我独自前往加州。我知道彼得不会陪我一起去的，加州这个地方他不想陪我去。要是欧洲大陆，他总会陪我去，但加州他不陪我去，可我却喜欢加州。当时我和彼得的关系还没出问题，只不过我俩已经同居了将近五年，对彼此都感到有些倦了。三周后我回到伦敦，回来当天彼得就说他要去巴黎，我觉得有点儿奇怪。接着我意识到他与别人有染。开始我感到有些受伤，后来我想，好吧，这事儿我也没办法，真的。于是我想，我们的关系可能也只是暂时的，你不能指望好景常在。

　　这个时期我开始画戴维·韦伯斯特。接到这一委托之初我拒绝过，委托是戴维·韦伯斯特本人向我提出的，当时他正要退休，考文特花园歌剧院说他们要一张他的肖像留念。我以前不认识他，但我是个歌剧迷，因此他来找我。我当时很礼貌，说我不画订制肖像，但我可以给你画一张素描。后来有几个人对我说你干吗不画？首先他是个有趣的人，而且，要是你从来没画过订制肖像，你怎么知道你画不了？怎么知道你不该画？你至少得**画一张**才知道。这话相当有道理，我想也许是该画一张。现在我画过一张了，今后我不会再画了。不过那时我想，人求我画像不是比我求人画像更有意思吗？以往我总是挑人画，因为我知道他们之间的关系。最后我答应了，然后就发现真的很难。甚至到了快动手的时候，我还不知道该怎么画，人物的场景该怎么设置。我多次拜访戴维·韦伯斯特，他在哈雷街［Harley Street］近旁有一所很迷人的房子，但我花了很久才找到主题，我不断去见他，努力寻找主题，同时我还在画奥西耶和西莉亚的像，几个月的时间就这么过去了。然后委托方开始絮絮叨叨，问我什么时候画好，他的退休日期快到了等等。最后我想，我只能把他安排在我的画室里了。于是场景就定为我的画室，桌、椅、花都是我画室里的。我从1971年动手画像，最后我决定这样画：就让他面对我坐着。他来摆姿势，但老是睡着，所以挺难画。他得了重病，当时我不知道，其实他已经不行了。我画了很多素描，通常都是在他睡着时画的（图301），等他醒了，我给他拍大量照片，回头我就可以利用这些照片来画。

　　这张画我画得真是很挣扎，整个情绪老是搞错。我还记得有一次波伊斯广场公寓聚了几个人，我让大家全出去，好让我专心作画，它搞得我很害怕。交画期限临近了，我却对画出来的东西全不满意。以前我从来没有在规定期限的压力下工作，不知道该怎么处理。我觉得身边围一群人没什么帮助。当然，当时我没有意识到的是我和彼得之间的关系真正变得艰难起来。不管怎么说，巴黎他去了三四天，我把自己关起来，每天画十八个小时，完成了这张画。通常我都可以在身边有人的情况下工作，但当我被最后期限等等事情搞得很紧张时，身边有人会让我受不了。

画完这幅画让我如释重负。韦伯斯特很喜欢它，他的朋友们也喜欢。坦白说，我并不是那么喜欢这张画，我不得不收笔。不过，很多我尊敬的人都喜欢它，有几个告诉我说，它比奥西耶和西莉亚的像画得还好，画中的情绪更强烈。这种看法让我为奥西耶和西莉亚像鸣不平，奥西耶和西莉亚像肯定更好，我用了七个月来画它，当然，不是像画韦伯斯特像这么画的。我记得韦伯斯特像画了两个月，每天都画。

就在那个夏天，杰克·哈赞开始拍摄电影《一朵大水花》。当时我正在画《露台上》［Sur la terrasse］（图248），2月份我和西莉亚及彼得一起去摩洛哥［Morocco］时，为准备这张画画了许多素描（图249），拍了许多照片。这个场景出自现实，充满了浪漫幻想，彼得站在阳台上，一面凝视着甜美的花园，一面倾听马拉喀什［Marrakesh］夜晚的声音，当时我的脑海里出现了乔治·钦纳里［George Chinnery］的画《露台，澳门》［The Balcony, Macao］。刚入住摩洛哥的酒店，我立刻就觉得这可以画一幅精彩的画——我们的卧房就有这么个漂亮的阳台，对着漂亮的风景。于是我刻意安排彼得摆成那个姿势，接着给他拍照、画素描。等我从摩洛哥回来，当时韦伯斯特像还在画，我就同时开始画《露台上》。杰克·哈赞拍摄了我的工作情景，他曾告诉我想给我拍一部电影，我像平时一样谢绝了，他也像平时一样不相信我是真的。他回头又来找我，说：我能不能只拍这张小画？"我只差这最后一拍了"，他整部片子就是这样拍成的。

摩洛哥之旅后，我们又去了马德里［Madrid］。我第一次亲眼见到委拉斯开兹［Velasquez］的画，但我发现戈雅［Goya］更令人震撼，一间间展厅挂满戈雅，它们真是绝了。普拉多美术馆［Prado］有大约六间展厅陈列戈雅的作品，从早期开始，那时他画林间空地舞蹈的人们，画得很美，很欢快，接着是皇室成员的肖像，最后是晚年的神奇画作，几乎有点儿像培根。戈雅从早期青春、自由、欢快的小幅漂亮画作，发展到晚期那些画作，这个过程真是精彩，神奇！了不起的效果，精彩的效果。它们给我留下的印象要比委拉斯开兹的画深刻多了，戈雅超乎我的意料之外。

夏天里，等《露台上》一画完，我们就去了法国和西班牙。一行人有彼得、奥西耶和西莉亚夫妇、莫、乔治·劳森和韦恩·斯利普，还有莫里斯·佩

《格林童话六则》，1969年
255《卡特丽娜·多萝西·维赫曼》

Catherina Dorothea Viehmann
Märchen Frau.

The Little Sea Hare

A Princess lived in a castle in a large room high up under the battlements. She could see her whole kingdom from twelve windows, one in each wall of the room. From the first she could see more clearly than other people; from the second even better; and from each window still more, until from the twelfth she saw everything above and below the earth. The Princess knew everybody's secrets.

She was very proud; and since she wished to rule alone it was proclaimed that she would marry only the boy who could hide so well that it would be impossible for her to see him. Anyone who tried to hide and failed would have his head cut off and stuck on a post.

Ninety-seven skulls displayed in front of the castle had frightened the young men away, and for many years no one had dared to take up her challenge. The Princess was happy and thought: 'I shall always be free.' Then three brothers came to try their luck. The eldest hid himself carefully in a lime pit, but the Princess saw him from the first window and had his head cut off. The second hid in the cellar of the castle, but again she only had to look through the first window, and shortly after his head was nailed to the ninety-ninth post. So the youngest brother asked the Princess to let him have a day to work out a plan and he pleaded also for three chances. 'If you found me the third time, I wouldn't want to live anyway.' He was very handsome, and taken by his looks, she agreed: 'I'll let you have three chances, but I'm quite sure you won't succeed.'

For a whole day the boy tried to think of a hiding place, but his mind was blank; so he took his gun and went off to the forest to hunt. When he saw a raven perched in a tree he raised his gun to fire: 'Don't shoot,' cried the raven, 'don't shoot, I'll make it worth your while'; so the boy lowered his gun and walked on. Soon he came to a lake where he surprised a big fish lying near the bank. As he took aim, the fish cried out in alarm: 'Don't shoot, I'll make it worth your while'; so the boy watched him swim away and walked on. Later he met a limping fox at which he fired but missed: 'Come over here', cried the fox, 'and pull this thorn out of my foot.' The boy did as he was asked, but still he planned to kill and skin him. 'Don't,' the fox pleaded, 'don't do it, I'll make it worth your while'; so the boy let him go, and as it was evening he returned home.

He had to hide from the Princess the next day, but he couldn't think where, so as soon as it was light he went into the forest to look for the raven. When he found him, the boy said: 'I let you live, now tell me where I can hide so the Princess won't find me.' The raven lowered his head and thought about it for a while. 'I've got it!' he croaked. He took an egg out of his nest, cut it in half, put the boy into it, closed it up and sat on top. When the Princess looked through the first window, she couldn't see the boy; she tried the second, the third, and all the others until from the eleventh window she saw him. The raven was shot and when the egg was broken open the boy had to face her. 'I won't kill you this time,' she warned him, 'but if you can't do any better than that, you're finished.'

Next morning the boy went to the lake and called to the fish: 'I let you live, now tell me where I can hide so the Princess can't see me.' The fish thought about it for a long time. At last he cried: 'I've got it, I'll hide you in my belly.' So he swallowed the boy and dived to the bottom of the lake. The Princess looked through her windows, but when she couldn't see him even from the eleventh she was terrified; then from the last window she spotted him. The fish was caught and killed; and you can imagine how the boy felt when its belly was slit open. The Princess smiled as he lay on the ground gasping for breath; 'I won't kill you yet, but I'm quite sure that by tomorrow evening your head will be up there on the hundredth post.'

On the last day, downcast and walking in a field, he met the fox. 'You know every hole around here', he said. 'I let you live, now tell me where I can hide so the Princess won't see me.' 'That's not so easy,' the fox answered with a worried look, 'let me think.' Then he chuckled: 'I've got it!' He took the boy to a spring and they both jumped in. They came out together as a pedlar and a little sea hare. When the pedlar showed the pretty animal in the market place, such a crowd gathered around them that the Princess sent a servant to find out what was going on. When she saw the little sea hare she liked it and bought it for herself; but as the pedlar handed him over he whispered: 'When the Princess looks through her windows, crawl under her hair.'

It was now time to look for the boy. The Princess ran from window to window searching for him, and when she couldn't see him even from the twelfth window she lost her temper; she slammed it down so hard that the glass in it and all the others broke into a thousand pieces, and the castle shook to its foundations.

Suddenly the Princess felt the little creature behind her ear. She grabbed at it, and threw it to the floor screaming: 'Get out of here; be off with you.'

Then the little sea hare ran to the pedlar and they both rushed to the spring and dived in. As they parted, the boy thanked the fox: 'Compared to you, the raven and the fish were very stupid. You know all the tricks.'

The Princess accepted her fate. After the wedding the boy became ruler of the entire kingdom, but he never told her where he had hidden the third time or who had helped him. She admired him and thought to herself: 'He is cleverer than I am.'

258

259

256《公主坐在自己的塔上》

257 左图:《小伙子藏在乌鸦蛋里》；右图:《小伙子藏在鱼肚子里》

258《公主在搜寻》

259《莫》，为《小海兔》插图所作的草图，1969 年

Fundevogel

A forester was out hunting in the woods one day when suddenly he heard the sound of crying. He followed the noise until he came to a clearing where he saw a child high up on a branch of a great tree; for a giant bird had snatched it from its mother's arms as she slept. He climbed up to get the child, thinking: 'I'll take it home and raise it with my little Liz'; and since it was a bird that had stolen the little boy he named him Fundevogel.

The two children grew up together; they loved each other so much that one was sad when the other was away.

The forester had an old cook. One evening she went out with two buckets to fetch water; after she had done this several times, little Liz became curious and asked her: 'Old Sanne, what is all this water for?' 'If you can keep a secret,' the cook whispered, 'I'll tell you!' When Liz promised, she told her: 'Tomorrow morning when your father is out hunting I'll heat up this water, and when it's boiling in the pot I'll throw in Fundevogel and cook him.'

Very early the next morning, as the forester left to hunt, Liz woke Fundevogel and said: 'If you'll never leave me, I'll never leave you'; and Fundevogel answered: 'Not now nor ever.' 'Then I'll tell you why Old Sanne brought in so many buckets of water last night. I was curious and asked her what she was going to do; she told me she would wait until father had gone out hunting then boil the water and throw you in. Hurry now, let's get dressed and escape.' So the children got up quickly and left the house.

As soon as the water was boiling in the pot the cook went into the bedroom to grab Fundevogel, but both beds were empty. She was terribly worried now and thought to herself: 'What can I say to the forester when he comes home and sees the children are gone? I must get them back quickly!'

The cook sent three servants off on the run to catch up with the children.

260《树木繁茂的风景》

261 左图:《厨子》; 右图:《沸腾的锅》

262 左图:《玫瑰花与茎》; 右图:《教堂钟楼与钟》

263《湖》

They were sitting at the edge of the forest when they saw the servants coming, and Liz said to Fundevogel: 'If you'll never leave me, I'll never leave you'; and Fundevogel answered: 'Not now nor ever.' So Liz begged him, 'Turn into a rosebush, and I'll be a rose.' When the three servants reached the edge of the forest, they saw nothing but a rosebush with a single rose. 'Nobody here,' they called to each other, and told the old cook: 'We couldn't find the children; we saw nothing but a rosebush with a single rose.'

The cook was angry. 'You fools!' she shouted. 'Why didn't you split the rosebush in two, break off the rose and bring it back with you? Quick, go back at once and do it!' So they ran back to look for the spot. But the children saw them coming and Liz said to Fundevogel: 'If you'll never leave me, I'll never leave you'; and Fundevogel answered: 'Not now nor ever.' So Liz begged him, 'Turn into a tower and I'll be its clock'; and as the three servants came near they saw only a tower with a clock near the top. 'We can do nothing here, let's go home.' When they got back the cook asked them if they had found anything. 'No, we saw nothing but a tower with a clock near the top.' 'Oh, you fools,' she screamed, 'why didn't you tear down the tower and bring back the clock?'

This time she went with them herself to catch the children; but they saw the servants coming from a distance, with the old cook waddling behind. Liz said to Fundevogel: 'If you'll never leave me, I'll never leave you'; and Fundevogel answered: 'Not now nor ever.' So Liz begged him: 'Turn into a lake, and I'll be a duck swimming on it.' When the cook saw the lake she lay down on her belly and started to drink it dry. Quickly, the duck swam over, grabbed her nose in its beak and pulled her into the water. The old cook drowned; and the children were home before the forester came back from the woods.

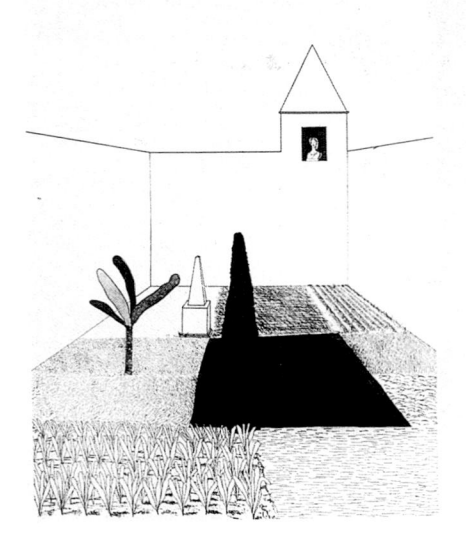

Rapunzel

A man and a woman had long wanted a child, and they believed that at last their wish would come true. The house in which they lived had a small window at the back which looked out on a wonderful garden with lovely flowers and herbs. But it was surrounded by a high wall, and nobody dared go in for it belonged to a powerful Enchantress.

One day the woman was standing at the window looking into the garden when she noticed a flower bed. Planted with the most luscious rapunzels, it looked so fresh and green that she couldn't leave the window. 'I must have some', she thought, but since she knew it was forbidden, she grew pale and miserable. Her husband was worried and asked: 'What's wrong with you?' 'Oh, I saw some wonderful rapunzels in the garden behind the house, and if I can't have some I shall die.' The man loved his wife and wanted to help: 'I can't let her die,' he thought, 'I must get her some rapunzels whatever the cost.'

As it grew dark he sneaked into the garden, snatched a handful of the plants and took them to his wife, who quickly made herself a salad. It was so delicious that the next day she longed for more; and to calm her, her husband climbed into the garden once again. He was given a terrible fright when the Enchantress crept up behind him. 'How dare you,' she cried out in a rage, 'how dare you climb into my garden and steal my rapunzels?' 'I know I've done wrong,' he pleaded, 'but pity me. I was forced to do it; my wife saw your rapunzels from the window and wanted them so much that she certainly would have died if I hadn't

264 《莴苣在园中生长》

265 左图:《附魔师在园子里》;右图:《附魔师与小莴苣公主》

266 左图:《长大的莴苣公主》;右图:《钟楼有扇窗》

267 《莴苣公主、莴苣公主,放下你的头发》

her up in a small room high up in a tower, which had neither doors nor steps but only one window at the very top. When the Enchantress wanted to enter she stood under the window and called:

> Rapunzel, Rapunzel
> Let down your hair.

stolen her a few.' The Enchantress was cunning: 'If that's the truth,' she replied, 'I'll let you take all the rapunzels you want. But there is one condition; you must give me your child as soon as it is born. It will have a good life and I'll care for it like a mother.' In his terror the man agreed, and when the child was born the Enchantress took it away and named it Rapunzel.

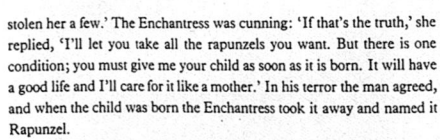

Rapunzel was the most beautiful girl under the sun. When she was twelve years old the Enchantress led her deep into the forest and locked

Rapunzel had long blond hair. When she heard the Enchantress calling she would wind it round a window-hook and let it down to the ground, so the old woman could climb up.

A few years later a Prince was riding through the forest and, as he passed by the tower, he heard a beautiful voice and stopped to listen: Rapunzel was singing. The Prince longed to see her and searched for a door but the tower had none. He couldn't forget her voice and came to listen every day. Then one afternoon he heard the Enchantress calling:

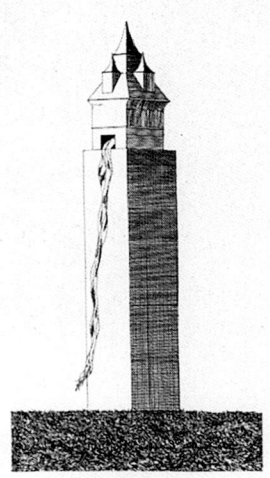

Rapunzel, Rapunzel
Let down your hair.

Rapunzel let down her hair and the Enchantress climbed up. 'Oh! If that's the ladder,' he thought, 'then I can climb up as well.' And when it was dark he went to the tower and called:

Rapunzel, Rapunzel
Let down your hair.

Her hair fell down and he climbed up. Rapunzel was very frightened for she had never seen a man; but the Prince was kind and told her how the song had moved him. When Rapunzel saw how young and handsome he was, she thought: 'He will love me better than the old woman.' She put her hands in his and said: 'I wish I could go with you, but I can't get out. Each time you come bring a roll of silk and I will weave a ladder. When it's finished we'll escape together on your horse.' And to keep out of the old woman's way they agreed he should come only at night.

The Enchantress didn't suspect anything until one day Rapunzel said to her: 'Tell me, why are you so much harder to lift up than the young Prince who comes every night?' 'What's that you're saying? You horrid girl!' the old woman screamed. 'I thought I had hidden you from everyone; but you have cheated me!' She was so angry that she grabbed Rapunzel's hair and cut it off with a pair of scissors; the lovely blond hair fell to the floor. Then the cruel Enchantress carried the girl off to an endless desert and left her to look after herself.

The day she cast out Rapunzel the old woman fastened the long blond hair to the window-hook. When the Prince came and called:

Rapunzel, Rapunzel
Let down your hair,

she let it down and he climbed up; but instead of Rapunzel he found the Enchantress. 'The bird has flown,' she sneered, 'the cat has got it and will scratch out your eyes as well. Forget Rapunzel, you will never see her again.' In his sorrow the Prince threw himself from the window. He wasn't killed, but his eyes were pierced by thorns, and blinded, he staggered away. Roaming through the forest, helpless and in great pain, he ate nothing but roots and berries, and wept and mourned the loss of his lovely Rapunzel.

Years later he reached the desert where Rapunzel lived sadly with the twins she had born. When at last she saw him coming she called his name and he knew it was her voice; and as they embraced and wept, two of her tears fell on his eyes and he saw again. So he took her with the children to his kingdom, where they lived happily for many years.

The Boy who left home to learn fear

A farmer had two sons. The elder was clever and knew his way around, but the younger one was stupid and good for nothing. When people saw him they said: 'That boy will give his father trouble.' It was always the elder boy who had to help his father; but if he was sent on an errand late at night and on the way he had to cross the churchyard or some other dismal place, he would plead: 'No father, I'd rather not go, it makes me shudder.'

When the younger brother sat in a corner and heard people telling ghost stories by the fire, he couldn't understand them when they said: 'Oh, that makes me shudder!' 'Why do they always say it makes me shudder, it makes me shudder,' he asked himself, 'I can't shudder—that must be something I have to learn.'

One day his father spoke to him: 'Listen my boy, you're getting older. It's about time you started to work. Look at your brother, he earns his keep; but what do you have to offer?' 'Father, I'd like to learn something,' he answered, 'if I had my choice I'd learn to shudder; I don't know the first thing about it.' His brother grinned and thought: 'Heavens, what a fool he is! He'll never get anywhere.' The father sighed: 'You'll learn soon enough what it is to be afraid; but you won't earn a living that way.'

268《家》

269《扶手椅》，1969 年

270 左图:《钟楼》；右图:《化装成鬼的教堂司事》

271《化装成鬼的教堂司事像石头一样站立不动》

later he woke him at midnight and told him to go to the church to ring the bell. 'I'll teach him what fear is', he thought, as he took a short cut to the tower. As the boy was about to ring the bell, he turned and saw a white shape on the stairs. 'Who's there?' he called, but the figure was silent. 'Speak up or get out. What do you want here anyway?' Expecting the boy to take him for a ghost, the sexton didn't move. So the boy shouted again: 'What do you want here? Answer me, or I'll throw you down the stairs!' But the sexton didn't take the threat seriously and stood perfectly still. The boy gave him one more chance but when he got no answer he

A few days later the father was telling the sexton his problems: 'The boy's so stupid; he won't work and can't grasp the simplest thing. Just think, when I asked him what he wanted to do, he said he was going to learn to shudder.' 'If that's all he wants,' the sexton grinned, 'I'll teach him. Leave it to me; I'll straighten him out.'

So he took the boy on and gave him the job of bell-ringer. Some days jumped on the startled ghost and kicked him down the stairs. Then he rang the bell and went home to bed.

The sexton's wife waited patiently for her husband. After a few hours she began to worry, so she woke the boy and asked him: 'Do you know where my husband could be? He left for the church before you.' 'I don't know,' he replied, 'but a figure in white was standing at the top of the stairs, and since he wouldn't answer me or get out of my way, I took him for a rogue and threw him to the bottom. Go and see if it's your husband, I'd be very sorry if it was. That would be bad luck.' The woman rushed to the tower and found the sexton moaning in a corner with a broken leg.

She carried him back to the house and ran screaming to the boy's father: 'Your son has kicked my husband down the stairs and broke his leg! Get him out of our house immediately!' The father was horrified and went to get the boy: 'Damn you!' he cursed. 'What mad tricks have you been up to? Are you completely off your head?' 'Listen to me father,' he answered, 'I've done nothing wrong. It was midnight; a figure was standing there and he looked as if he were up to no good! I didn't know who it was and asked him three times either to speak up or be off.' 'Oh! my God,' his father groaned, 'you bring me nothing but trouble. Get out of my sight.' 'Well father, I don't mind. Just let me stay until morning, then I'll go off and learn to shudder. At least that way I can earn some money.' 'Do whatever you want, I don't care. I'll give you ten pennies, then go away, the further the better. Don't tell anyone where you're from or mention my name. I'm ashamed of you.' 'Whatever you wish, father—if that's all you ask it's easy enough.'

At dawn the boy took his money and walked down to the highway, mumbling to himself: 'If only I could learn to shudder.' He passed a man who heard him talking. They walked together for a while, and when they came to a gallows, the fellow said: 'Look, this is the tree where seven men married the ropemaker's daughter; now they're learning to fly. Just stay right here and wait until nightfall, then you'll learn to shudder.' 'That's no problem,' the boy answered, 'if it's as easy as that I'll give you every penny I have. Come back tomorrow morning.'

The boy sat down by the gallows. When night fell he lit a fire, but around midnight he began to feel cold. A strong wind was blowing and the corpses bounced against one another as they swung back and forth.

The boy looked up at them and thought: 'If I'm cold down here by the fire, they must really be freezing up there.' He was sorry for them so he climbed up a ladder, cut them down one by one, and propped them up around the roaring fire so they could warm themselves. They sat very still, and when their clothes caught fire he shouted: 'Be careful, or I'll hang you up again.' But the dead men heard nothing and their rags burned. The boy became angry and shouted louder: 'If you don't care, why should I help you. I don't want to catch fire myself', and one after the other he hung them up again. Then he lay down by the fire and fell asleep.

In the morning the man returned to collect his money. 'Well boy, you must know by now what it's like to shudder.' 'What do you mean, shudder? Those fellows up there wouldn't say a word and were stupid enough to let their dirty rags get burned.' At this the man knew he wasn't going to be richer that morning, so he walked away muttering to himself: 'It beats me, I've never met anybody like him before.'

As the boy went off in the other direction he sighed: 'If only I could learn to shudder!' A shepherd overheard him and asked: 'What's your name?' 'I don't know.' 'Who is your father?' 'I'm not supposed to say.' 'And what are you grumbling about?' 'Well,' answered the boy, 'I wish I could learn to shudder. But no one can show me how it's done.' 'Nonsense,' the shepherd laughed, 'come along with me. I'll find a job for you.' So the boy joined him. In the evening they came to an inn where they decided to spend the night, and as they entered the bar the boy mumbled again: 'If only I could learn to shudder.' The innkeeper heard him and winked: 'If that's what you want, I can help you out.' But his wife overheard him; 'Shut up!' she said. 'For the job you're thinking of, quite a few young men have paid with their lives. It would be a crime if such lovely eyes as his were closed for good.' But the boy interrupted her: 'I don't care how hard it is—I left home to learn to shudder and

that's what I'm here for.' And he went on pleading until they told him the story.

'Not far from here is a haunted castle where great treasures are hidden; enough, people say, to make a poor man rich for life; but they are guarded by monsters and evil spirits. The King has promised his daughter to the first man who can spend three whole nights there; and it's worth the risk as the Princess is the most beautiful girl in the world. Many have gone in, but none has come out alive.'

The next morning, the boy went to see the King and asked him if he could spend three nights in the castle. The King liked his looks, so he offered him a choice of any three objects to take with him. The boy chose a fire, a lathe, and a carpenter's bench with its knife; and the King had them taken there before nightfall.

When it was dark the boy went up to the castle and built a huge fire in one of the rooms. He sat down on the lathe and put the carpenter's bench by the fire. 'If only I could learn to shudder,' he thought, 'but surely I'm wasting my time here.' At around midnight he stirred up the fire, and while he was blowing on the coals a wild cry came up from a corner of the room. 'Aaowmeeow! We're freezing!' 'You fools, what are you complaining about? If you're cold, come and sit by me.' Two great black cats leaped out of the darkness, and sitting down on each side of the lathe glowered at him savagely with their fiery eyes. When they had warmed themselves they sneered: 'Now friend, how about a game of cards?' 'Why not!' he murmured, 'but let me see your paws first.' They stretched out their legs and he saw their long sharp claws. Then he caught them by the throat, lifted them on to the carpenter's bench and clamped their paws in the vice. 'I know your game,' he laughed, 'it's no fun playing cards with you!' So he beat them to death and threw them out into the moat.

After silencing those two, he lay down to rest. Suddenly out of every

272《着火的尸体》

273《闹鬼的城堡》

274 左图:《木匠的板凳、小刀与火》；右图:《扑过来的黑猫》

275 左图:《车床与火》；右图:《城堡内部》

corner there rushed wild cats and dogs on red-hot chains, screeching and stamping on his fire. For a while he let them do as they pleased, but when they began to get on his nerves he cried: 'Get out of here you monsters!' and grabbing his knife he struck at them. A few escaped, but most ended up dead in the moat. The boy lay down again by the fire and fell asleep.

In the morning the King came, and when he saw the boy lying on the floor he thought the ghosts had killed him. 'It's a shame such a fine boy should be dead!' Hearing that, the boy jumped up and laughed, 'It hasn't come to that yet. One night is over, and the others will pass quickly enough.' The King was amazed and so was the innkeeper who couldn't believe his eyes. 'I didn't expect to see you again. Now do you know what it's like to shudder?' 'No, it's just a waste of my time,' the boy complained, 'if only someone could teach me!'

On the second night he walked up to the old castle, sat down beside the fire and sang the same old song: 'If only I could learn to shudder!' At ten o'clock he heard a long piercing cry. It grew louder and wilder, then stopped abruptly and all was quiet—until suddenly half a man fell down the chimney. 'Hey, are you real? Where's your other half?' The shrieking started again and moments later the other half dropped at his feet.

'Wait a minute, I'll get a good fire going for you.' When the flames were high, he turned and saw that the two halves had joined together to make a giant figure sitting on his bench. 'That's not part of the bargain,' the boy shouted, 'that's my bench.' He struggled with the giant and threw him to the ground; but as they wrestled in a corner they fell on nine thigh bones and two skulls, so the boy challenged the monster to a game of skittles. He took the skulls, put them in the lathe and turned them till they were round. 'Now we'll have some fun', he laughed. They played until the clock struck twelve and then the giant vanished. The boy lay down by the fire and fell asleep.

On the third night he returned to his bench. Towards midnight six giants walked in carrying a coffin. 'This must be my little cousin', he thought, 'who died just a few days ago.' When they put the coffin down, he lifted the lid. There was a dead man inside, his face as cold as ice; so he lifted the body out and sitting down by the fire, laid him in his lap. He rubbed the corpse to get the blood circulating, but it didn't help, so he put the body into his bed, got a blanket and lay down beside it; after a while the corpse warmed up and began to move. The boy was delighted and whispered to him: 'See what I've done for you, little cousin!' But the dead man put his hands round the boy's neck and tried to strangle him. 'Is that how you thank me?' he shouted, 'away with you'; and grabbing the body he threw it into the box and slammed down the lid. The six giants lifted the coffin on to their shoulders and carried it away.

Soon after the walls began to shake and split apart, and in the smoke there appeared a magnificent old giant with a long white beard. 'Boy,' he thundered, 'you'll soon know what it's like to shudder. You're going to die!' 'We'll see who's going to die', the boy answered. 'Yes, we'll see,' the giant sneered, 'if you're the stronger I'll let you go.' He led the way through a dark tunnel to a blacksmith's forge, where he took an axe and with two blows drove an anvil deep into the ground. 'That's nothing', grinned the boy walking over with him to another anvil. He split it with a single blow, catching the monster's beard in the crack. 'Now I have you,' he laughed, 'it's your turn to die.' With an iron bar he thrashed the giant until he begged and pleaded with him to stop, promising him a great reward; so the boy set him free. They returned to the castle, where the giant unlocked a cellar door and showed him three chests of gold: 'One is for the poor, the second for the King, and the third is yours.' Just then the clock struck twelve and the giant vanished leaving the boy in total darkness. Next morning the King came and asked what had happened. 'My dead cousin came to see me and an old bearded fellow showed me three treasure chests in the cellar; but no one taught me to shudder.' The King was overjoyed: 'You have saved the castle,' he cried, 'now you may marry my daughter.'

The young Prince loved his wife but he still complained: 'If only I could learn to shudder!' At last the Princess's maid had an idea: she went out to a stream and caught a bucketful of fish. When the Prince was asleep she pulled his blankets back and poured the cold water with the little fish into his bed so that they squirmed and flopped all around him. The Prince sprang up: 'My God,' he cried, 'why do I shudder so?'

276《寒冷的水将要侵袭王子》

277《玻璃山》

278 左图:《老林克兰克威胁公主》；右图:《挖掘玻璃》

Old Rinkrank

A King built a glass mountain and announced he would give his daughter to the first man who could climb it without falling. When a handsome boy fell in love with the Princess, and went to the palace begging to marry her, the King said: 'If you can climb the mountain, she will be yours.' Overhearing this, the Princess thought: 'I will go with him, then if he slips I'll be able to help him.' So they went off together and began to climb.

Half-way up, it was the Princess who slipped and fell; and at that moment the mountain opened and she vanished. The boy made his way back sadly to the palace where he told her father of the terrible accident. The King, fearing his daughter was lost for ever, sent his men to break into the mountain, but no one could find the spot where she had disappeared.

The Princess had fallen deep down into a cave where an old man with a long grey beard was waiting for her; he caught her by the throat and threatened her with a long sharp knife until she promised to cook his dinner, make his bed, and do any other jobs he had for her. Every morning the old man took a ladder out of his pocket, climbed to the top of the mountain and drew it up after him; and at night, when he came home, his pockets were full of gold and silver.

After many years she called him Old Rinkrank; and since she too had grown old, he called her Mother Mansrot. One day when he was out she made his bed, then she locked all the doors and windows except for a tiny one through which a little light was shining. When Old Rinkrank came home at dusk he knocked on the door and shouted: 'Mother Mansrot, open the door!' 'No, I won't,' she replied. He shouted again:

> It's me poor Old Rinkrank
> On my seventeen-foot legs
> On my one great swollen foot
> Mother Mansrot do the dishes.

'I've done the dishes', she replied. So Old Rinkrank shouted again:

> It's me poor Old Rinkrank
> On my seventeen-foot legs
> On my one great swollen foot
> Mother Mansrot make my bed.

'I've made your bed', she replied. So Old Rinkrank shouted again:

> It's me poor Old Rinkrank
> On my seventeen-foot legs
> On my one great swollen foot
> Mother Mansrot open the door.

Then he ran round the house to the little window. 'I'll see what she's up to', he grumbled to himself. He peered in but his beard was so long that it got in the way, so he stuffed it through the opening and pushed his head in after. Then Mother Mansrot slammed down the window!

He screamed and howled and begged her to set him free; but now he

279

had to do as she wanted. To escape she needed the ladder, so she unlocked the door and took it from his pocket; then she tied a long ribbon to the window, and in no time climbed to the top of the mountain. From there she pulled on the ribbon and set the old man free.

When she reached the palace, she told her father and the boy about her years away from home and of the strange old man with the long grey beard. This time the King went with his men and they broke open the glass mountain and dug down until they found Old Rinkrank in his house; but of the gold and silver there was no trace.

279 左图:《玻璃山粉碎了》；右图:《被封在玻璃山中许多年的公主》
280《寒冷》
281 左图:《堆满干草的房间》；右图:《干草在左，黄金在右》

Rumpelstilzchen

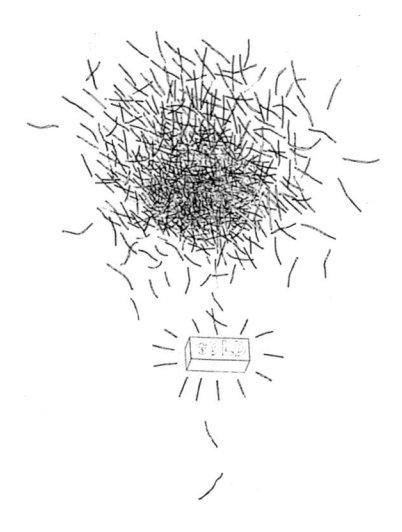

A poor miller happened to meet the King, and hoping to interest him he boasted: 'I have a beautiful daughter who can spin straw into gold.' The King was impressed: 'That's an art I like; if your daughter is really as clever as you say, bring her to my palace tomorrow and I'll see for myself what she can do.' So when the girl came the next day, the King took her to a small room filled with straw, gave her a spinning wheel and ordered her to get to work. 'You have one night to spin the straw into gold, but if you fail your head will be cut off.' Then he left the room and locked the door behind him.

The miller's daughter had no idea what to do; and after a while she saw there was no escape and burst into tears. But suddenly the door flew open and a strange little man rushed in: 'Good evening my dear, may I ask why you are crying?' 'I have to spin this straw into gold,' the girl sobbed, 'and I don't know how.' 'What will you give me if I do it for you?' asked the little man. 'My necklace', she answered. He took the necklace, sat down at the wheel and with three turns filled a bobbin with gold; then he took a second bobbin and with three more turns filled that one too. He worked the whole night, and before morning all the straw had been spun into gold.

When the King returned at sunrise he was amazed to see what she had done, so that night he locked her up in a bigger room piled high with straw and set her to work a second time. As the poor girl wept the door flew open and in danced the little man. 'What will you give me if I help you again?' 'I have only the ring on my finger', she replied. He took the ring and by morning he had spun all the straw into shining gold.

When the King saw the gold he was pleased; but being very greedy he had the biggest hall in the palace filled with straw to the ceiling. As he slammed the door on the girl he made her a promise: 'If you can spin as much as this into gold in one night, I will marry you.' 'She is only a miller's daughter,' he thought, 'but in the whole world I will never find a richer wife.'

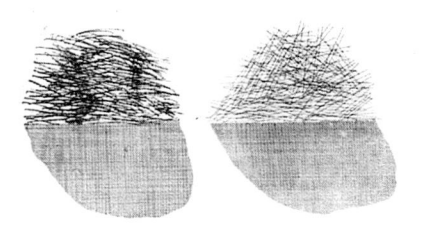

As soon as she was alone, the strange little fellow appeared. 'What will you give me if I do your work for you this last time?' 'I have nothing left.' 'Then promise me your first child if you become Queen.' 'A lot can happen between now and then', she thought, and in despair, she agreed. The little man set to work and when all was ready he vanished;

and in the morning when the King found the room filled with gold, he married the miller's daughter and made her his Queen.

A year later she gave birth to a beautiful boy; but by that time she had quite forgotten the strange little man. When he arrived at the palace one day to claim the child, the Queen was terrified and offered him any part of the kingdom if he would only leave her her son. But he insisted: 'No, I prefer a living creature to all the treasures in the world.' She wept so bitterly that at last he took pity on her: 'If in three days you can guess my name I'll let you keep your son.'

She thought all night of all the names she had ever heard, and even sent out a messenger to comb the country for more. When the little man came back the next morning, she called him Caspar, Melchior, Balthasar, and every other name she knew, but he kept repeating: 'That's not my name.'

The next day she went herself through the neighbourhood questioning the people, and when the little man came she listed the most unusual and curious names she had heard: 'Maybe Ringo, or Zappa, or Kasmin?'

But he always answered: 'That's not my name.' On the third night the messenger returned with a strange tale: 'I couldn't find a single new name, but below a high mountain at the edge of the forest, in the middle of nowhere, I saw a tiny house with a fire in front and a strange little man riding around on a cooking spoon. Every now and then he'd shout:

> Today I dance tomorrow I travel
> The Queen's child will soon be mine
> No one will know from where I came
> Or that RUMPELSTILZCHEN is my name.

The Queen was overjoyed to hear this news, for it came only just in time. Soon after the little man arrived and asked her: 'Tell me what is my name?'

'Is your name John?'
'No.'
'Is your name Paul?'
'No.'
'But maybe your name is ... Rumpelstilzchen?'

The little man was furious and screamed: 'The devil told you that! The devil! The devil!' In his anger he stamped his foot so hard on the ground that his right leg went in up to his thigh. Foaming with rage, he grabbed his left foot with both hands and tore himself in two.

250

282 左图:《祈求孩子》;
　　　右图:《骑勺旅行》

283《他把自己撕成两半》

284《奥西耶身着费尔式毛衣》,1970 年

285《穿红衣服的西莉亚》,1970 年

286《穿黑衣服的西莉亚》,1970 年

287

288

287《奥西耶·克拉克》，1970 年

288《彼得，雷吉纳酒店，威尼斯》，1970 年

289《莫在卡雷纳克》，1970 年

290《莫，塞维尼凉亭酒店，维希》，1970 年

289

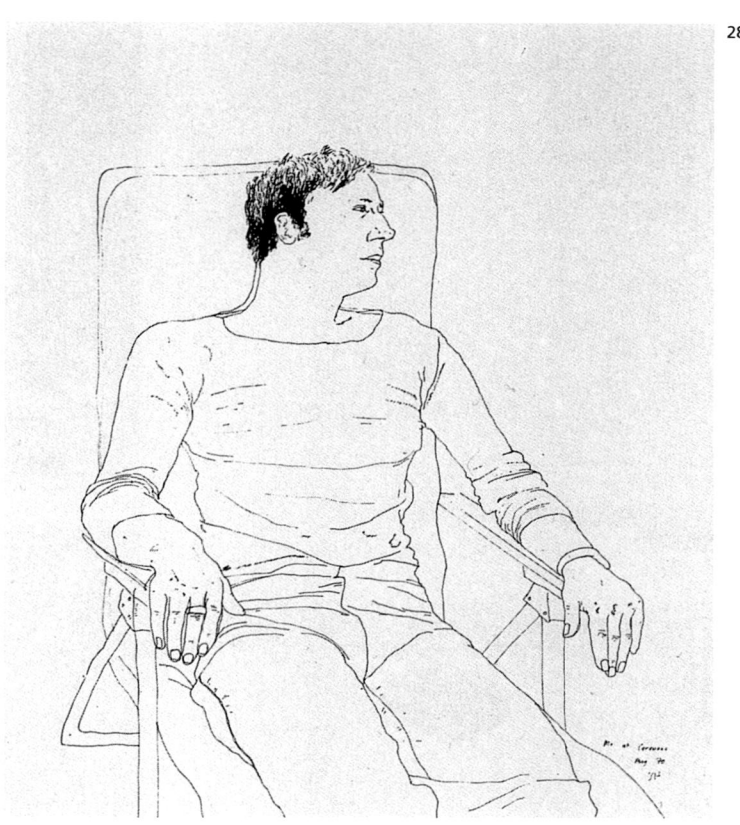

290

253

291《巴黎，塞纳大街二十七号》，1970 年

292《沙发》，1971 年

293《巴黎，塞纳大街二十七号》，1971 年

294《百合花》，1971 年

295《用白纸黑墨制作的花》，1971 年

296《莫里斯·佩恩》，1971 年

297《莫与五片叶子》，1971 年

298《理查德·汉密尔顿像》，1971 年

299《彼得，马莫尼亚酒店》，1971 年

300《椅子，马莫尼亚酒店，马拉喀什》，
1971 年

301《戴维·韦伯斯特爵士》，1971 年

302《戴维·韦伯斯特爵士像》，1971 年

301

302

257

303

304

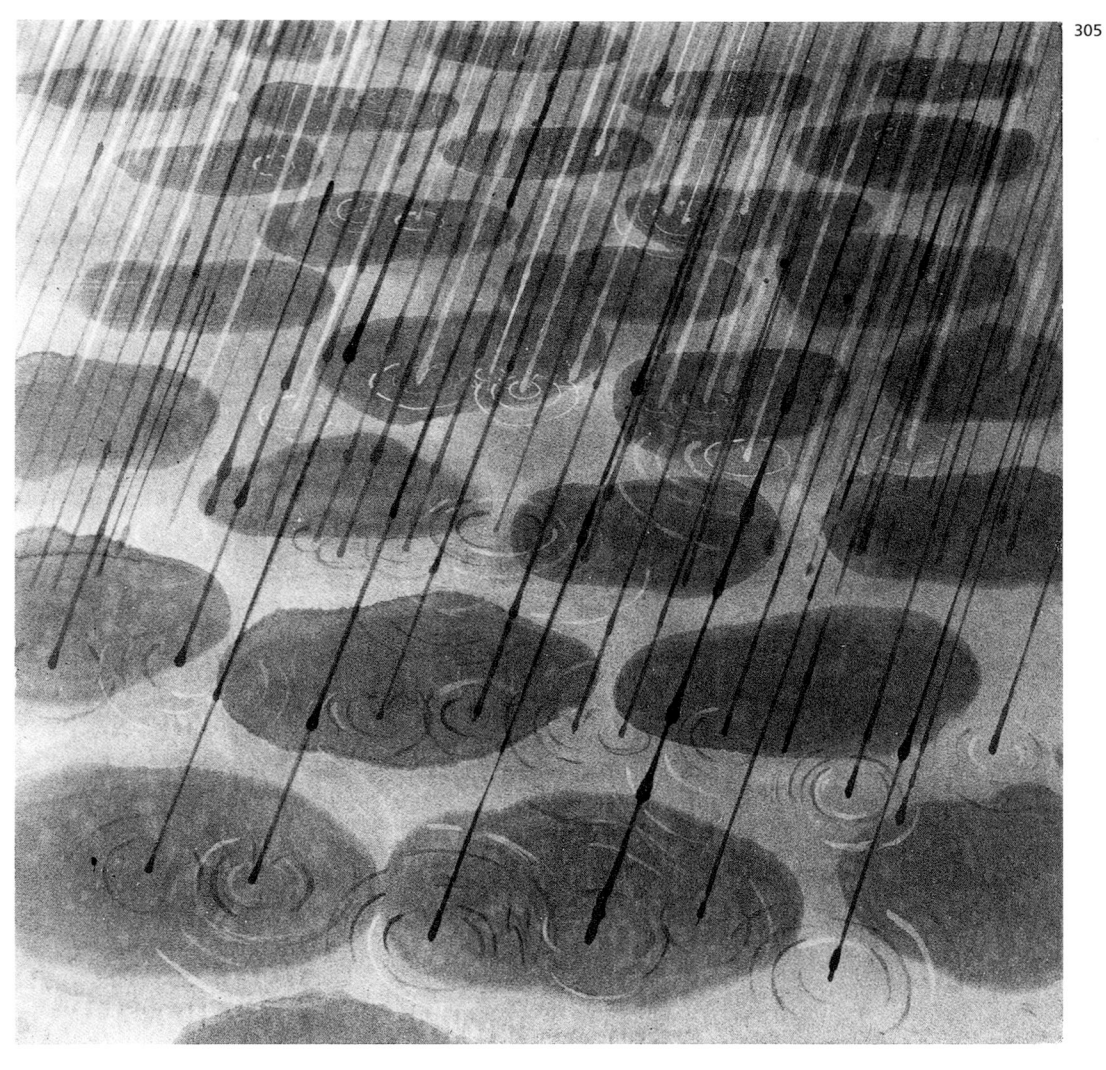

303《岛》，1971 年
304《(日本)内海》，1971 年
305《画布上的日本雨》，1972 年

306

307

306《马克,圣弗朗西斯酒店,旧金山》,1971 年

307《海滨酒店,仰光》,1971 年

308《马克,海滨酒店,仰光》,1971 年

309《马克,贝拉美景酒店,澳门》,1971 年

310《我的外套和领带》,1971 年

308

309

310

311

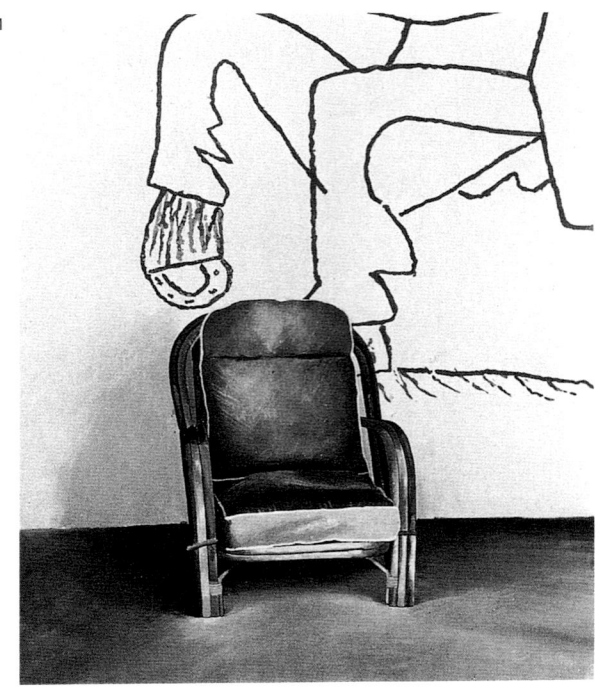

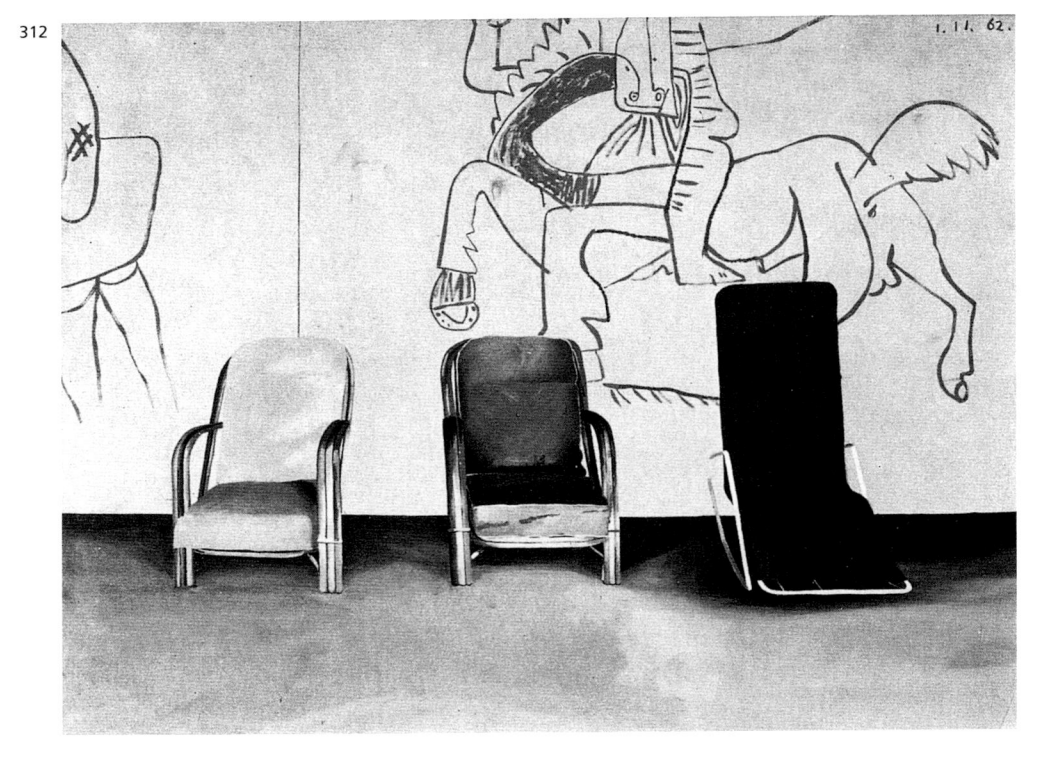

312

262

311《摆在毕加索画的马前面的椅子》，1971 年
312《三把椅子及毕加索壁画的局部》，1970 年
313《冈萨雷斯与影子》，1971 年
314《立体主义雕塑及其投影》，1971 年

315

316

315《海滩阳伞,卡尔维》,1972 年
316《露台大酒店,维泰尔》,1970 年
317《花园酒店,维希》,1972 年
318《亨利,塞维尼凉亭酒店,维希》,
1972 年

319

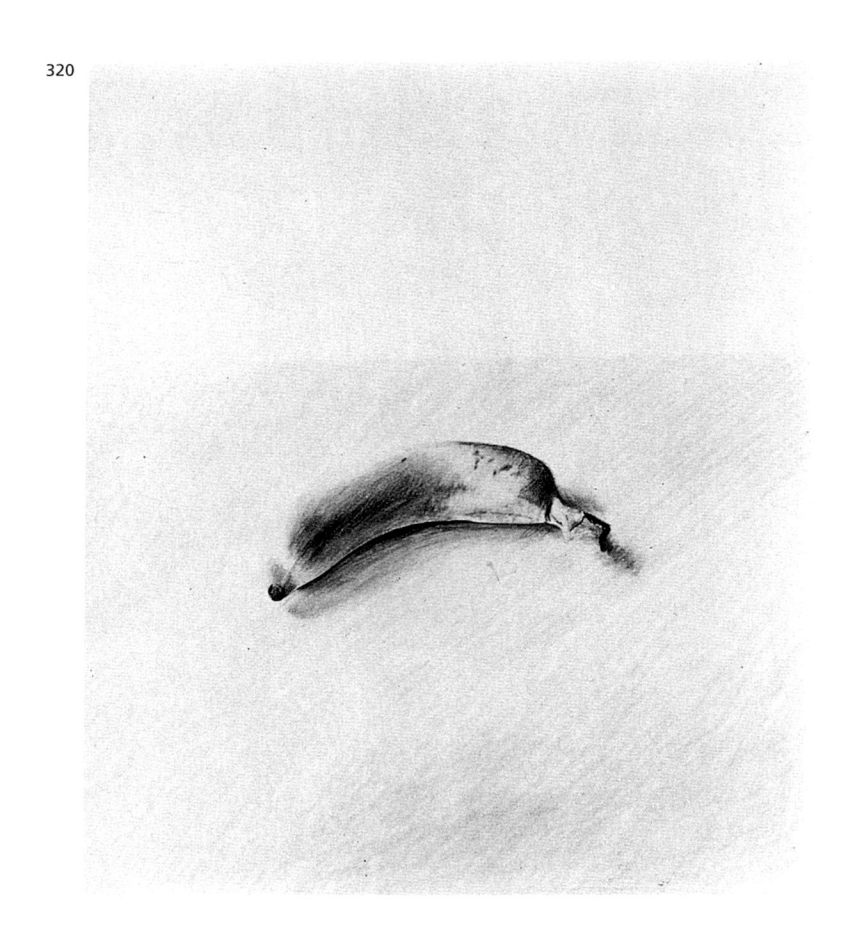

320

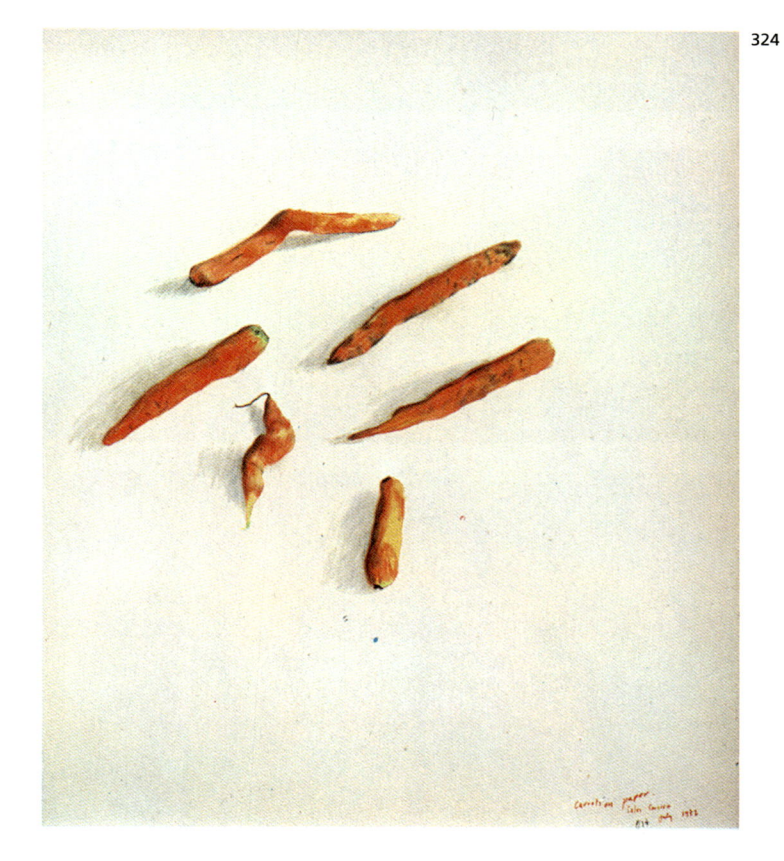

319《大葱》，1970 年

320《香蕉》，1970 年

321《卡雷纳克》，1970 年

322《两颗红辣椒》，1970 年

323《纸上的豆子》，1972 年

324《纸上的胡萝卜》，1972 年

325

326

268

恩，他自己开了辆车来，带着一些蚀刻版子，最后还有马克·兰开斯特。我们先去法国的卡雷纳克［Carennac］，旅行中我一直在画素描。之后我们去了巴塞罗那，这是我第一次去巴塞罗那。

一段感情的结束

在卡雷纳克，彼得和我处得压根儿不愉快，我很痛苦。我们有过很快乐的一天，驾车行驶在塔恩峡谷［Gorge de Tarn］，停在那儿，刚到巴塞罗那时也很不错。我们去了那里的现代艺术馆，那儿的现代艺术从 1740 年就开始了！毕加索博物馆［Picasso Museum］棒极了。但这时彼得开始絮叨了，于是我说咱们走吧，人太多，我们去卡达克斯［Cadaques］，与理查德·汉密尔顿和马克·兰开斯特会合。到了那儿我和彼得吵个不停。马克·兰开斯特那儿有很多英国朋友，那些人真让我倒胃口。第二天他们打算在一艘游艇上搞野餐，我根本不想参加，我只想再在卡达克斯待上两三天，然后就去法国、英国，而彼得想去希腊见他的父母。我最不想干的就是和这帮英国傻瓜搞野餐，可是彼得非要跟他们去。我俩大吵了一架，我发怒走了，开上我的车就去了佩尔皮南［Perpignan］，在那儿与乔治·劳森和韦恩碰头。那天晚上我住在佩尔皮南大酒店，地方很棒，建筑完全倒塌了，只剩一堆废墟。（据乔治·劳森说，头一天酒店被一场地震震垮了。）

次日我驱车前往卡雷纳克。开车在路上，我感觉一切良好。我大约在下午两点半到达，西莉亚已经离开回英国了，奥西耶在，莫和莫里斯·佩恩也在。到了那里，一下车我就哭了，意识到自己干了些什么。我冲彼得摔门走了，我对他说了"滚"，然后离开了。我想自己对他真是很残忍，我干了什么烂事儿啊！于是我说我必须给彼得打电话道歉，要是我口出恶言，那也不是有意的。我们花了半小时向理查德·汉密尔顿倾诉这事儿，我没有和彼得通话，但理查德说他觉得彼得没事儿，他会把我的话转给彼得。这时我想，可怜的彼得，他的心情肯定很糟，因为我就觉得很糟，非常抑郁，心情极差，还有点儿紧张。与此同时，杰克·哈赞待在他的倒霉别墅里，还一直想着给我拍电影呢！我对他说：你走吧，求求你，杰克，我现在心情糟透了。他真走了，真的打包离开，什么也不拍，回了英国。第二天，我说我必须回卡达克斯，因为我不能这么撂下一句话就走人，那太糟了，我必须回去，和彼得谈一次，然后走人。奥西耶说：我跟你一起去，我去南欧海滨，路也顺。奥西耶当时有一辆大宾利车。我说：你自己有车，愿意的话你就自己开车跟我去。

325 《山谷》，1970 年
326 《艺术家肖像》（《泳池及两个人物》），1971 年莫里斯·佩恩说：那我干什么？于是他就坐进了我的车，而莫坐进了奥西耶的车，就这样，莫和莫里斯都陪我一起回去见彼得。

我们一行人于次日出发，分段开到卡达克斯。到了那儿，彼得对我说：我不想你待在这儿，离开这个城。我说：我刚开回来，现在不想离开。我要待一天，休息，我已经来回开了很多路。理查德·汉密尔顿觉得很好笑，他说：大卫，边境警察对你肯定很熟了，还有佩尔皮南大酒店的人也是。

我待了两三天，等我去法国、彼得去希腊时，我觉得我们之间的关系稍稍补好了些。我返回英国，感觉好了点儿，那是8月底。之后彼得也回到伦敦，搬了一张小床去他在诺丁山的小画室，从此他再也没有搬回波伊斯广场公寓和我住。这对我是极大的创伤，我从来没有经历过这样的事儿。我感到很痛苦，非常非常不快乐，有时候我几乎陷入恐慌，倍感孤独，我开始吃安定［Valium］。我以前从来没有服用过任何药片。安定有点儿作用。这个事件导致我在接下来的一年时间里创作出大量作品。从那年9月起，我开始以很高的强度作画。

重新振作：九张新画

事实就是我如此抑郁，只能工作，别的什么也干不了。从这时起我开始闭关，不太出门，只是埋头工作。《露台上》将要完成，《泳池与台阶，公爵鸟巢酒店》［Pool and Steps, Le Nid du Duc］（图250）完成了一半，《玻璃茶几上的静物》（图251）是9月开始画的，《法国小店》（图252）是9月之后画的，《海滩阳伞》（图253）和《漂浮在泳池中的橡胶圈》（图254）也一样，我还开始画《艺术家肖像》［Portrait of an Artist］（泳池及两个人物，图326）、《岛》［The Island］（图303）以及《深水》［Deep and Wet Water］——这三张全是9月以后画的。和彼得在一起的时候我晚上经常外出，自从和他分手，我晚上就不出门了。大约有三个月的时间，我每天都画十四至十五小时。别的我什么也不想干。这是应对生活的一个办法，我非常孤独，难以置信地孤独。

《玻璃茶几上的静物》是一次练习，检验了我多年积累的描绘玻璃的手段。在我看来，这张画简单直白，可是朋友们却从中读出了很多东西。他们说画中除了郁金香以及在维希买的两只草编杯套，玻璃茶几上的所有物件都不是我所喜爱的物件，而是彼得喜爱的物件。我对描绘对象的选择（甚至对主题的选择）都反映了我当时的情感状况，而茶几底下由灯光投下的阴影富有表情，代表了我的真实感情，与静物的平静形成对比。

《岛》是在一张黑白明信片的基础上上色而成，明信片是卡斯明从日本内海的一个小岛上寄给我的。我以前总和彼得计划去日本，到1971年这个愿望变得非常强烈。我的头脑里形成了一幅清晰的图画，想象日本会是什么样，我确信那儿的视觉资源与加州一样多，一样令人兴奋，我还没到那里，就有画下它某个侧面的冲动。《岛》像《室内景，洛杉矶》一样，是个检验，看我画得是不是接近日本。当然，这张画画的只是风景，对日本版画稍具常识的人都很熟悉。这张明信片吸引我的还有许多别的原因：描绘海湾里的海水的课题；风景画（海景画）与莫奈［Monet］之间的联系；最后还有一个原因也不能说不重要——明信片中的小岛看起来像一块蛋糕。

《法国小店》《海滩阳伞》以及《漂浮在泳池中的救生圈》也都是我去日本前画的。《漂浮在泳池中的救生圈》完全以一张照片为参考，几乎照抄了照片。我当时站在游泳池边上，池水湛蓝，水面漂着这只红色的救生圈，我从正上方看下去，按动了快门。照片看起来很像马克斯·恩斯特［Max Ernst］的抽象画，让我感到如此震撼，以至于我想它那么神奇，可以直接画下来。第一眼看去这张画像是一张抽象画，但是读了画的名字抽象意味就消失了，画就有了别的意味。这是一张简单的小画，使用了丙烯颜料渍染的技法。红色的救生圈是先用调了白色丙烯颜料的白粉打了底，接着再非常小心地画上红颜色，这样红色才能响亮地跳出来。红色救生圈看上去确实从绘画表面上突出出来，我喜欢的就是这个抽象的点子。

《海滩阳伞》参考的是有天晚上我在圣马克西姆拍的一张照片，从影子就能看出描绘的不是清晨就是傍晚，伞是收起来的。这张画在同一个画面上运用了差别非常显著的肌理效果和材料技法，伞的局部是用丙烯颜料渍染而成的，因为它是渍染的，所以画布的纹理清晰可见，它让伞看起来像真的一样。真伞也是用很像帆布的材料制作的，因此画中的伞与真实的伞之间就有了这一条纽带。除了伞的局部，画面上其余部分全是事先做好白粉底子的，沙滩画得很厚，以夸大肌理上的对比。海水画得比较松，厚薄适中。不过这幅画从整体效果上讲，虽说是张非常简单的画，却不折不扣具有很真实的效果。我认为这是因为观者的眼睛能够从画中读到各种不同的材质肌理。它相当微妙，不只是我，大多数人都能感觉到，它确实实现了那样的效果。

《法国小店》位于米耶斯［Miers］的法式水疗店附近。米耶斯是个法国小镇，当地人偶尔建一座新店，都会努力融入原先老店的风格。它的建筑是如此简单直接，简直像工人造的，不像建筑师造的。来到广场就能看见它，它还有种幽默感。我拍了照片，画了素描，回去以后画成了创作。我觉得大多数现代建筑都很单调乏味，我盼着包豪斯的影响尽快消退。可是这栋小建筑却有一种单纯的味道，特别吸引我。其严肃的正立面由于一些亲切的装饰而丰富起来，多彩的塑料条纹门帘，还有那看似随便，然而却对称摆放在门窗中间的绿色植物，总之，样样东西的比例都很正确。

《深水》是用丙烯加洗涤剂的技法画的，我在画《泳池与台阶，公爵鸟巢酒店》一画时也用了这种技术。一道台阶向下通往泳池边，其中三级向下伸到泳池内，隐约可见，水的折射作用将这三级台阶变形了。与我早先画的那些风格化的、具有拼图效果的泳池不同，这幅画里的水尽管也有点儿风格化，但它是用更具自然主义的手法画的。池边的凉鞋给画面带来了人的气息，但那是彼得的凉鞋，挺嘲讽的。彼得本人刚刚跳入泳池。这张画是根据台阶和水的照片画成的，我记得夏天以前就开始动笔了，拖了很久才完成，因此画中彼得的凉鞋并没有象征含义。我经常画了一半丢在那儿。

这个时期，我还一直在画《艺术家肖像》，画中彼得站在游泳池边往下张望，池中有个因水的折射而变形了的泳者。我努力与这张画搏斗。我得老实交待，这一时期我画大量作品的另一个原因，是我有个展览已经安排于 1972 年 5 月在纽约展出，我同意了这个时间，因此我大致有个最后期限要赶。这是额外的激励，但主要原因是我别无可干的事儿。我不想多搞社交，于是我就只顾埋头工作，那段时间里我和西莉亚的关系亲密了很多，给她画了很多素描。

日本之行，1971年

1971 年 11 月我和马克·兰开斯特一同去了日本，我觉得这有助于我忘掉过去。我们先到了美国，在加州与克里斯托弗·伊舍伍德共度了几天，接着我们在火奴鲁鲁待了两天。马克有件和彼得一模一样的衬衣，我给彼得画素描时他穿过一次。起先我并不知道，有天早上我醒来，看见这件衬衣就搭在椅子上，于是我就在清晨用素描把它画了下来（图 329）。后来我把它画成一张画，取名《椅子与衬衣》[Chair and Shirt]（图 330）。旅途中我通常都起得很早，然后画素描，马克抱怨说他老是一早被吵醒，要么就是我写长信时钢笔划在纸上的嚓嚓声，要么就是我画素描时卷笔刀的嗞嗞声。我给马克，给所到之处画了很多素描。

日本总体上令我失望。我曾期待它很漂亮，可实际并没有期待的那么漂亮。当时我觉得它的大多地方都极其丑陋。我原先期待日本的工厂都细心地、精准地布置在山峰和湖水旁，可我发现任何空闲的平地上都分布着最无趣的工厂。我们在日本待了两个星期，我知道不算很长。现在回想起来，觉得比当时在那儿的感受更漂亮些。我肯定这是因为我记住了让我感兴趣的地方，忘记了让我不感兴趣的地方，不过日本之行肯定点燃了我对日本艺术的兴趣之火。京都［Kyoto］的寺宇与花园非常知名，也没有让我失望，此外我也为一些出乎意料的发现感到兴奋。在市美术馆里有个展览名为"日本传统风格画展"［Japanese Painters in the Traditional Style］，陈列着从 1925 年至今的各时代艺术家之作，用的都是传统的日本技法（画在绢和屏风上），偶尔也画现代日本题材。其中一张叫《雨中大阪》［Osaka in the Rain］的，特别让我感到美。笼罩在河流和街道上空的雨雾只用代表落雨的细线条就暗示出来了，而小汽车和行人也仅用脚下的倒影来稍作暗示，这让整个画面充满了雨意。我想欧洲艺术中画人和小汽车与此最接近的也许是杜菲［Dufy］，但我对他从未有多大兴趣。这张画的整体效果相当神奇，我喜欢这些老先生们（大多数艺术家都出生于 1900 年前后）的观念，他们也许不知道欧洲绘画的存在，可是却画出了一些高度复杂而又现代的东西。

一回到伦敦我就又陷入了苦闷。不过我开始画起来，人们评论我的画如何如何欢快。我画了《富士山》（图 327），那一年晚些时候我还画了《画布上的日本雨》［Japanese Rain on Canvas］（图 305）。日本艺术中一个不断出现的主题就是天气，尤其是雨，他们画雨的各种办法令人相当着迷，惹得我很想画一张表现雨的画。《画布上的日本雨》这个标题几乎就是如实直说的大白话，这张画是用很稀薄的色彩画的，润透了画布表面，因为我急着要表现极其风格化的落雨。我把颜料装满了一只洒水壶，任其滴洒在画布上。效果似乎不是很强烈，因为画布太湿了，但这正应了此画的标题。

描绘双人像

我仍挣扎于《艺术家肖像》（图 326）第一稿。这张画的主题最初取自两张照片，它们落在我画室的地板上，碰巧摆出这个构图。其中一张拍的是一个正在潜泳的人，因在水下而扭曲变形得很厉害，这是 1966 年在好莱坞拍的；另一张拍的是一个小伙子正盯着地上的什么东西看。两张照片那样落在地板上，看上去仿佛这个小伙子正看着那个扭曲变形的潜泳者。用完全不同的风格再画一张双人像，这个点子对我吸引力如此之大，我立刻就开始画了。在第一稿里，我先画了水下那个人物，我想用很薄的丙烯颜料画他，以强调湿度。接着我用白粉给画布其余部分做底子，这样做意味着游泳池和水下人物的位置一旦画好就不能改动了，但其余部分一开始画，我就感到了困难。两个人物怎么也不能关联合适，他们和背景之间的关系也不对。我不断变换背景，开始是远山，后来改成幽闭的墙，进而再改回远山，我甚至试过画了一面玻璃墙。

这幅画的第一稿是1971年开始画的。我不停地调整，丢下它不管去干别的，又回头再对付它，我为它花了很长时间。一张画你花的时间越长就越不想放弃它，一想到六个月的工作都要付之东流就很可怕。于是我努力坚持，不断调整，意识到我的办法没作用，这样下去不行。最终，大约四个月之后，我明白了问题所在：是游泳池的角度不对，引起了所有问题。水的部分无法改动，不可调整，于是我决定彻底重画，而且要赶时间完成并寄出，以便赶上5月份安德烈·埃默里赫画廊［André Emmerich Gallery］为我举办的画展。没多少时间了，卡斯明说我疯了。我说我能在两周内重新画完它，因为我明确知道问题在哪儿。我知道怎么画了，不用再考虑了，而一般我开始作画时都要花时间考虑的。我现在需要的是更多参考资料，便决定前往法国南方，那儿是离我最近的、4月份就有许多户外泳池开放的地区，我要再拍一些场景照片。彼得那时不在，讽刺的是，我以为他当时在加州与杰克·哈赞拍摄《一朵大水花》。于是我就和莫、一个名叫约翰·圣克莱尔［John St Clair］的小伙子一起去了法国南方，约翰是池中那个人物的原型，我还带上了粉红色外套，画中的彼得就穿着它。为了获得人在水下的各种变形效果，我让约翰在不同光线条件下（清晨、正午、傍晚）、不同水流条件下（完全静止、微澜、流动）潜泳，同时让莫盯着他看，取各种不同的投影位置。早先那一稿的另一个问题是有人以为水下那个变形的人物是具尸体，这个效果我可压根儿不想要。

我把第一稿割碎销毁。并不像杰克·哈赞的电影里拍的那样，把画布划得到处都是口子，实际上我割得小心翼翼，因为我把从中割出的一个局部改成了另一张画，并把它送给了奥西耶和西莉亚。第一稿的有些局部画得相当不错，画的边缘长着一大丛植物，泳池成了背景。我想，这可不能丢掉，我可以把这个局部裁下来送给朋友，我真这么干了。

在法国待了两天后我们赶回了伦敦，从飞机场叫了辆出租车就直奔北伦敦洗照片的地方。我已经和住在我家街拐角的照相师傅约好了，我们下午四点钟把胶卷带到那儿，第二天上午十点就能冲洗出来。要不是这样，我就得

327《富士山》，1972 年
328《两张沙滩椅,卡尔维》，1972 年

329

330

329《杉乃井酒店，别府》，1971年

330《椅子与衬衣》，1972年

331《彼得,普拉策酒店,慕尼黑》,1972年

332《加里·法默在波伊斯广场公寓》,1972年

277

333

334

333《尼克,卡尔维大酒店》,1972 年 7 月

334《镜子,卢卡》,1973 年

等上四五天，那时间就来不及了。我需要这些照片做参考，画水下人物尤其要用。尽管我试着画过速写，但我觉得利用这批照片效果更好。我把它们全都贴在墙上，照片很多，有些非常好。与此同时，杰克·哈赞已经回到伦敦，看到我割掉了第一稿，便问道：怎么回事儿？我回答说：我放弃了那张，现在重新画这一张。就这样我开始画新作，画得非常疯狂。杰克问我能不能拍你的作画过程？我回答：老天！不行，我真得每天画十八个小时，莫也要帮我。莫负责给颜料喷水，保持颜料湿润。我最不希望的就是有人打扰。杰克于是说：好吧，要是你想熬夜工作，我这儿有全套灯光。我画室的照明是个问题，晚上一开灯，所有蓝色就都变了色，这对我成了个技术难题。杰克的灯光是纯粹的日光效果，在他的灯的照射下蓝色很出跳。他说：我把灯借给你，你说两周内必须画完，我就借给你两周，我的全部要求就是每两天来一次，拍下画作的进度。为了能搞到这些灯，好让我日夜工作，我便答应了。这就是这张画被拍进电影的前后经过。它只用了两个星期就画完了，但是每天我们都在它身上花去十八个小时。

彼得的躯干在描绘过程中遇到些问题，我为彼得画的素描是为了别的画准备的，因此画这张画时我参考的照片拍的是莫。彼得当时已经回到伦敦，我可以带他去公园拍照了，但我必须在与法国同样的光线条件下、同样的距离外给他拍照，这些同时都要搞对。我当然知道伦敦的光线和法国的光线不完全相同，伦敦的位置比法国南方更靠北，据此我计算出应该在一天的什么时候拍才对，希望出太阳，不管影子，这就要求我们早起。我挑了一个星期天的早晨，很早就行动，杰克·哈赞拍下了我们拍照的过程。我向他说明了我们打算怎么拍。大家可得记着，那时候我根本不知道他的电影会拍成什么样。不管怎么说，我们一直拿他和他的电影开玩笑，杰克真要成笑话了。我以为他的电影是一段二十五分钟长的模模糊糊的东西，配乐也很差，最多被安排在学院电影节上与波兰版莎士比亚一起播放。我们从来没想到，这是一部长达两个半小时，有着如泣如诉般配乐的电影。

我真就赶在寄往展览的前一天夜里画完了这张画。我给它上了光油，那个时期我会给画在白粉底子上的画上光油，第二天一早，我们六点钟起床把它卷起来。8点半快递员上门取件，把它送上一架飞往纽约的飞机，刚好赶上时间寄到。我们一起去参加展览，杰克·哈赞也去了。我得说我喜欢画这张画的过程，以如此之高的强度工作，干起来真刺激，很神奇。

画是怎么售出的

考虑到我为这张画付出的努力，说到它被出售的故事难免令人伤心。卡斯明曾告诫安德烈·埃默里赫画廊，什么画都不要卖给欧洲画商。他们来美国买画，带回欧洲，马上就转手以更高的价钱卖给欧洲人，所以卖给欧洲画商没意义，应该尽量卖给纽约本地人。费城博物馆［The Philadelphia Museum］对这张画有兴趣，但就像所有博物馆一样，他们做出决策得花许多时间。与此同时，安德烈·埃默里赫画廊在尚未收购我的画时，就有个人跑去见他，自称知道这张画将要参展，并表示愿意购入。安德烈不认识此人，但他以为此人认识我。这人向安德烈描述了这张画，让安德烈以为他肯定在我的画室里见过面。这人是个美国人，自称住在纽约，而且很有钱。但安德烈不认识他，他不是老客户，此外这人也不认识买我画的其他客户，我的画与安德烈卖的其他作品都不太一样。最后安德烈答应把这张画卖给他，我记得卖了一万八千美元，是整个展览上卖得最贵的一张。这是 1972 年 5 月的事儿。到了 1972 年 10 月，这张画已经转到一位伦敦画商的手里，最后在德国一次艺术品交易会上成交。这张画现在归詹姆斯·阿斯特［James Astor］所有，他在上述一切交易结束一年后买下了它，我记得他花了将近五万美元。发生了什么？最初找安德烈的那个人是伦敦画商派去的代理，把安德烈和我都给耍了。在一年之内，这帮人靠这张画挣的钱比卡斯明、安德烈和我都多。考虑到为这张画付出的努力、期间产生的各种困扰及感情，它遭遇这样的转售、被如此利用，真是相当没品、相当低档！这样的事儿也会发生，真是令人称奇。我不是抱怨钱的问题，而是他们对艺术根本不在意。他们不可能是有感觉的人。而从这张画第一版上割出来的那一小块画，后来卖了七千英镑！就这样，我为这些画付出了那么多心血，那么多劳动，包括大量体力劳动，但很多人从中赚到的钱都比我得到的多。当时我得到了四千英镑，想着这真是一大笔钱。

我的画在当时的标价可能有点儿低，不过，我已经觉得它们的价格高得离谱——一万八千美元真是一笔巨款，但是与人们的心理价位相比，我的画还很廉价。就是因为这个，从那以后我的画价开始被标得非常高。我觉得过高了。实际上我一直觉得自己的画价被标得太高。人们在报纸上读到我的某张画卖到两万英镑、两万五千英镑，想象这些钱都是我得，其实我一分钱也得不到，这画早在好几年前我就以八百美元的价格卖出去了。而且，我的新画当然也卖不到两万五千英镑，老画才卖那么高价钱。就这么着，许多人都以为我很有钱，实际情况可不是这样。我不是说人家给我钱给少了，没给少。给我过多了，我肯定。有一件事儿我不会做，那就是为了钱大量粗制滥造。如果你是个艺术家，有了钱后你应当用这些钱来实现你自己想做的艺术，这永远是对你自己有益的唯一做法。作为一名艺术家，你的生活中需要什么呢？只要有一间工作室，一个可以工作的地方，该做的就是整天画画。还有什么别的地方要用钱吗？没有。这意味着你没有必要为了挣钱大量粗制滥造。你可以慢慢来，为一件作品投入大量时间。能够花六个月时间画一张画，这是一种奢侈。过去我不能为一张画投入这么多时间是因为我做不到，我是一个靠卖画为生的艺术家，我需要钱。过去画很廉价，为了谋生，为了能继续搞艺术，我不得不多画几张。但现在我决定画少一点儿也没什么错，画的价格现在这么高，一年只需要画十张就能养活自己的艺术，要是一年画二十张，就能挣很多钱。但我想明白了，除非自己愿意，否则我每年不会画超过十张画，这样我就可以对自己的画尝试各种变化。

一张未完成的画

1972 年纽约展览之后，我开始画《乔治·劳森与韦恩·斯利普像》（图 386）。我用六个月的时间画它、调整它，中途重画了好几次。不同作画阶段都被记录下来。我一直给它拍照，有时自己觉得已经完成了，转而又决定还不对头，不，不对头。我把莫逼疯了。有时他觉得画已经很棒了，接着又想，老天爷，他又开始画它了。我同这张画真是好好搏斗了一番。现在两年过去了，回头再看，我可以看出我的挣扎都是与自然主义、丙烯颜料有关的，因此我后来放弃了丙烯颜料，并开始离开自然主义。

1972 年余下的日子我都用来画这张画，同时在画的还有《画布上的日本雨》以及《富士山》。我还画了《两张沙滩椅，卡尔维》[*Two Deckchairs, Calvi*]（图 328），是参考我在卡尔维拍的一张照片画的。卡尔维位于科西嘉[Corsica]，有年夏天我和亨利·盖尔扎勒一起去了那儿。我把冲好的照片挂在绳子上，对亨利说，它看上去多有雕塑感啊，像艺术家罗伯特·莫里斯[Robert Morris]和巴里·弗拉纳根[Barry Flanagan]搞的作品。突然间，看着用了一天的折叠椅收起来靠在墙上，我意识到它们很像悲伤的雕塑。

这段时间我还画了《立体主义雕塑及其投影》（图 314）。巴黎现代美术馆[Musée d'Art Moderne]有间小展厅，陈列的都是立体主义雕塑家胡里奥·冈萨雷斯[Julio Gonzalez]的雕塑作品。在我的认识中，立体主义雕塑的概念理解起来比立体主义绘画更困难，可我对这间展厅的喜爱已经有好几年了，它就紧挨着翻新过的布朗库西［Brancusi］工作室。我确实想过画一张大画，画出整个展厅。后来到 1971 年，我在展厅里逛着，发现自己老是注意到展厅的墙，墙上什么也没有，可是，因为展厅是人工照明，灯光把雕塑的影子强烈地投射在墙上。这些投影的形是绝对平面的，与立体主义雕塑概念形成冲突，它们引起了我的兴趣，因为不知怎的，我已经把立体主义雕塑作为一个智性和概念性的观念来接受，以为它们的投影也应该遵循这些观念。

我不认为自己的画完全实现了其意图。我想通过厚颜料与一层几乎透明的薄颜料的对比，努力创造出实物和投影之间的视觉对比。画是参考我在展厅里拍的照片画的。我一直觉得伦敦两家主要的博物馆（国立美术馆和泰特美术馆）不许观众在展厅里拍照是很小气、很缺乏学术精神的。大英博物馆［The British Museum］和维多利亚和阿尔伯特博物馆［Victoria and Albert］与欧洲大陆的大多数博物馆一样，都允许观众拍照，因此我只能得出结论，那两家伦敦博物馆之所以不许人拍照，不过是为了多卖几张明信片。在欧洲大陆参观博物馆时，我总是随身带一架小相机做记录，鉴于泰特美术馆和国立美术馆两家都不可能把他们馆藏宝贝的影子拍成照片出售，他们就应该允许艺术爱好者自行决定，作品的妙处在哪儿，哪些东西对他有用。

在画这些相对简单的小创作的期间，我还在画一张大画《乔治与韦恩》［George and Wayne］，这张画是为卡斯明准备的，他打算在 1972 年底最后办一次画展，然后就关掉画廊。我们都认为这张大画届时能完成。在 10 月份它看上去像是已经完成了，这时离展览开幕还有很久，可是我不停地修改调整，与之搏斗，到最后我不允许卡斯明展出它。我说：不行，我不能给你，因为它不对头，我不愿它参加展览。因此他的展览比预计的规模小，展出的只有小画和素描。这是我第一次在一年之内参加两个展览，一个在纽约，一个在卡斯明的画廊。与纽约的展览相比，卡斯明这次展览的主题真有点儿稀里糊涂，通常我都不这样，不会不展出大画，只展出小画。

1973 年 1 月我又去加州，在杰米尼［Gemini］做一批彩色大幅石版画。我还做了天气系列的版画（图 367—372）。我觉得这个题材相当不错，系列的第一件是《雨》［Rain］，是根据《画布上的日本雨》画的。按照我们的安排，一个月后西莉亚将带她的孩子一起来我这儿，还有一个负责照看孩子的姑娘。于是我在马里布［Malibu］的海滩上租了间房子，西莉亚会住得非常舒服，但对我来说这意味着要开车四十英里赶去好莱坞的画室工作，然后再开四十英里赶回，这有点儿枯燥。不过，我为西莉亚做了三四张石版画肖像

335《欧金·兰布医生,卢卡》,1973 年
336《皇家别墅,马利亚》,1973 年

337

338

337《身着带彩色裙摆的黑裙的西莉亚》,1973 年

338《身着格子衬衣的西莉亚》,1973 年

339《西莉亚》, 1973 年
340《正在抽烟的西莉亚》,
1973 年

341

342

341《西莉亚》，1972 年
342《西莉亚》，1972 年

343《半裸的西莉亚》，1975 年
344《身着黑衬裙和坡跟鞋的西莉亚》，1973 年

345

345《蒂埃里：卡尔维大酒店》，1972年

346《约翰·圣克莱尔》，1972年

347《尼克与亨利在飞机上，从尼斯到卡尔维途中》，1972年

346

348《尼克，塞维尼凉亭酒店，维希》，1972 年

349《巴拿马帽》，1972 年

350

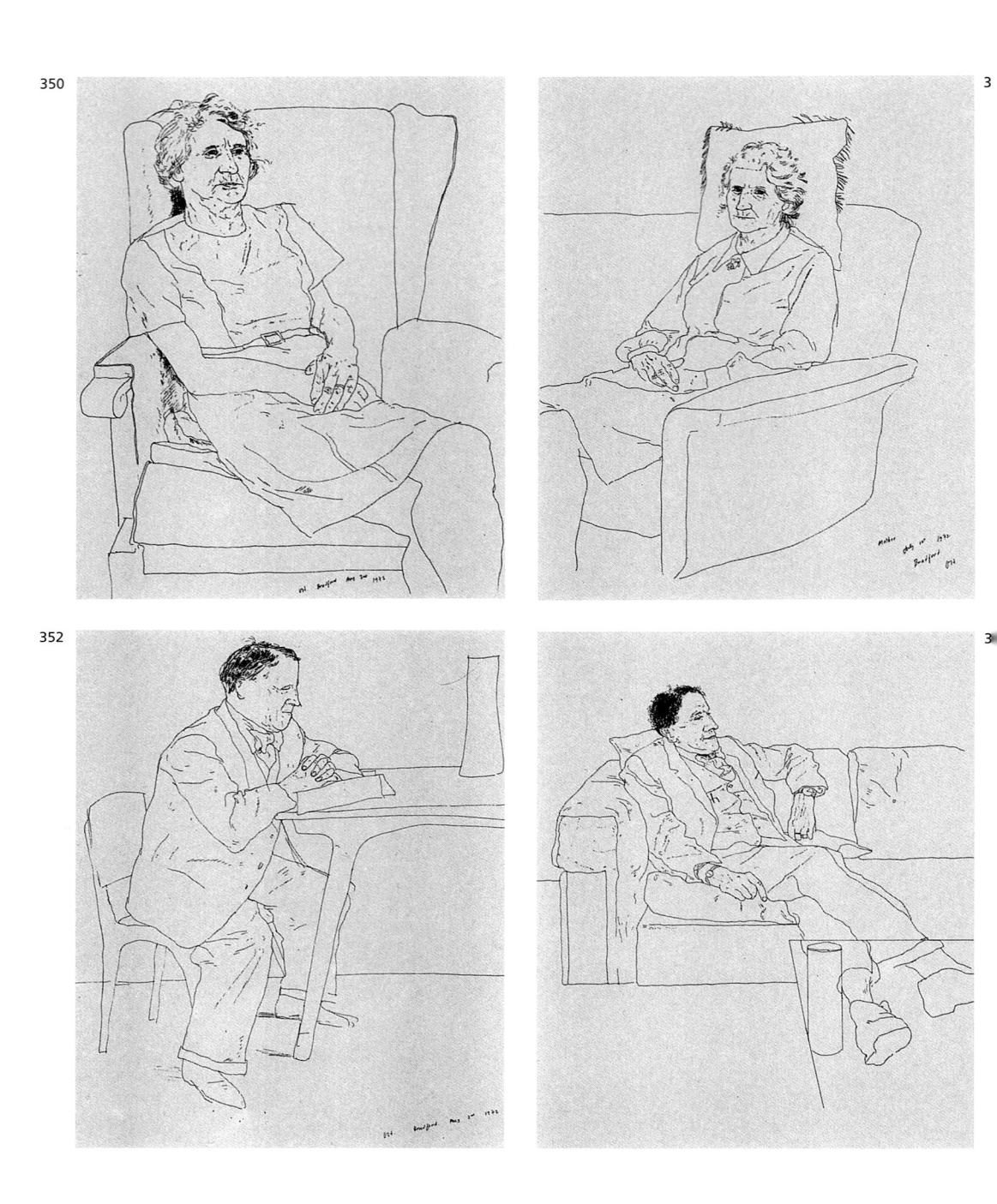

3

352

3

354

355

350《艺术家的母亲》，1972 年
351《母亲（7月1日，布拉德福德）》，1972 年
352《艺术家的父亲，布拉德福德》，1972 年
353《艺术家的父亲》，1972 年
354《母亲》，1972 年
355《我的母亲与鹦鹉》，1974 年

356

357

358

356《亨利》,1973 年

357《亨利,第七大道》,1972 年

358《圣安德烈亚在卡普里莱》,
(《沙滩椅中的亨利》),1973 年

359《圣安德烈亚在卡普里莱》,
1973 年

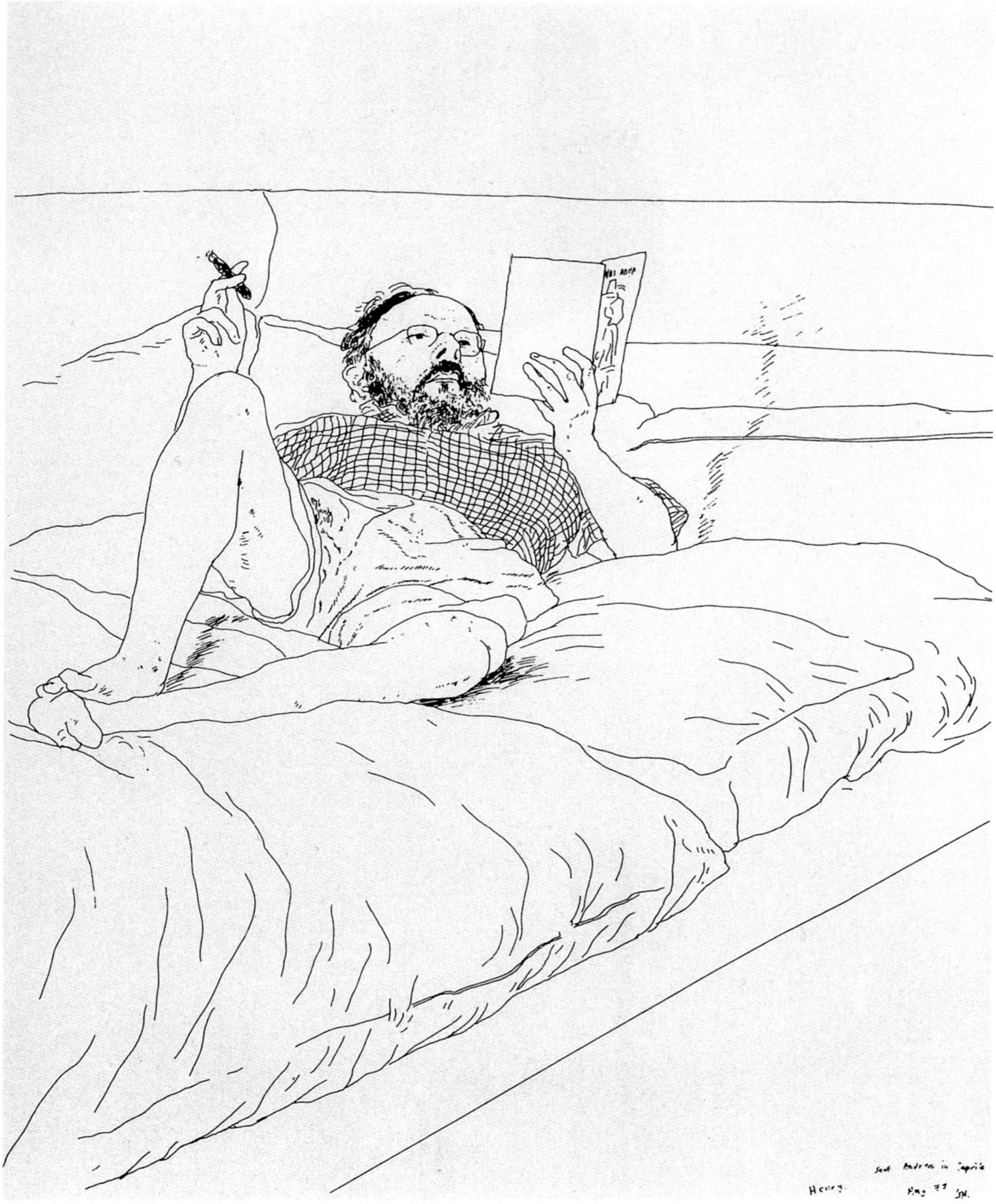
Henry.

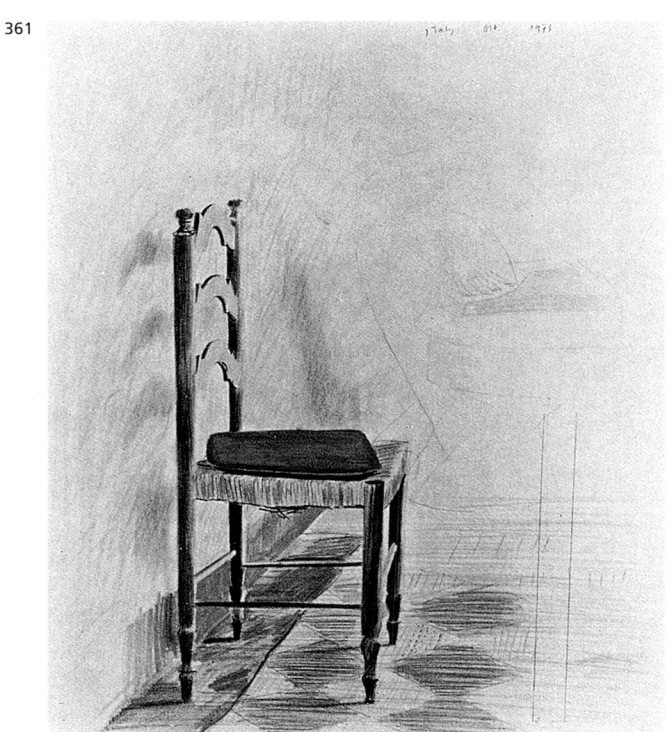

360《欧金·兰布医生》，1973年

361《椅子，桑蒂尼之家山庄酒店》，1973年

362《唐·克里布,卢卡》,1973 年
363《莫,卢塞恩》,1973 年

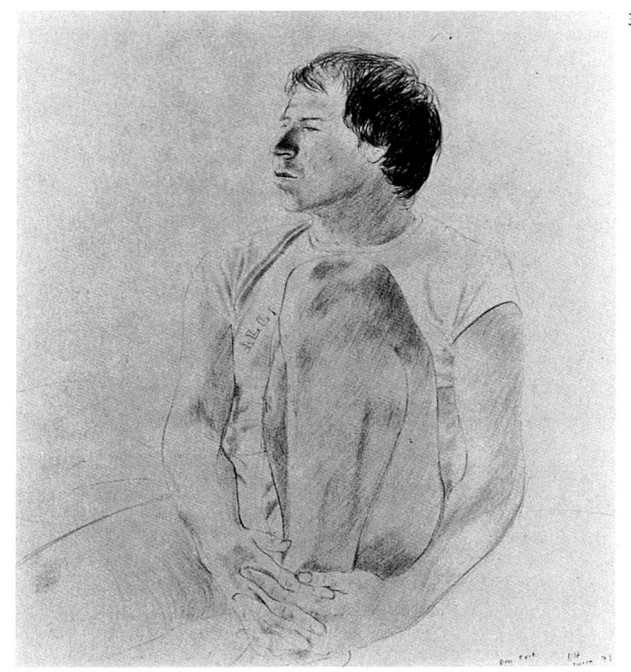

362

363

295

364《让·莱热像》，1973 年

365《莉拉·德·诺布里,巴黎》,1973 年

366《西莉亚，梅尔罗斯大街 8365 号》，1973 年

《天气系列》，1973 年
367《雪》
368《风》
369《雨》
370《阳光》
371《迷雾》
372《闪电》

299

373

A.P. III   The Master Printer of Los Angeles   David Hockney 73

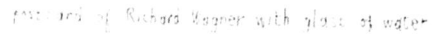

373《洛杉矶的版画大师》，1973 年

374《古斯塔夫·福楼拜》，1973 年

375《乔治·桑》，1973 年

376《理查德·瓦格纳明信片上的一杯水》，1973 年

377《静物与书》，1973 年

378

379

378《卢浮宫的窗户,草图二号》,1974 年

379《逆光,法国风格》,1974 年

380《卢浮宫的两只花瓶》，
1974 年

381《卢浮宫的两只花瓶》，
1974 年

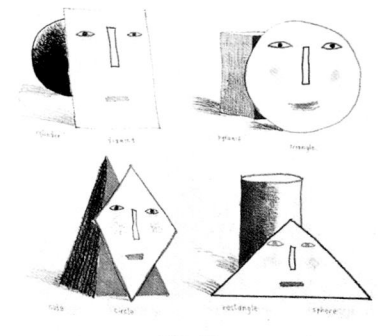

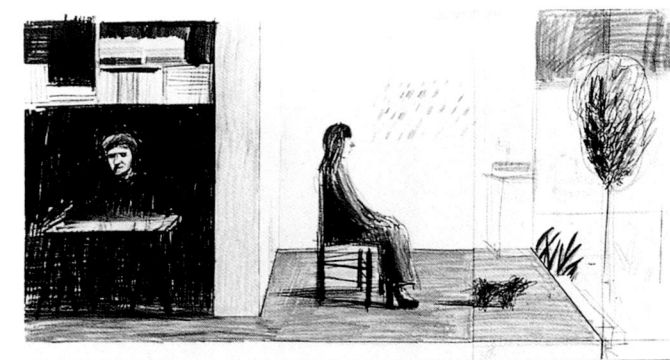

382《曼·雷》，1973 年
383《简化的面孔（第二阶段）》，1974 年
384《乔治·马苏洛夫斯基与雪莉·戈德法布》，1974 年
385《乔治·马苏洛夫斯基与雪莉·戈德法布》，1974 年
386《乔治·劳森与韦恩·斯利普像》(未完成)，1975 年

385

386

387

388

387《学生：向毕加索致敬》，
1973 年

388《艺术家与模特》，1974 年

389《向莫里斯示范糖水起地
法》，1974 年

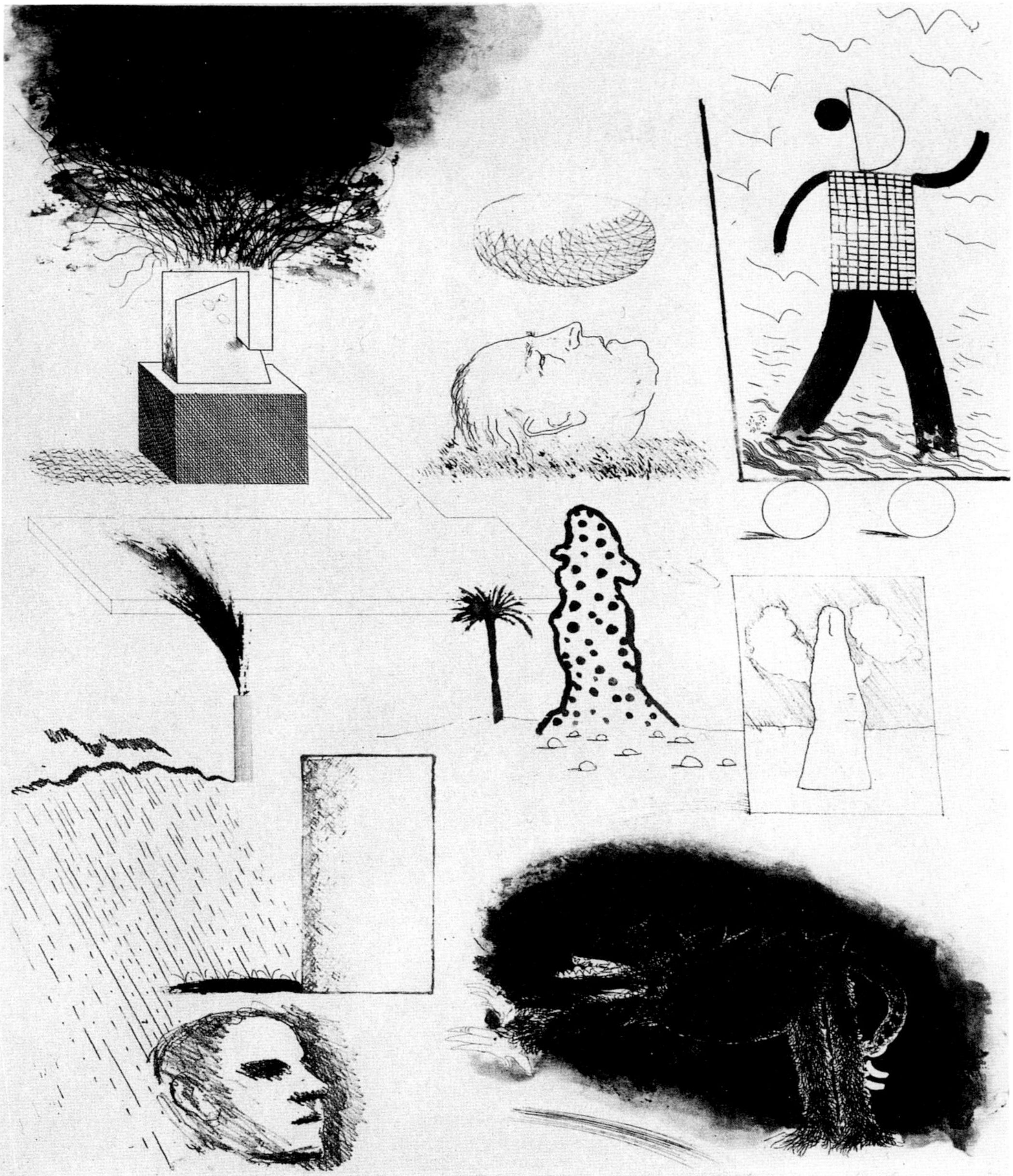

390《卡斯明》，1973 年

391《卡洛斯》，1975 年

392《烛光下的亨利》，1975 年

393《格雷戈里在帕拉蒂尼废墟中沉思》，1974 年

394《尼基·雷》，1975 年

395

395《伊芙-玛丽与马克在巴黎》，1975 年

396

397

398

399

396《书与铅笔,火岛》,1975 年
397《熟睡的格雷戈里》,1976 年
398《熟睡的格雷戈里》,1976 年
399《格雷戈里在洛杉矶》,1976 年

400 为《浪子生涯》所作的速写，1975 年

401《向米开朗琪罗致敬》，1975 年

（图 366），此外还画了一张《洛杉矶的版画大师》[The Master Printer of Los Angeles]（图 373）的素描，这是给一位版画家画的肖像，一张很大的素描，画在石版上。我又为亨利·盖尔扎勒画了一张小肖像。就在这段时间，我读了此前没能找到的福楼拜 [Flaubert] 的小说《布瓦尔与佩居榭》[Bouvard and Pécuchet]，我把这本书画进一张带有鲜花的版画中（图 377）。

接着奥西耶来到加州与西莉亚会合，之后他们一行返回英国，比我早回去一点儿。4 月，我就在水门事件发酵之前离开了加州。我觉得真可惜！美国刚要激动起来，我却在这时候离开。我回到伦敦，碰到的只有一份沉重，令人不堪，我决定不在伦敦继续待下去了。

新的开始：巴黎，1973 年

离开加州后我决定搬去巴黎。我想应当放弃英国一阵子。过去我总是把加州当作逃避伦敦的地方，但我不想再去加州了，我要去巴黎，我一直喜欢巴黎。我先是住在美术街 [rue des Beaux-Arts] 的尼斯酒店 [Hôtel de Nice]，并开始在克罗默兰克的画室里做蚀刻版画。那年夏天我和亨利·盖尔扎勒去了卢卡 [Lucca]，并短期回了趟英国。然后我把家搬到巴黎，去画画了。

我开始用油画颜料作画。我要暂时搁置《乔治与韦恩》那张大画。当时我从加州回伦敦，再看它，觉得有什么东西把我推开，不愿再画下去了。我想，就丢这儿吧，没有理由再画下去了。我在巴黎画的最初几张油画都被我丢弃了，让我有点儿抑郁。问题出在我用处理丙烯颜料的方式处理油画颜料。因为太久没画油画，我已经忘了怎么画。不过我开始享受巴黎的生活，开始大量画素描。就从这时候起，我开始画尺幅很大的素描。西莉亚来巴黎看过我几次，我开始给她画大幅素描。但一年时间我只画出了三张油画：两张画卢浮宫的，《逆光，法国风格》（图 402）和《卢浮宫的两只花瓶》[Two Vases in the Louvre]（图 380），此外还有一张肖像画《乔治·马苏洛夫斯基与雪莉·戈德法布》[Gregory Masurovsky and Shirley Goldfarb]（图 385）。

卢浮宫的展览

说来也巧，我刚搬到巴黎，英国文化协会 [British Council] 就邀我参加在卢浮宫装饰艺术馆举办的一场大型展览。英国文化协会最初提出办这个展览，是想从威尼斯开始，利用威尼斯双年展办。我对威尼斯双年展不感兴趣。我嘴上说好，但办不办我都不在乎。后来利用双年展的计划被取消了，组织者说他们会把展览带去别的地方办，巴黎或者什么地方。于是我说，我觉得巴黎很不错，我就住在巴黎。后来我真喜欢上了这个展览。我很高兴他们在巴黎办展，效果相当好。巴黎人以前根本不了解我的作品，我在巴黎展出得很少。

我那一年画的三张画都有新的发明，三张都有。《逆光，法国风格》这个题目我喜欢，我承认，画的就是我在卢浮宫见到的一扇窗户。当时卢浮宫花神楼［Pavillon de Flore］正在举办大都会博物馆［Metropolitan Museum］藏法国素描展，我觉得这是个非常漂亮的展览，去看了几次。第一次去我就看见了这扇窗户，遮光帘拉下一半，窗外可见几何式布局的花园。我觉得这景象真是棒极了，棒极了！这本身就是一幅画。接着我想，这个主题很精彩，而且非常有法国味儿。我既然身在巴黎，而且放弃了一些创作，那为什么不画这个主题呢？于是我给这扇窗拍了照，画了张素描，然后开始创作。我想也许应当更有意识地运用法国风格，用点彩主义手法［pointillism］。那时我重拾油画已经有一阵了，从开始就画得很顺。一般情况下，一张画要是开头画得顺，那就能一直画得顺，要是开头画得不顺，也可以改好，但很少有开头画得顺，后来反倒弄砸了的情况。我的确偶尔也碰到过这种糟糕的情况，但很少发生，因为开始画得顺，说明大方向正确。点彩主义从技法来说不算很好，但点彩主义就这个样。用这样的技法有点儿任性，尤其是在法国，尤其是画巴黎。毕竟，画好莱坞属于现代的、"二战"后的艺术，但是画巴黎就是另外一回事儿了。人们到巴黎画它六十、八十或者一百年前的样子，而这些东西早已被杰出的、比我更好的艺术家画过了，因此我画这张画是带着挑战的意味的，也有点儿任性。

《乔治·马苏洛夫斯基与雪莉·戈德法布》这幅肖像画的缘起是因为我和雪莉·戈德法布相熟，而且我觉得再画一张双人像也很好。这是张小画。格雷戈里和雪莉是美国人，在巴黎生活有二十年了。他俩都是艺术家，不过雪莉画得不多，她在巴黎游历，很多时间都坐在花神咖啡馆［Café de Flore］。他俩每天晚上都去圆顶餐厅［La Coupole］共进晚餐，完了再坐一会儿。她人很有趣。我见到他俩住了二十年的小画室，很受震动，只有两间很小的房间，小得不可思议。这间小画室让我很受感动，而他俩就在这么小的蜗居里住了二十年，这个事实本身就是一个好题材。他俩的关系也挺怪的，男的要是不和女的打招呼就不能离家外出，但女的离家外出却不需要与男的打招呼。他俩结了婚，但却分开过。女的自称雪莉·戈德法布，而不是随丈夫的姓叫雪莉·马苏洛夫斯基，他们过着各自独立的生活。

他们的画室是两间又小又窄的房间，要想从一间到另一间，必须先走出户外，然后才能进另一间，房间是北光的。为了让人同时看见雪莉和格雷戈里在画室里，我不得不把墙去掉不画，画中真的把墙拆了。想要呈现画室侧面情景的唯一办法就是拆掉一堵墙，画中的"平台"其实不是平台，而是把墙拆掉的结果。

没有影星的电影

在巴黎给这两位艺术家画像的这段时间里，我曾返回伦敦看《一朵大水花》这部电影。它让我感到震惊，我感到被捶碎了，它仿佛让我重新经历了那些……有些地方拍得非常真实。虽然人们对它有各种批评，但它有很多真实的东西。我则完全被震撼了，我以前根本不知道它是这样。之前我一寸胶片也没看过，也没指望音效是这个样子。它的摄影让我深受震动。看这宽屏幕，老天爷，他们在干什么！只用一架摄像机，他们怎么能做成这样！我看完电影，走出电影院，没有对杰克提到它一个字，一个字也没提，我只提了一个要求：我想请你去掉"大卫·霍克尼主演"这行字，我不是个影星，不是电影明星，我也不想成为电影明星，请把这行字去掉。然后我就走了。我对这部电影的印象是又枯燥又长，我想，要是我觉得它又枯燥又长，那别人也会这么觉得。我又想，它的摄影非常令人震撼，不过，我还不知道怎么评价它，我对它不知所措。杰克这家伙用了四年时间拍出它，自己掏了很多钱，你拿这没办法。我意识到不管自己怎么想，也无法向他开口，说你不能放映这部电影。这是个问题。

我回到巴黎，老是想这部电影。我该怎么办？我想，再看一遍。于是我带上雪莉·戈德法布一起去了伦敦。她没别的事儿干，每一部电影都会去看。她说这部电影很精彩，是她看过的有关艺术家绘画创作的最佳电影。这话克莱斯·奥尔登堡也说过，他看了电影以后还给杰克·哈赞打了电话，特意在电话里告诉他这番话。我第一次看的时候觉得它缺乏形式，但看了第二遍之后我意识到它没我原来认为的那么缺形式。那时候我想，我拿它也没办法，就不管它了。我继续干自己的事儿，为雪莉画画。接着我就接到了杰克·哈赞打来的电话，他问：电影将在戛纳电影节［Cannes Film Festival］上映，你来不来？我回答说：要是它在戛纳上映，我就连戛纳周围的地方都不去。它真就在戛纳电影节上上映了,《泰晤士报》的电影批评家在文章中说它是一部很好的电影。不管怎么说,我觉得自己没办法阻止电影的放映,就签字同意了。我真觉得杰克本来可以拍一部更商业化的电影,从中赚一大笔钱,那是很有可能的。可从拍摄方式来看,这完全不是一部商业电影。我觉得这是一部非常专业化的电影。

杰克来巴黎对我说,巴黎要放这部电影了,戛纳电影节的所有电影巴黎都会放,你去看看吧,坐在观众中间看。与杰克同来的还有戴维·罗宾逊[David Robinson],他要给《泰晤士报》写一篇长文,谈电影是怎么拍的。他们来时我正在画《乔治·马苏洛夫斯基与雪莉·戈德法布》,快画完了。杰克看着画,觉得很有意思,对我说:大卫,原来你一直在干这个,看看你把他俩画的。我说我知道,我懂你的意思,就算雪莉和格雷戈里说他们不喜欢这画,只要我喜欢,我就不会把画毁了。

我真和他们一起去看电影了,坐在观众中间。这部电影我一共就看过这么三遍。我坐在后排。我告诉杰克:我不打算评论这部电影,电影不是我拍的,是你拍的,杰克,所有的表扬和批评都归你,与我无关,我只不过出现在电影里。而且,杰克,你知道的,我并不太懂那部电影是怎么回事。所以你说它有些部分是虚构的。我向戴维·罗宾逊说明了这些情况,他仍然说:这是部精彩的电影,大卫。电影一散场我立刻就离开了。反正法国人喜欢这部电影,也许是因为他们听不懂旁白,旁白都是陈词滥调,与艺术不相干。电影其实不需要对白,因为故事是用视觉方式讲述的。这部电影在巴黎取得了巨大成功,不是商业成功,而是在艺术电影内行小圈子里的成功。电影内行喜爱它。看完电影后我逃离现场,赶去圆顶餐厅,一路上不断被人叫住,他们说:我喜欢你的电影。我的电影!纯粹出于巧合,电影刚好在巴黎卢浮宫展览开幕后几天首映。所以才有这么多人说喜欢这部电影,他们先看电影,然后去展览上看原作。人们说能够看了电影再看原作是非常美妙的体验,对那些从来没见过我作品的人而言尤其如此。我开着电影的玩笑,努力忽视它。我会与别人谈这部电影,但总体来说我对它采取无视态度。说句公道话,电影从几个方面讲都很出色,我不认为可以再给我拍一部这样的电影,因为这样的电影你得在人不知情的情况下拍。要是杰克·哈赞给我看这部电影,然后说现在我们想再给你拍一部,我能答应吗?我会说滚蛋,换谁都会这么说的。电影里的角色完全处于不知情的状况,并未意识到正被拍成电影。杰克其实原来也没有意识到,虽说他起码知道摄影将会是什么效果。不过我觉得这部电影一直都会上映下去,因为里头有些好东西,你得将就着和坏的东西一道接受。

新的蚀刻技术

我一直知道有种蚀刻技术可以用酸在版子上作画。一般的飞尘法是把树脂粉涂在版子上，然后除掉不想要的部分，这样在画底稿时就得画负像。为了保护版子，先得把不想成为灰调子的部分用保护剂覆盖起来，然后把版子浸到酸里。用飞尘法制作时，版子压根儿不需要在酸里浸泡很久，一般几分钟，要是酸够强，一分钟就够了。不过，我知道毕加索有时会用另一种技术。有一种能让你画正像的技术，叫"糖水起地法"[suger lift]，其工艺是先调制少许饱和糖溶液，再调入广告颜料，用这种溶液画出你要用飞尘法做成灰调子的部分，接着用保护剂将版子覆盖，然后，将版子置于水中，糖在水下溶解，带走了涂在其上的保护剂，于是就可以腐蚀制版了。用这种技术你可以画正像。不过，还有第三种技术，要是版子上已经涂好了树脂，你可以用酸直接在版子上画。把酸当作水彩，用水彩笔来画。问题是制版不得不用强酸，而画笔一接触酸液就开始腐蚀，因此画笔只能坚持一分钟，之后就会被腐蚀掉。我们尝试过这样作画，但必须画得很快，结果就失去了对画面的控制。莫里斯·佩恩想到个办法，要是有多晶硅胶——就是贴墙纸用的赛璐璐胶，只要先把笔在多晶硅胶里蘸一下，之后再蘸酸液，多晶硅胶就会保护笔头，酸要过一段时间才能侵入。同时，多晶硅胶具有一定黏稠度，因此能在版子上形成笔触效果。你还是不得不快速作画，因为酸液终将侵入胶层，把笔头腐蚀掉，但这个办法的确为你赢得长得多的作画时间。莫里斯想出这个点子时，我觉得他真是个天才！这个办法令人叫绝，因为不用这个技术我就得用糖水起地法，而我用糖水起地法做蚀刻从来没有成功过，我掌握不了让糖融化的秘诀，直到后来在巴黎才从克罗默兰克那里学会了这门技术。

1973年初，我和西莉亚一同待在加州期间，我刚刚读完了最后一本福楼拜的小说《布瓦尔与佩居榭》，那时我还一门心思想从他的《故事三则》[Trois Contes]中取材，画一张《一颗单纯的心》[A Simple Heart]。这个故事打动了我的心，我想发掘一下这个主题，真的用在我的画中。当时莫里斯给我看了他的技术，我手中有纳达尔[Nadar]拍的福楼拜和乔治·桑[George Sand]的照片，就借莫里斯的技术画了乔治·桑（图375）。我一口气就画成了，等印出样张，我对莫里斯说，这技术真不可思议，非常好。于是我接着尝试画福楼拜（图374），可是尝试了五次，用了五块版子，最后都扔了，在版子上作画只要动笔就改不了，于是画坏的只能扔掉。最后我做成了五六张，用的都是这种技术，我觉得棒极了。

那年后来我又去了巴黎，为柏林一位出版人做了出版界纪念毕加索的蚀刻画。最后我做了两张，一张给柏林，一张给彼得堡出版社。我决定去奥尔多·克罗默兰克［Aldo Crommelynck］那儿做这些蚀刻。他希望我去他那儿，我们以前从未谋面，我也不知道他了解我的作品，因此第一次到他那儿搞得我很吃惊。开始我还是按照老办法制作蚀刻，奥尔多曾经为毕加索做了二十多年的蚀刻画家，生活在法国的油画家中没几个会亲自动手做版画，毕加索是其中之一，他还保持着老做派，真会动手做版子。法国画家一般都请别人干制版、拷贝的活，但毕加索的版画从来不是这么搞出来的。他亲自在版子上动手，划、割、凿，需要干什么他就干什么。

奥尔多给我示范了怎样运用糖水起地工艺，这种技术每次都能成功，这让我特别惊讶。奥尔多从勒克利耶［Lecourier］那儿学会了所有技术，他十九岁就和勒克利耶一起工作，那时勒克利耶已经是个老人了。他曾教会毕加索怎样做蚀刻画，奥尔多也就是因为这个机会认识了毕加索，从此在二十五年时间里协助他制作蚀刻画，勒克利耶去世后，奥尔多就成了转为毕加索印制蚀刻画的技师。我在奥尔多那儿待了一阵子，互相熟识了些后，他对我说：你没早点儿来真可惜，你要是见到巴勃罗［Pablo］肯定会喜欢他的——他总是叫毕加索"巴勃罗"——巴勃罗肯定也会喜欢你。我要是能认识毕加索，哪怕只见一面，也会高兴死，那可是一件值得记住的大事儿。毕加索去世的那天我刚好离开加州，当时我和莱斯莉·卡伦［Leslie Caron］去拜访让·雷诺阿［Jean Renoir］，我从车上的收音机里听到了毕加索去世的消息，见到让·雷诺阿时我把这个消息告诉了他。让·雷诺阿年事已高，听到这个消息说，死不像毕加索干的事儿。

我以毕加索为主题的一批蚀刻画是参考一幅毕加索的照片，用水彩笔画的（图387、图388）。画上的条纹等等，都是用水彩笔画的。画完之后我们会涂上保护剂，按照奥尔多用的技术，糖立刻使相应部位的保护剂脱落。我感到十分神奇，每次在伦敦尝试这种技术，我都不得不凿掉保护剂，而糖却不肯脱落。要不就是糖虽然脱落了，却把其他部位不该脱落的保护剂也带了下来。奥尔多不用酸，他用的是氯化铁［ferric chloride］，将氯化铁用于铜版，进行缓慢的腐蚀。水彩笔的笔头不会被氯化铁腐蚀掉，因此可以从头到尾用水彩笔在版子上画。用的氯化铁越多，版子的颜色就越深，因此可以做出深浅不同的调子。这些技术我以前从来没用过，我待在那儿的三个月时间里，学到了那么多东西！

有天我们正在吃午饭，奥尔多问我：你为什么不做点儿彩色蚀刻？我回

402《逆光，法国风格》，1974 年

403《杜撰人物揭示静物》，1975 年

404 为罗兰·佩蒂特的芭蕾舞剧《北方》所作的素描，1975 年

405《克尔比(仿贺加斯)实用透视知识》,1975年

406《我和我的父母》，1975 年

答说：以前想过，但彩色蚀刻太难做了。为了套色，不得不用两三块版子，还得先画好素描再分色。我说：在我看来，蚀刻画的全部意义就在于它的即兴效果，你可以随时拿起版子画，画什么都可以，身边不需要放一幅事先画好的素描底稿，你可以写生，或者画成黑白效果，怎么都行。奥尔多说：啊！毕加索谈到彩色蚀刻画时就是这么说的。他并不真想投入进去，技术太复杂了，失去了即兴效果。完了他又说道：我想到了一种技术，可以让你保持即兴效果，不需要先画素描稿，而且可以直接画色彩。

他向我说明这种技术，其实是非常、非常简单的，一切好点子都是这么简单。以前居然没人想到它，这让我感到很震惊。它太直接，用的都是已知的蚀刻技术。我感到如此神奇，我说：老天！我们下午就试试！我马上放弃了福楼拜，只想尝试新技术。我用这种技术印出的第一幅样张是《简化的面孔》[Simplified Faces]（图383）。这种技术我不说也罢，因为不用示意图也说不清。但它非常简单，一点儿不复杂，就是想法聪明。全套版子的边框要做准，然后制作版子时可以写生，用色彩写生。举例而言，假如做的是黑白石版画，那么你先用黑色材料在石版上画，接着把它印出来，你知道印出来是什么样，但假如做的是一张彩色石版画，你先得画一张彩色素描，接着必须进行分色，不管处理的是哪种颜色，你画的时候总是用黑色画，因为石版画用的油脂总是只有一种黑色。奥尔多的技术要求用彩色铅笔画，画完再腐蚀。必须先用彩色铅笔画，因为要用到软地蚀刻法 [soft-ground etching techniques]，不能用硬地，那样不行。这种技法完美地适合于我，因为我就喜欢用彩色铅笔画素描。毕加索从未用过这种技术，奥尔多在毕加索去世前夕才想出这种技术，因此我真是第一个运用这种蚀刻技术的人。我进行各种尝试，也许至今仍是唯一使用这种技术的人。人们看到这些作品时总是为之称奇，而且非常吃惊这些居然是蚀刻画。他们以为是石版画，或者别的什么媒介。他们看着这些画问：你是怎么做的？它们是怎么画出来的？我给格雷戈里画了一张，用红色和蓝色直接在版子上写生。之后我做了卢浮宫的窗户，两扇窗户，我前后做了六七张（图378—381）。

我用这种技术印制了那两张毕加索，还做了几张小幅静物，几张花，还有《雏菊》。这批画从版画的角度看并不十分有意思，我才刚刚学会这种技术。花是根据写生画的，依然是彩色的，你得对版画有一定了解才知道彩色版画有多难做。我并不是说难画是一张画的优点，我知道，一张很容易画出来的画也可以是好画。实际上，我一直谴责在版画中过分使用技术，形式和内容比技术更有意思，哪怕用糟糕的技术也可以实现好的形式和内容。技术好固然不错，但好技术本身并不产生任何东西，要是有不错的形式和内容，技术一般般就可以了，可以克服。

　　学习这些技术让我非常兴奋，因为它们拓展了我对蚀刻版画的视野，我在电话里把这些都告诉了莫里斯·佩恩，告诉他这些蚀刻都是怎么做的。他也试着用彩色蚀刻技术做了一张版画，他自己画的，没等我给他示范，结果没有成功。后来我回到英国，给他做了示范，告诉他必须用氯化铁在软地上腐蚀，这样才能观察效果。时间不长，只消两分钟，但你必须留心观察以防搞砸。莫里斯搞来了氯化铁，我们进行试验，结果非常成功。奥尔多知道我把这种技术告诉了莫里斯，它并不是什么行业秘密。莫里斯被震住了，这简直是个启示。我们又做了些更复杂的版画，然后我说：莫里斯，我知道怎么完善糖水起地法了。以前我们是通过加热糖和水来制作糖溶液，但是等它冷却下来，一部分糖就又结成颗粒了，于是当你作画时，溶液中结成颗粒的糖就会阻碍你画出精细的线条。奥尔多告诉我，只要方法正确，糖水起地法是可以用毛头笔画出完美细线条的，根本不用热水，而是用凉水。必须等一天，让糖充分溶解，接着再加入更多的糖，直到溶液饱和，再也溶解不了更多糖了。要是溶液开始出现颗粒，说明糖放得太多了，必须在刚刚达到完全饱和之前停止加糖。莫里斯按照这个方法做了，而且显然成功了。

　　《向莫里斯示范糖水起地法》[*Showing Maurice the Sugar Lift*]（图389）纯粹是用来试版的。我先向莫里斯示范怎样用糖水起地法做黑白的软地蚀刻，后来我们以此为题做了张蚀刻。我开始并不想把它印成画公开发表，后来我们决定公开发表，因为每个人都喜欢它，我觉得它是件有意思的蚀刻作品。这个标题让莫里斯感到受了冒犯，他说：人们会以为我不懂什么是糖水起地。我说没有人知道什么是糖水起地，我对他说：莫里斯，这个题目听起来就像一首歌的歌名："向莫里斯示范糖水起地，恰恰恰"。

　　到现在为止，莫里斯为我印制蚀刻画已经差不多十二年了，他是个非常非常出色的版画家，这样的人不多了。印制蚀刻画是一项非常困难的工作，实际上，现在仍在制作蚀刻的画家已经不多了，过去更多。有些人专做版画，被称为"版画家"[printmaker]，诸如迈克尔·罗森斯坦[Michael Rothenstein]、斯坦利·海特[Stanley Hayter]等人就是这样。我不是个版画家，我是个画家，也顺带着做几张版画而已。蚀刻的要点在于你必须懂素描，它基本上是一种讲究线条的媒介。

新素描、新绘画及舞美设计

卢浮宫展览后，1974 年 10 至 12 月间，我用大量时间画素描，画了一批非常复杂、画得非常紧的学院式素描。有些用一周时间才画完，这是我第一次花这么长时间画素描。1975 年我重新开始画油画。有两三张画了一半丢在那儿了，实际上有点儿放弃的意思。接着我开始给我父母画一张大油画（图 406），这幅画我酝酿了很长时间，进展相当顺利，我对它的发展方向很高兴。我画了张小的、比较怪的画，开始人们并不理解，它有点儿怪，画的是个编造出来的人物，就像《向莫里斯示范糖水起地法》中的人物，一个棋盘格子人，旁边还摆放着真实的静物，画中人正拉动窗帘，窗帘是参考安吉列科修士一张画中的窗帘画的，直接借用过来。我给这张小画取名《杜撰人物揭示静物》[Invented Man Revealing Still Life]（图 403）。

接着我就为格林德本歌剧节 [Glyndebourne] 上演的斯特拉文斯基《浪子生涯》做了项大工程（图 400）。虽然我从贺加斯的素描里汲取了很多东西，但为这出歌剧进行舞美设计用了我将近五个月时间，真是项大工程。当然，我全面研究了贺加斯，找到了他为约翰·克尔比 [John Kerby] 在 18 世纪写的透视著作所作的封面插图，我对这张封面很感兴趣，因为画中的透视全是错的。开始我想可以把它直接用作歌剧布景，后来我想。不行，没必要用这类视觉玩笑。不过，舞美用不上，我倒可以根据它画张油画。1975 年 4、5 月间，我开始画《克尔比（仿贺加斯）实用透视知识》[Kerby]（图 405），同时还开始给我父母画像。此外，直到 1975 年春巴黎克劳德·贝尔纳画廊举行我的版画和素描展，我一直都在画素描，同时也干歌剧的工作。6 月，我不得不暂停《克尔比》这张画，因为我必须前往英国在格林德本歌剧节现场工作，整个 6 月我都在格林德本歌剧节上工作。7 月我又回到巴黎，继续作画。

现在我完成了《克尔比》，它是一幅很大的画，与《杜撰人物揭示静物》有关。看到《克尔比》的人马上都说他们明白《杜撰人物揭示静物》是什么意思了。《克尔比》一画的构图与贺加斯画的封面构图一样，第一眼看去就像一张普通的画，河流，两个钓鱼的人，桥，天空，旁侧的建筑，但仔细一看就发现事情全不对头——各种透视错误。我从没读过科尔比的著作，但我觉得这本书的封面只不过是贺加斯开的玩笑，跟一本讲透视的著作开了个玩笑。他也许是想努力说明，你可以把透视都搞错，但整幅画看起来仍旧是对的。他用了反向透视，事物近小远大。我的画是将他的黑白线刻画转化为油画。这个转化相当有意思，我用同样的手法画了天空，有规律地画出排线，就像线刻版画里那样。不过，我的建筑是涂出来的，我还在画布上玩儿了各种不同的颜料。这张画呼应了我的早期作品，除了现在，别的任何时候恐怕我都不会画成这样。十年前我不可能这样画，那时候不会如此酝酿的。

上述三张画如果说是一次新的出发并不确切，但它们标志着我从自然主义中脱离出来。我给父母画的那张肖像与我画的其他肖像具有完全不同的概念。画的不是一间房间，他俩就那么待在画布上。我再度感到了自由，现在，有许多画我想画，我一门心思想去发明创作。从前我努力想逃避，这比我原以为的更难。不是我拒绝朝自然主义方向前进，而是说自然主义可能是个陷阱。我现在所追求的可能也是个陷阱，但等我探测到陷阱，便会采取行动。不管怎么说，自然主义是个应该小心对待的东西，每个画家都会告诉你它是个陷阱，而且在绘画史上，自然主义从来就不怎么有意思。现实主义很有意思，但我讲的自然主义并不是现实主义。

我相当一段时间内不会回头去干福楼拜蚀刻了。我只为米开朗琪罗四百周年纪念做了一张版画（图 401）。画中薇拉·罗素［Vera Russell］穿过房间，从一头走进，另一头走出。"女士们在房间里来来去去，谈论着米开朗琪罗"——我引用了艾略特［Eliot］的这句诗，于是就有了画中这位匆匆走过的女士，有点儿模糊，我用淡彩画出模糊的效果，墙上还有表示米开朗琪罗的作品。我觉得用这个方式看米开朗琪罗挺有意思，我引用艾略特的这句诗一定是他给现代诗歌留下的最著名的一句，而薇拉在我看来就属于那种谈论米开朗琪罗的女士。我把这些说给贾斯珀·琼斯听，他告诉我在电影《马耳他之鹰》［The Maltese Falcon］中有个场景，一个男人问侦探："女士们在房间里来来去去，谈论着米开朗琪罗"这句什么意思？侦探回答说：这说明他并不了解女人。太绝了，我喜欢。

图版目录

尺寸以英寸（厘米）标注，长度在宽度前。

1 *The Third Love Painting*, 1960. Oil on board, $46\frac{3}{4} \times 46\frac{3}{4}$ (119 × 119). Mrs George M. Butcher, Oxford.

2 *The Cha-Cha that was Danced in the Early Hours of 24th March*, 1961. Oil on canvas, $68 \times 60\frac{1}{2}$ (173 × 158). Mr and Mrs Robert Melville.

3 *A Grand Procession of Dignitaries in the Semi-Egyptian Style*, 1961. Oil on canvas, 84 × 144 (214 × 367). Robert Lewin, London.

4 *Tea Painting in an Illusionistic Style*, 1961. Oil on canvas, 78 × 30 (198 × 76). Bruno Bischofberger, Zurich.

5 *Flight into Italy – Swiss Landscape*, 1962. Oil on canvas, 72 × 72 (183 × 183). Marchioness of Dufferin and Ava, London.

6 *The Second Marriage*, 1963. Oil on canvas, $77\frac{3}{4} \times 90$ (198 × 229). Presented by the C. A. S., London, to the National Gallery of Victoria, Melbourne.

7 *Portrait of My Father*, 1955. Oil on canvas, 20 × 16 (51 × 41). Mr and Mrs Bernard Gillinson, Leeds.

8 *Self-portrait*, 1954. Colour lithograph, 16 × 12 (40 × 30). Five impressions pulled (no numbered edition).

9 *Fish and Chip Shop*, 1954. Colour lithograph, 18 × 17 (45 × 42). Five impressions pulled (no numbered edition).

10 *Woman with Sewing Machine*, 1954. Colour lithograph, 10 × 16 (25 × 40). Five impressions pulled (no numbered edition).

11 *Standing Figure*, 1956. Oil on canvas, 48 × 40 (121·9 × 101·6). Collection of the artist.

12 *Nude*, 1957. Oil on canvas, 72 × 48 (182·8 × 121·9). Collection of the artist.

13 *Drawing of Dog*, 1957. Ink, c. 9 × 12 (22·8 × 30·5). Paul Hockney, Bradford.

14 *The First Love Painting*, 1960. Oil on canvas, $50\frac{1}{2} \times 40\frac{1}{4}$ (128·2 × 102·2). Collection unknown.

15 *Jump*, 1960. Oil on canvas, 30 × 20 (76 × 51). James Kirkman, London.

16 *The First Tea Painting*, 1960. Oil on canvas, $29\frac{1}{2} \times 13$ (74 × 33). Private collection.

17 *Doll Boy*, 1960–1. Oil on canvas, 60 × 48 (152·4 × 121·9). Private collection.

18 *Little Head*, 1960. Oil on canvas, $15\frac{1}{2} \times 12\frac{1}{2}$ (39 × 32). Peter Cochrane, London.

19 *Your Weight and Fortune*, 1961. Oil on canvas, 20 × 30 (51 × 76). Paul Jenkins, Paris.

20 *The Fourth Love Painting*, 1961. Oil and Letraset on canvas, $36 \times 28\frac{1}{4}$ (91 × 72). John Donat, London.

21 *Alka-Seltzer*, 1961. Etching and aquatint on zinc, $11\frac{1}{8} \times 5\frac{1}{8}$ (28·4 × 13). Edition of 15, signed in pencil, published by the Petersburg Press and printed by Maurice Payne.

22 *The Most Beautiful Boy in the World*, 1961. Oil on canvas, $70 \times 39\frac{1}{2}$ (178 × 100). Private collection.

23 *Boy with a Portable Mirror*, 1961. Oil on canvas, 39 × 55 (99 × 140). Paul Jenkins, Paris.

24 *Peter C.*, 1961. Oil on canvas, diptych, $23\frac{3}{4} \times 16$ (60 × 41) and 18 × 12 (46 × 30). Private collection.

25 *Sam Who Walked Alone by Night*, 1961. Oil on canvas, c. 36 × 24 (91 × 61). Private collection.

26 *We Two Boys Together Clinging*, 1961. Oil on board, 48 × 60 (122 × 153). The Arts Council of Great Britain, London.

27 *The Last of England?*, 1961. Oil on canvas, 20 × 20 (51 × 51). Mrs Janet Foreman, London.

28 *The Second Tea Painting*, 1961. Oil on canvas, 61 × 36 (155 × 91). Private collection, West Germany.

29 *Myself and My Heroes*, 1961. Etching and aquatint on zinc, $10\frac{1}{4} \times 19\frac{3}{4}$ (26 × 50·1). Edition of fifty, signed in pencil, printed by Ron Fuller and Peter Matthews.

30 *The Fires of Furious Desire*, 1961. Etching and aquatint on zinc, $5\frac{3}{4} \times 11$ (14·5 × 27·9). Edition of seventy-five, signed in pencil, published by the Petersburg Press and printed by Maurice Payne.

31 *Gretchen and the Snurl*, 1961. Etching and aquatint on zinc, $4\frac{3}{4} \times 20\frac{3}{4}$ (11·8 × 53). Edition of seventy-five, signed in pencil, published by Editions Alecto and printed by Peter Matthews.

32 *Three Kings and a Queen*, 1961. Etching and aquatint on zinc, $9 \times 25\frac{1}{2}$ (23 × 65). Edition of approximately fifty, signed in pencil, printed by Ron Fuller and Peter Matthews.

33 *Kaisarion with all his Beauty*, 1961. Etching and aquatint on zinc, in two colours, $19\frac{1}{2} \times 11$ (49·3 × 27·7). Edition of approximately fifty, signed in pencil and printed by Ron Fuller and Peter Matthews.

34 *Rumpelstiltskin II*, 1961. Etching and aquatint on zinc, 10 × 22 (25 × 56). Edition of fifteen.

35 *Mirror, Mirror, on the Wall*, 1961. Etching and aquatint on zinc, two colours, $15\frac{3}{4} \times 19\frac{5}{8}$ (40 × 50). Edition of approximately fifty, signed in pencil and printed by Ron Fuller and Peter Matthews.

36 *Rumpelstiltskin*, 1962. Etching and aquatint on zinc, $11\frac{7}{8} \times 19\frac{3}{8}$ (30.3 × 50). Edition of approximately ten, signed in pencil, printed by Peter Matthews.

37 *My Bonnie Lies Over the Ocean*, 1962. Etching, aquatint and collage on zinc, in three colours, $17\frac{1}{2} \times 17\frac{1}{2}$ (44.8 × 44.8). Edition of fifty, signed in pencil, printed by Ron Fuller and Peter Matthews.

38 *The Diploma*, 1962. Etching and aquatint on zinc, in two colours, 16 × 11 (40.4 × 28.1). Edition of forty, signed in pencil, printed by Ron Fuller.

39 *Figure in a Flat Style*, 1961. Oil on canvas, c. 36 × 24 (91 × 61). Paul Jenkins, Paris.

40 *A Man Stood in Front of his House with Rain Descending*, 1962. Oil on canvas, three pieces, 96 × 60 (244 × 153) overall. Private collection.

41 *Life Painting for Myself*, 1962. Oil on canvas, 48 × 36 (122 × 91). The Ferens Art Gallery, Yorkshire.

42 *Rimbaud – Vowel Poem*, 1962. Oil on canvas, $47\frac{1}{2} \times 36$ (121 × 91). Mr and Mrs Curt Burgauer, Küsnacht, Switzerland.

43 *Help*, 1962. Oil, ink and Letraset on canvas, $12\frac{1}{2} \times 9\frac{3}{4}$ (31 × 25). Private collection.

44 *The Cruel Elephant*, 1962. Oil on canvas, 48 × 60 (122 × 153). Lady D'Avigdor Goldsmid, Kent.

45 *The Snake*, 1962. Oil on canvas, 60 × 48 (153 × 122). Mrs Betty Barman, Brussels.

46 *Picture Emphasizing Stillness*, 1962. Oil and Letraset on canvas, 72 × 60 (183 × 153). Mark Glazebrook, London.

47 *Leaping Leopard*, study for *Picture Emphasizing Stillness*, 1962. Ink, $13\frac{1}{4} \times 19\frac{1}{4}$ (33.7 × 48.9). Sir Duncan Oppenheim, London.

48 *The First Marriage (Marriage of Styles I)*, 1962. Oil on canvas, 72 × 60 (183 × 153). Trustees of the Tate Gallery, London.

49 *The Marriage*, 1962. Etching and aquatint on zinc, $12 \times 15\frac{3}{4}$ (30.4 × 39.8). Edition of seventy-five, signed in pencil, published by the Petersburg Press and printed by Birgit Skiold.

50 Study for *The Second Marriage*, 1962. Ink drawing, $9\frac{1}{2} \times 12$ (24.1 × 30.3). Private collection.

51 *Man in a Museum* (or *You're in the Wrong Movie*), 1962. Oil on canvas, 60 × 60 (153 × 153). From the collection of Mrs Robert B. Mayer, Chicago.

52 *Study for 'Marriage' Painting – Man*, 1962. Crayon, $12\frac{1}{2} \times 10$ (31 × 25.4). James Kirkman, London.

53 *Bridegroom*, study for *The Second Marriage*, 1963. Crayon, 18 × 12 (46 × 30). George M. Clive, London.

54 *Domestic Scene, Notting Hill*, 1963. Oil on canvas, 72 × 72 (183 × 183). Dr Guenther Gercken, Luetjensee, Germany.

55 Figure for *Domestic Scene, Notting Hill*, 1963. Ink, $22\frac{1}{2} \times 17$ (57 × 44). R. B. Kitaj, London.

56 *Mo*, study for *Domestic Scene, Notting Hill*, 1963. Crayon, $12\frac{1}{2} \times 10$ (31.7 × 25.4). Private collection, UK.

57 *Domestic Scene, Broadchalke, Wilts.*, 1963. Oil on canvas, 72 × 72 (183 × 183). Private collection.

58 *Cubistic Woman*, 1963. Crayon, $12\frac{1}{2} \times 10$ (32 × 25.5). Mrs E. Corob, London.

A Rake's Progress, 1961–3. Sixteen plates, each one etching and aquatint on zinc, in two colours, 12 × 16 (30.3 × 40.4). Edition of fifty, signed in pencil, published by Editions Alecto and printed by C. H. Welch.

59 'The Arrival'

60 'Receiving the Inheritance'

61 'Meeting the Good People (Washington)'

62 'The Gospel Singing (Good People) (Madison Square Garden)'

63 'The Start of the Spending Spree and the Door Opening for a Blonde'

64 'The 7-Stone Weakling'

65 'The Drinking Scene'

66 'Marries an Old Maid'

67 'The Election Campaign (with Dark Message)'

68 'Viewing a Prison Scene'

69 'Death in Harlem'

70 'The Wallet Begins to Empty'

71 'Disintegration'

72 'Cast Aside'

73 'Meeting the Other People'

74 'Bedlam'

75 *Egypt '69*, 1963. Ink, $9\frac{5}{8} \times 8\frac{1}{8}$ (25 × 22). James Kirkman, London.

76 *The House of a Man who had Made the Journey to Mecca, Luxor*, 1963. Crayon, $12\frac{1}{4} \times 9\frac{3}{4}$ (31 × 25). A. P. Rushton, London.

77 *Four Heads (Egyptian)*, 1963. Oil on canvas,

48 × 48 (122 × 122). Destroyed in a fire in 1967.

78 *Shell Garage – Egypt*, 1963. Crayon, 11 × 15 (28 × 38). Private collection.

79 *Great Pyramid at Giza with Broken Head from Thebes*, 1963. Oil on canvas, 72 × 72 (183 × 183). Lady John Cholmondeley, London.

80 *Accident Caused by a Flaw in the Canvas*, 1963. Oil on canvas, 24 × 24 (61 × 61). Lady D'Avigdor Goldsmid, Kent.

81 *I Saw in Louisiana a Live-Oak Growing*, 1963. Oil on canvas, 48 × 48 (122 × 122). Private collection.

82 *Two Friends (in a Cul-de-sac)*, 1963. Oil on canvas, 42 × 48 (106·6 × 121·9). Private collection, UK.

83 *Still Life with Figure and Curtain*, 1963. Oil on canvas, 78 × 84 (198 × 214). The Peter Stuyvesant Foundation, London.

84 *Coloured Curtain Study*, 1963. Crayon and pencil, 16 × 12½ (41 × 31). Ronald Alley, London.

85 *The Hypnotist*, 1963. Oil on canvas, 84 × 84 (214 × 214). Jean Dypreau, Brussels.

86 *The Hypnotist*, 1963. Etching and aquatint on zinc in two colours, 19¾ × 19½ (50·2 × 49·9). Edition of fifty, signed in pencil, printed by Peter Matthews.

87 *Seated Woman Drinking Tea, Being Served by a Standing Companion*, 1963. Oil on canvas, 78 × 84 (198 × 214). Harry N. Abrams Family Collection, New York.

88 *Shower Study*, 1963. Coloured chalk and pencil, 19¾ × 12 (50·2 × 30·5). Marquis of Dufferin and Ava.

89 *Two Men in a Shower*, 1963. Oil on canvas, 60 × 60 (153 × 153). Rory McEwan, London.

90 *Two Friends and Two Curtains*, 1963. Oil on canvas, 51 × 41 (129·5 × 104). Pierre Janlet, Brussels.

91 *Portrait of Kasmin*, 1964. Lithograph on stone and silkscreen, in two colours, 19¾ × 25½ (50·4 × 65). Edition of seventy-five, signed in pencil, published by Editions Alecto and printed by Emil Matthieu.

92 *Play within a Play*, 1963. Oil on canvas and plexiglass, 72 × 78 (183 × 198). Mr and Mrs Paul Cornwall-Jones, London.

93 *Closing Scene*, 1963. Oil on canvas, 48 × 48 (122 × 122). Private collection.

94 *Domestic Scene, Los Angeles*, 1963. Oil on canvas, 60 × 60 (153 × 153). Private collection.

95 *California Art Collector*, 1964. Acrylic on canvas, 60 × 72 (153 × 183). Mr and Mrs John C. Denman, Bellevue, Washington DC.

96 *Man Taking Shower in Beverly Hills*, 1964. Acrylic on canvas, 65½ × 65½ (167 × 167). Harry N. Abrams Family Collection, New York.

97 *Jungle Boy*, 1964. Etching and aquatint on zinc, in two colours, 15¾ × 19¼ (40·2 × 49·2). Edition of one hundred, signed in pencil, published by Associated American Artists and printed by Giulio Sorrini.

98 *The Acrobat*, 1964. Etching and aquatint on zinc, 17¾ × 23¾ (45 × 60·4). Edition of fifteen, signed in pencil, published by the Petersburg Press and printed by Maurice Payne.

99 *Edward Lear*, 1964. Etching and aquatint on zinc, 19½ × 15¾ (50 × 40·2). Edition of one hundred, signed in pencil, published by Associated American Artists and printed by Giulio Sorrini.

100 *Ordinary Picture*, 1964. Acrylic on canvas, 72 × 72 (183 × 183). Joseph H. Hirshhorn Collection, New York.

101 *California Bank*, 1964. Acrylic on canvas, 30 × 25 (76 × 64). Private collection.

102 *Plastic Tree Plus City Hall*, 1964. Acrylic on canvas, 60 × 48 (153 × 122). Richard Brown Baker, New York.

103 *Imaginary Landscape with Dog*, 1964. Acrylic on canvas, 48 × 48 (122 × 122). Joseph H. Hirschhorn Collection, New York.

104 *Boy About to Take a Shower*, 1964. Acrylic on canvas, 36 × 36 (91 × 91). Private collection.

105 *Beverly Hills Shower*, 1964. Crayon and pencil, 18½ × 23½ (47 × 59·7). James Grady, Atlanta, Georgia.

106 *Man Taking Shower*, 1965. Acrylic on canvas, 60 × 48 (153 × 122). William Dorr, New York.

107 *Iowa*, 1964. Acrylic on canvas, 60 × 60 (153 × 153). Joseph H. Hirshhorn Collection, New York.

108 *The Actor*, 1964. Acrylic on canvas, 65½ × 65½ (167 × 167). Private collection, London.

109 *Cubist Boy with Colourful Tree*, 1964. Acrylic on canvas, 65½ × 65½ (167 × 167). Joseph H. Hirshhorn Collection, New York.

110 *Arizona*, 1964. Acrylic on canvas, 60 × 60 (153 × 153). American Republic Insurance Company, Des Moines, Iowa.

111 *American Cubist Boy*, 1964. Pencil and crayon, 11 × 14 (27·9 × 35·5). Private collection.

112 *Building, Pershing Square, Los Angeles*, 1964. Acrylic on canvas, 58 × 58 (147 × 147). Private collection.

113 *Pacific Mutual Life*, 1964. Lithograph on stone, 20 × 25 (51 × 63·9). Edition of twenty, signed in

crayon, published by Editions Alecto and printed at Tamarind Studios.

114 Pershing Square Study I, 1964. Pencil, $10\frac{3}{4} \times 13\frac{3}{4}$ (27·5 × 35). Anne Gahlin.

115 Wilshire Boulevard, Los Angeles, 1964. Acrylic on canvas, 36 × 24 (91 × 61). Dr Wilhelm Dansmann, Hamburg.

116 Olympic Boulevard, Los Angeles, 1964. Acrylic on canvas, 36 × 24 (91 × 61). Hans-Edmund Siemers, Hamburg.

117 Washington Boulevard, 1964. Crayon, $13\frac{1}{2} \times 10\frac{1}{2}$ (34·3 × 26·7). C. D. Hamilton.

118 Picture of a Hollywood Swimming Pool, 1964. Acrylic on canvas, 36 × 48 (91 × 122). Sir Robert Adeane, London.

119 Swimming Pool, 1965. Pencil and crayon, 14 × 17 (35·5 × 43). Collection unknown.

120 Hollywood Pool and Palm Tree, 1965. Crayon, $9\frac{3}{4} \times 12\frac{1}{2}$ (25 × 32). Private collection.

121 California, 1965. Acrylic on canvas, 60 × 78 (168 × 198). Dr Guenther Gercken, Luetjensee, Germany.

122 Two Boys in a Pool, Hollywood, 1965. Acrylic on canvas, 60 × 60 (153 × 153). Joint property of Lord and Lady Beaumont of Whitley, London.

123 Water Entering Swimming Pool, Santa Monica, 1964. Crayon, 11 × 14 (27·5 × 35·5). Bernard Cohen.

124 Water Pouring into Swimming Pool, Santa Monica, 1964. Lithograph on stone, in four colours, 20 × 26 (51 × 66). Edition of seventy-five signed in pencil, published by Editions Alecto and printed by Emil Matthieu.

125 Striped Water, 1965. Crayon, $13\frac{3}{4} \times 16\frac{1}{2}$ (35 × 42). Mrs Gudrun Boston, London.

126 Different Kinds of Water Pouring into a Swimming Pool, Santa Monica, 1965. Acrylic on canvas, 72 × 60 (183 × 153). Mrs Jane Kasmin, London.

127 Rocky Mountains and Tired Indians, 1965. Acrylic on canvas, $67 \times 99\frac{1}{2}$ (170 × 253). The Peter Stuyvesant Foundation, London.

128 English Garden, 1965. Acrylic on canvas, 48 × 48 (122 × 122). Private collection.

129 Monochrome Landscape with Lettering, 1965. Acrylic and Letraset on canvas, 48 × 48 (122 × 122). Private collection.

130 Atlantic Crossing, 1965. Acrylic on canvas, 72 × 72 (183 × 183). Private collection.

131 A Painted Landscape (or Red and Blue Landscape), 1965. Acrylic on canvas, 60 × 60 (153 × 153). Private collection.

132 Picture of a Still Life, 1965. Acrylic on canvas, 24 × 24 (61 × 61). Private collection.

133 Blue Interior and Two Still Lifes, 1965. Acrylic on canvas, $59\frac{3}{4} \times 59\frac{3}{4}$ (157 × 157). Mr Lapidus, Geneva.

134 A Realistic Still Life, 1965. Acrylic on canvas, 48 × 48 (122 × 122). Private collection.

135 A Less Realistic Still Life, 1965. Acrylic on canvas, 48 × 48 (122 × 122). Kasmin Ltd, London.

136 Portrait Surrounded by Artistic Devices, 1965. Acrylic on canvas, 60 × 72 (153 × 183). Arts Council of Great Britain, London.

137 A More Realistic Still Life, 1965. Acrylic on canvas, $60 \times 58\frac{3}{4}$ (153 × 149). The Hon. James Dugdale, Yorkshire.

A Hollywood Collection, 1965. Six colour lithographs, each 30 × 22 (77 × 56).

138 'Picture of a Still Life that has an Elaborate Silver Frame'

139 'Picture of a Landscape in an Elaborate Gold Frame'

140 'Picture of a Portrait in a Silver Frame'

141 'Picture of Melrose Avenue in an Ornate Gold Frame'

142 'Picture of a Simple Framed Traditional Nude Drawing'

143 'Picture of a Pointless Abstraction Framed under Glass'

144 Peter Getting Out of Nick's Pool, 1966. Acrylic on canvas, 84 × 84 (214 × 214). Walker Art Gallery, Liverpool.

145 Sunbather, 1966. Acrylic on canvas, 72 × 72 (183 × 183). Hans Neuendorf, Hamburg.

146 Portrait of Nick Wilder, 1966. Acrylic on canvas, 72 × 72 (183 × 183). Harry N. Abrams Family Collection, New York.

147 Nick Wilder Watching My TV, 1966. Pencil, 14 × 17 (35·5 × 43). Ron Davis.

148 Nick Wilder's Apartment with John McCracken Sculpture, 1966. Ink, 14 × 17 (35·5 × 43). Collection unknown.

149 Portrait of Kas and Jane, 1965. Crayon, 14 × 17 (35·5 × 43). Private collection, London.

150 Bob, 'France', 1965. Pencil and crayon, $19 \times 22\frac{3}{4}$ (49 × 58). Mrs Loehnis.

151 Swimming Pool and Garden, Beverly Hills, 1965. Pencil and crayon, 19 × 24 (48·3 × 61). David Brown.

152 *Hollywood Garden*, 1965. Crayon and water-colour, 19 × 23½ (49 × 60). Mr and Mrs Alan Bowness, London.

153 *Nehemiah Checking the Walls of Jerusalem*, 1966. Ink, 20 × 12½ (51 × 31). Collection John Torson, New York.

154 *Beirut*, 1966. Ink, 12½ × 10 (32 × 25). Gene Baro, London.

155 *Mountain Landscape, Lebanon*, 1966. Crayon, 15¾ × 19½ (40 × 50). Private collection.

Illustrations for Fourteen Poems from C. P. Cavafy, 1966. Fourteen poems with thirteen original etching illustrations, 14 × 9 (36 × 23).

156 'Portrait of Cavafy II'. Etching and aquatint.
157 'Portrait of Cavafy I'. Etching and aquatint.
158 'According to the Prescriptions of Ancient Magicians'. Etching.
159 'In the Dull Village'. Etching.
160 'In Despair'. Etching.
161 'Two Boys Aged 23 and 24'. Etching and aquatint.
162 'One Night'. Etching and aquatint.
163 'Beautiful and White Flowers'. Etching and aquatint.
164 'The Beginning'. Etching and aquatint.
165 'He Enquired After the Quality'. Etching and aquatint.
166 'The Shop Window of a Tobacco Store'. Etching and aquatint.
167 'To Remain'. Etching and aquatint.

Preliminary drawings for *Ubu Roi*, 1966. 14½ × 19½ (37 × 50).

168 'Père and Mère Ubu'. Pencil and crayon. Gene Baro.
169 'Battle Machine'. Pencil, crayon and ink. Robin Campbell, London.
170 'Bordue in His Cell'. Crayon. Marquis of Dufferin and Ava, London.
171 'Ubu's House'. Crayon. Stephen Spender.
172 'Ubu's Banquet with Conveyor Belt Table'. Crayon. Mrs Corob.
173 'Ubu Thinking'. Crayon. Carter Burden.
174 'Polish Army'. Crayon. The Museum of Modern Art, New York.

175 *Peter in Santa Cruz*, 1966. Ink, 9 × 12 (22·9 × 30·5). Private collection, USA.

176 *Peter, La Plaza Hotel, Santa Cruz*, 1966. Pencil, 17 × 14 (43 × 36). Collection of the artist.

177 *Peter in Bed*, 1966. Ink, 17 × 14 (43 × 36). Prince Amyn Aga Khan.

178 *Peter, Swimming Pool, Encino, California*, 1966. Crayon, 14 × 17 (35·5 × 43). John Torson, New York. This was Hockney's first drawing of Peter.

179 *Peter*, 1967. Pencil, chalk and crayon, 17 × 14 (43 × 35·5). Whitworth Art Gallery, Manchester University.

180 *Mo on a Grey Bed*, 1966. Pencil and crayon, 15¾ × 19¼ (40 × 48·9). Robin Symes.

181 *Mo*, 1967. Crayon, 17 × 14 (43 × 35·5). Private collection, UK.

182 *Kasmin in Bed in his Château in Carennac*, 1967. Ink, 17 × 14 (43 × 35·5). Private collection, London.

183 *Jane in a Straw Hat, Carennac*, 1967. Water-colour, c. 9 × 12 (22·9 × 39·5). David Pearce.

184 *Beverly Hills Housewife*, 1966. Acrylic on canvas (diptych), 72 × 144 (183 × 366). Private collection.

185 *The Room, Tarzana*, 1967. Acrylic on canvas, 96 × 96 (244 × 244). Rory McEwen, London.

186 *A Bigger Splash*, 1967. Acrylic on canvas, 96 × 96 (244 × 244). Marchioness of Dufferin and Ava, London.

187 *A Lawn Sprinkler*, 1967. Acrylic on canvas, 48 × 48 (122 × 122). Mr and Mrs J. G. Studholme, London.

188 *American Collectors (Fred and Marcia Weisman)*, 1968. Acrylic on canvas, 84 × 120 (214 × 305). Mr and Mrs Frederick R. Weisman, Beverly Hills.

189 *Christopher Isherwood and Don Bachardy*, 1968. Acrylic on canvas, 83½ × 119½ (212 × 304). Private collection.

190 *The Little Splash*, 1966. Acrylic on canvas, 16 × 20 (41 × 51). Anthony Allen, La Medusa Gallery, 124 Via del Babuino, Rome.

191 *The Splash*, 1966. Acrylic on canvas, 72 × 72 (183 × 183). Private collection, UK.

192 *Four Different Kinds of Water*, 1967. Acrylic on canvas, 12 × 48 (31 × 122). Private collection, London.

193 *A Neat Lawn*, 1967. Acrylic on canvas, 96 × 96 (244 × 244). Herbert Meyer-Ellinger, Frankfurt A.M.

194 *A Lawn Being Sprinkled*, 1967. Acrylic on canvas, 60 × 60 (153 × 153). Claus Borgeest, Neuenhain, Germany.

195 *Savings and Loan Building*, 1967. Acrylic on canvas, 48 × 48 (122 × 122). Mr and Mrs Ehepaar Lueg, Dortmund.

196 *Los Angeles*, 1967. Crayon, 14 × 17 (35·5 × 43). Private collection, London.

197 *House near Olympic Boulevard*, 1967. Crayon, 14½ × 16¾ (37 × 42·5). Mrs B. Organ, Wolverton.

198 *Some Neat Cushions*, 1967. Acrylic on canvas, 62 × 62 (158 × 158). Carter Burden, New York.

199 *Cushions*, 1968. Etching and aquatint on copper plate, 15 × 13¾ (38 × 35). Edition of seventy-five signed in pencil, printed by Maurice Payne.

200 *Two Stains on a Room on a Canvas*, 1967. Acrylic on canvas, 72 × 60 (183 × 153). Private collection.

201 *A Table*, 1967. Acrylic on canvas, 60 × 60 (153 × 153). Collection of the artist.

202 *The Room, Manchester Street*, 1967. Acrylic on canvas, 96 × 96 (244 × 244). Private collection.

203 *California Seascape*, 1968. Acrylic on canvas, 84 × 120 (214 × 305). The Hon. James Dugdale, Yorkshire.

204 *Tree*, 1968. Lithograph on zinc, six colours, 25½ × 19½ (65 × 49·8). Edition of ninety-five, signed in pencil, published by the Petersburg Press.

205 *1001 Dental Building, Santa Monica*, 1968. Crayon, 14 × 17 (35·5 × 43). Robin Symes.

206 *Bank, Palm Springs*, 1968. Crayon, 14 × 17 (35·5 × 43). Galleria Milano.

207 *Schloss*, 1968. Acrylic on canvas, 36 × 48 (91 × 122). Louise Ferrari, Houston.

208 *Early Morning, Sainte-Maxime*, 1968–9. Acrylic on canvas, 48 × 60 (122 × 153). Private collection.

209 *L'Arbois, Sainte-Maxime*, 1968–9. Acrylic on canvas, 44 × 60 (113 × 153). Carter Burden, New York.

210 *Parking privé*, 1968. Acrylic on canvas, 36 × 48 (91 × 122). Galerie Springer, Berlin.

211 Study for *L'Arbois, Sainte-Maxime*, 1968. Mixed media, 14 × 17 (35·5 × 43). Fauvel.

212 *Peter*, 1968. Ink, 14 × 17 (35·5 × 43). Private collection, Paris.

213 *Peter Reading, Santa Monica*, 1968. Ink, 14 × 17 (35·5 × 43). Dr R. Mathys.

214 *A Portrait of Rolf Nelson*, 1965–8. Lithograph and watercolour, three colours, 41¼ × 29½ (105 × 75). Edition of twelve, signed in pencil, printed by Kenneth Tyler.

215 *Kasmin Twice*, 1968. Etching and aquatint on copper plate, 13¼ × 21½ (34 × 55). Edition of ten signed in pencil, printed by Maurice Payne.

216 *Ossie and Mo*, 1968. Etching on copper plate, 12½ × 13¾ (32 × 35). Edition of seventy-five, signed in pencil, published by Petersburg Press and printed by Maurice Payne.

217 *Christopher Isherwood, Santa Monica*, 1968. Ink, 17 × 14 (43 × 35·5). Private collection, Switzerland.

218 *Christopher Isherwood*, 1968. Ink, 17 × 14 (43 × 35·5). Private collection, Los Angeles.

219 *Henry and Christopher*, 1967. Colour lithograph with collage and crayon, 22 × 30 (57 × 76). Edition of fifteen.

220 *Henry, Le Nid du Duc*, 1969. Ink, 17 × 14 (43 × 35·5). Kasmin Ltd, London.

221 *Christopher Scott*, 1968. Pencil, 14 × 17 (35·5 × 43). Walter Reichenfeldt.

222 *Henry, Hollywood*, 1969. Ink, 14 × 17 (35·5 × 43). Private collection, Los Angeles.

223 *Henry Geldzahler and Christopher Scott*, 1969. Acrylic on canvas, 84 × 120 (214 × 305). Harry N. Abrams Family Collection, New York.

224 *Henry Geldzahler and Christopher Scott*, 1968. Ink. 11 × 14 (27·9 × 35·5). Private collection, Germany.

225 *Still Life with TV*, 1969. Acrylic on canvas, 48 × 60 (122 × 153). Private collection.

226 *Corbusier Chair and Rug*, 1969. Mixed media, 17 × 14 (43 × 35·5). Collection of the artist.

227 *Pink, Red and Green Pencils in a Glass Jar*, 1968. Pencil and crayon, 17 × 14 (43 × 35·5). James Kirkman.

228 *Still Life*, 1969. Etching and aquatint, 22 × 28 (54 × 69). Edition of seventy-five.

229 *Flowers and Vase*, 1969. Etching and aquatint, 28 × 22 (70 × 55). Edition of seventy-five.

230 *Pretty Tulips*, 1969. Colour lithograph, 30 × 22 (73 × 57). Edition of two hundred, published by the Petersburg Press, printed by Ernest Donagh.

231 *Glass Table with Objects*, 1969. Colour lithograph, 18 × 22 (45 × 56). Edition of seventy-five.

232 *Peter Langham*, 1969. Ink, 14 × 17 (35·5 × 43). Private collection, London.

233 *James Kirkman*, 1969. Ink, 16¾ × 13¾ (42 × 36). James Kirkman, London.

234 *Stephen Spender*, 1969. Ink, 28 × 20 (71 × 50·8). Stephen Spender, London.

235 *W. H. Auden*, 1968. Ink, 17 × 14 (43 × 35·5). Private collection, London.

236 *Celia (Paris, March 1969)*. Ink, 17 × 14 (43 × 35).

Private collection, London.

237 *Celia*, 1969. Etching and aquatint, 28 × 22 (69 × 54). Edition of seventy-five.

238 *Patrick Procktor Painting*, 1969. Ink drawing, 17 × 14 (43 × 35·5). Collection unknown.

239 *Frederick Ashton and Wayne Sleep*, 1968. Ink, 17 × 14 (43 × 35·5). Collection John Torson, New York.

240 *Wayne Sleep*, 1969. Etching on copper, 10 × 10 (25 × 25). Edition of thirty, printed by Maurice Payne.

241 *Peter*, 1969. Ink, 17 × 14 (43 × 35·5). Collection unknown.

242 *Mo in Profile*, 1969. Pencil, 14 × 17 (35·5 × 43). Collection unknown.

243 *Portrait of Michael Chow*, 1969. Crayon, 17 × 14 (43 × 36). Michael Chow, London.

244 *The Connoisseur*, 1969. Lithograph, 30 × 22 (76 × 57). Edition of thirty.

245 *Portrait of Felix Mann*, 1969. Lithograph on zinc, 26 × 21 (67 × 53·2). Edition of a hundred, signed in pencil, published by Ketterer and printed by Stanley Jones.

246 *Le Parc des sources, Vichy*, 1970. Acrylic on canvas, 84 × 120 (214 × 305). Private collection.

247 *Mr and Mrs Clark and Percy*, 1970–1. Acrylic on canvas, 84 × 120 (214 × 305). Collection Tate Gallery.

248 *Sur la terrasse*, 1971. Acrylic on canvas, 180 × 84 (457 × 214). Private collection, Switzerland.

249 *Peter on Balcony*, 1971. Crayon, $13\frac{3}{4} \times 10\frac{1}{2}$ (35 × 27). Mrs Littman.

250 *Pool and Steps, Le Nid du Duc*, 1971. Acrylic on canvas, 72 × 72 (183 × 183). Private collection, London.

251 *Still Life on a Glass Table*, 1971–2. Acrylic on canvas, 72 × 108 (183 × 274·4). Private collection.

252 *French Shop*, 1971. Acrylic on canvas, 72 × 60 (183 × 153). Acquavella Gallery, New York.

253 *Beach Umbrella*, 1971. Acrylic on canvas, 48 × $35\frac{3}{4}$ (122 × 91). Mr and Mrs Miles Q. Fiterman, New York.

254 *Rubber Ring Floating in a Swimming Pool*, 1971. Acrylic on canvas, $35\frac{3}{4} \times 48$ (91 × 122). Private collection, Japan.

Six Fairy Tales from the Brothers Grimm, 1969. Six stories with thirty-nine etching illustrations and text translated by Heiner Bastian.

255 'Catherina Dorothea Viehmann'. Etching and aquatint on copper, 11 × 9 (28 × 24).

256 'The Princess in her tower'. Etching and aquatint on copper, 18 × 13 (45 × 33).

257 *(Left)* 'The boy hidden in an egg'. Etching, aquatint and drypoint, 8 × 7 (21 × 18). *(Right)* 'The boy hidden in a fish'. Etching and aquatint on copper, 9 × 11 (24 × 28).

258 'The Princess searching'. Etching and aquatint on copper, 11 × 7 (28 × 18).

259 *Mo*, study for illustrations to 'The Little Sea Hare', 1969. Ink, 17 × 14 (43 × 35·5). Beneson.

260 'A wooded landscape'. Etching and aquatint on copper, 13 × 11 (34 × 28).

261 *(Left)* 'The cook'. Etching and aquatint on copper, 7 × 11 (19 × 29). *(Right)* 'The pot boiling'. Etching and aquatint on copper, 7 × 8 (19 × 21).

262 *(Left)* 'The rose and the rose stalk'. Etching, 11 × 5 (29 × 13). *(Right)* 'The church tower and the clock'. Etching and aquatint, 11 × 5 (29 × 13).

263 'The lake'. Etching and aquatint on copper, 18 × 13 (46 × 33).

264 'Rapunzel growing in the garden'. Etching and aquatint, 18 × 13 (46 × 33).

265 *(Left)* 'The Enchantress in her garden'. Etching and aquatint on copper, 9 × 5 (24 × 14). *(Right)* 'The Enchantress with the baby Rapunzel'. Etching and aquatint, 11 × 9 (28 × 24).

266 *(Left)* 'The older Rapunzel'. Etching and aquatint on copper, 9 × 10 (24 × 27). *(Right)* 'The tower had one window'. Etching and aquatint on copper, 14 × 6 (35·5 × 15).

267 'Rapunzel, Rapunzel, let down your hair'. Etching and aquatint on copper, 10 × 9 (27 × 24).

268 'Home'. Etching on copper, 18 × 13 (46 × 33).

269 *Armchair*, 1969. Ink, 14 × 17 (35·5 × 43). Collection unknown.

270 *(Left)* 'The bell tower'. Etching and aquatint, 11 × 7 (28 × 17). *(Right)* 'The sexton disguised as a ghost'. Etching and aquatint, 9 × 11 (24 × 28).

271 'The sexton disguised as a ghost stood still as stone'. Etching and aquatint, 18 × 13 (46 × 33).

272 'Corpses on fire'. Etching, aquatint and drypoint on copper, 11 × 10 (28 × 25).

273 'The haunted castle'. Etching and aquatint on copper, 14 × 8 (35·5 × 21).

274 *(Left)* 'The Carpenter's bench, a knife and fire'. Etching, aquatint and drypoint on copper, 6 × 7 (16 × 18). *(Right)* 'A black cat leaping'. Etching and aquatint on copper, 9 × 11 (24 × 28).

275 *(Left)* 'The lathe and fire'. Etching, aquatint and drypoint, 6 × 7 (16 × 18). *(Right)* 'Inside the castle'. Etching and aquatint on copper, 10 × 7 (25 × 18).

276 'Cold water about to hit the Prince'. Etching and aquatint on copper, 16 × 11 (40 × 28).

277 'The glass mountain'. Etching on copper, 18 × 13 (46 × 33).

278 *(Left)* 'Old Rinkrank threatens the Princess'. Etching on copper, 9 × 11 (24 × 28). *(Right)* 'Dig-

ging up glass'. Etching and aquatint on copper, 5 × 4 (14 × 12).

279 *(Left)* 'The glass mountain shattered'. Etching, 9 × 11 (24 × 28). *(Right)* 'The Princess after many years in the glass mountain'. Etching and aquatint on copper, 18 × 13 (46 × 33).

280 'Gold'. Etching on copper, 14 × 10 (35 × 25).

281 *(Left)* 'A room full of straw'. Etching and aquatint, 9 × 10 (23 × 25). *(Right)* 'Straw on the left, gold on the right'. Etching on copper, 6 × 10 (15 × 25).

282 *(Left)* 'Pleading for the child'. Etching on copper, 11 × 10 (28 × 25). *(Right)* 'Riding around on a cooking spoon'. Etching, aquatint and drypoint, 7 × 10 (17 × 25).

283 'He tore himself in two'. Etching and aquatint, 18 × 13 (46 × 33).

284 *Ossie wearing a Fairisle sweater*, 1970. Crayon, 23½ × 20 (60 × 51). Marquis of Dufferin and Ava, London.

285 *Celia in Red*, 1970. Crayon, 17 × 14 (43 × 35·5). Collection Mrs R. Newman, New York.

286 *Celia in Black*, 1970. Crayon, 17 × 14 (43 × 35·5). James Astor, London.

287 *Ossie Clark*, 1970. Ink, 17 × 14 (43 × 35·5). Kasmin Ltd, London.

288 *Peter, Hotel Regina, Venice*, 1970. Ink, 17 × 14 (43 × 35·5). Gerhard Schark.

289 *Mo at Carennac*, 1970. Ink, 17 × 14 (43 × 35·5). Collection John Torson, New York.

290 *Mo, Pavillon Sevigné, Vichy*, 1970. Ink, 14 × 17 (43 × 35·5). Private collection.

291 *Paris, 27 rue de Seine*, 1970. Ink, 17 × 14 (43 × 35·5). Kasmin Ltd, London.

292 *Sofa*, 1971. Lithograph, 22 × 30 (57 × 76). Edition of thirty.

293 *Paris, 27 rue de Seine*, 1971. Etching, 27 × 21 (68 × 54). Edition of a hundred and fifty.

294 *Lilies*, 1971. Colour lithograph, 30 × 22 (76 × 57). Edition of a hundred.

295 *Flowers Made of Paper and Black Ink*, 1971. Lithograph, 40 × 38 (99 × 95). Edition of fifty.

296 *Maurice Payne*, 1971. Etching, 35 × 28 (89 × 72). Edition of seventy-five.

297 *Mo with Five Leaves*, 1971. Etching, 35 × 28 (89 × 72). Edition of seventy-five.

298 *Portrait of Richard Hamilton*, 1971. Etching and aquatint, 22 × 17 (55 × 43). Edition of thirty.

299 *Peter, Mamounia Hotel*, 1971. Crayon, 17 × 14 (43 × 35·5). Private collection, London.

300 *Chairs, Mamounia Hotel, Marrakesh*, 1971. Crayon, 14 × 17 (35·5 × 43). Whitworth Art Gallery, University of Manchester.

301 *Sir David Webster*, 1971. Mixed media, John Torson.

302 *Portrait of Sir David Webster*, 1971. Acrylic on canvas, 57 × 72 (145 × 183). Royal Opera House, Covent Garden, London.

303 *The Island*, 1971. Acrylic on canvas, 48 × 60 (121·9 × 152·4). John C. Stoller, Minneapolis.

304 *Inland Sea (Japan)*, 1971. Crayon, 14 × 17 (35·5 × 43). Kasmin Ltd, London.

305 *Japanese Rain on Canvas*, 1972. Acrylic on canvas, 48 × 48 (122 × 122). Private collection.

306 *Mark, St Francis Hotel, San Francisco*, 1971. Ink, 14 × 17 (35·5 × 43). Mrs Kingsmill.

307 *Strand Hotel, Rangoon*, 1971. Crayon, 17 × 14 (43 × 35·5). Private collection, USA.

308 *Mark, Strand Hotel, Rangoon*, 1971. Ink, 14 × 17 (35·5 × 43). John Torson.

309 *Mark, Bella Vista Hotel, Macao*, 1971. Ink, 14 × 17 (35·5 × 43). Collection unknown.

310 *My Suit and Tie*, 1971. Crayon, 17 × 14 (43 × 35·5). Private collection, New York.

311 *Chair in front of a Horse Drawing by Picasso*, 1971. Acrylic on canvas, 34 × 28 (86·4 × 71·1). Private collection, Germany.

312 *Three Chairs with a Section of a Picasso Mural*, 1970. Acrylic on canvas, 48 × 60 (122 × 152·4). Private collection, New York.

313 *Gonzalez and Shadow*, 1971. Acrylic on canvas, 48 × 36 (122 × 91·4). Collection of the artist.

314 *Cubistic Sculpture with Shadow*, 1971. Acrylic on canvas, 48 × 36 (122 × 91·4). Collection of the artist.

315 *Beach Umbrella, Calvi*, 1972. Crayon, 17 × 14 (43 × 35·5). British Museum, London.

316 *Grand Hotel Terrace, Vittel*, 1970. Crayon, 17 × 14 (43 × 35·5). Private collection.

317 *Hotel Garden, Vichy*, 1972. Acrylic on canvas, 36 × 48 (91·4 × 122). Private collection, USA.

318 *Henry, Pavillon Sevigné, Vichy*, 1972. Crayon, 14 × 17 (35·5 × 43). Henry Geldzahler.

319 *Larger Leeks*, 1970. Crayon, 14 × 17 (35·5 × 43). Marquis of Dufferin and Ava, London.

320 *Banana*, 1970. Crayon, 17 × 14 (43 × 35·5). Marquis of Dufferin and Ava, London.

321 *Carennac*, 1970. Ink, 14 × 17 (35·5 × 43). Private collection, London.

322 *Two Red Peppers*, 1970. Crayon, 17 × 14 (43 × 35·5). Private collection, Belgium.

323 *Beans on Paper*, 1972. Crayon, 17 × 14 (43 × 35·5). John Curtis, London.

324 *Carrots on Paper*, 1972. Crayon, 17 × 14 (43 × 35·5). Private collection, UK.

325 *The Valley*, 1970. Acrylic on canvas, 36 × 48 (91·4 × 122). Ian Dunlop.

326 *Portrait of an Artist (Pool with Two Figures)*, 1971. Acrylic on canvas, 84 × 120 (214 × 275). Private collection, UK.

327 *Mount Fuji*, 1972. Acrylic on canvas, 60 × 48 (153 × 122). The Metropolitan Museum of Art, New York, Mrs Arthur Hays Sulzberger Gift Fund.

328 *Two Deckchairs, Calvi*, 1972. Acrylic on canvas, 60 × 48 (153 × 122). Museum Boymans-van Beuningen, Rotterdam.

329 *Suginoi Hotel, Beppu*, 1971. Crayon, 14 × 17 (35·5 × 43). Collection unknown.

330 *Chair and Shirt*, 1972. Acrylic on canvas, 72 × 72 (183 × 183). Private collection, UK.

331 *Peter, Platzel Hotel, Munich*, 1972. Crayon, 17 × 14 (43 × 35·5). William Evans, Missouri.

332 *Gary Farmer at Powis Terrace*, 1972. Crayon, 17 × 14 (43 × 35·5). Kasmin Ltd, London.

333 *Nick, Grand Hotel, Calvi*, July 1972. Crayon, 17 × 14 (43 × 35·5). Mr and Mrs T. H. Gibson. London.

334 *Mirror, Lucca*, 1973. Crayon, 17 × 14 (43 × 35·5). Private collection, New York.

335 *Dr Eugen Lamb, Lucca*, 1973. Crayon, 23 × 20 (60 × 51). Marchioness of Dufferin and Ava, London.

336 *Villa Reale, Marlia*, 1973. Crayon, 14 × 17 (35·5 × 43). Kasmin, London.

337 *Celia in a Black Dress with Coloured Border*, 1973. Crayon, $25\frac{1}{2} \times 19\frac{3}{4}$ (65 × 50). Collection of the artist.

338 *Celia Wearing Checked Sleeves*, 1973. Crayon, $25\frac{1}{2} \times 19\frac{3}{4}$ (65 × 50). Collection of the artist.

339 *Celia*, 1973. Lithograph, 42 × 28 (108 × 71). Edition of fifty-two.

340 *Celia Smoking*, 1973. Lithograph, 38 × 28 (98 × 71). Edition of seventy.

341 *Celia*, 1972. Crayon, 17 × 14 (43 × 35·5). William Evans, Missouri.

342 *Celia*, 1972. Crayon, 17 × 14 (43 × 35·5). Private collection, USA.

343 *Celia Half-nude*, 1975. Crayon, $25\frac{1}{2} \times 19\frac{3}{4}$ (65 × 50). Collection of the artist.

344 *Celia in Black Slip and Platform Shoes*, 1973. Crayon, $19\frac{3}{4} \times 25\frac{1}{2}$ (50 × 65). Collection of the artist.

345 *Thierry: Grand Hotel, Calvi*, 1972. Ink, 17 × 14 (43 × 35·5). Private collection, UK.

346 *John St Clair*, 1972. Crayon, 17 × 14 (43 × 35·5). Collection Mrs R. Newman, New York.

347 *Nick and Henry on Board, Nice to Calvi*, 1972. Ink, 17 × 14 (43 × 35·5). British Museum.

348 *Nick, Pavillon Sevigné, Vichy*, 1972. Ink, 17 × 14 (43 × 35·5). Kasmin Ltd, London.

349 *Panama Hat*, 1972. Etching, 17 × 14 (43 × 35·5). Edition of 125.

350 *The Artist's Mother*, 1972. Ink, 17 × 14 (43 × 35·5). Collection of the artist.

351 *Mother (1 July, Bradford)*, 1972. Ink, 17 × 14 (43 × 35·5). Collection of the artist.

352 *The Artist's Father, Bradford*, 1972. Ink, 17 × 14 (43 × 35·5). Collection of the artist.

353 *The Artist's Father*, 1972. Ink, 17 × 14 (43 × 35·5). Collection of the artist.

354 *Mother*, 1972. Crayon, 17 × 14 (43 × 35·5). Collection of the artist.

355 *My Mother with a Parrot*, 1974. Etching with aquatint, 28 × 20 (71 × 51). Edition of a hundred.

356 *Henry*, 1973. Lithograph, 16 × 12 (40 × 30). Edition of fifty.

357 *Henry, Seventh Avenue*, 1972. Crayon, 17 × 14 (43 × 35·5). Henry Geldzahler.

358 *Sant'Andrea in Caprile (Henry in Deckchair)*, 1973. Crayon, 17 × 14 (43 × 35·5). Kasmin Ltd, London.

359 *Sant'Andrea in Caprile*, 1973. Ink, 14 × 17 (35·5 × 43). Private collection, UK.

360 *Dr Eugen Lamb*, 1973. Crayon, 14 × 17 (35·5 × 43). Private collection, UK.

361 *Chair, Casa Santini*, 1973. Crayon, 14 × 17 (35·5 × 43). Kasmin Ltd, London.

362 *Don Crib, Lucca*, 1973. Crayon, 17 × 14 (43 × 35·5). Society of Contemporary Arts, London.

363 *Mo, Lucerne*, 1973. Crayon, 14 × 17 (35·5 × 43). Private collection, USA.

364 *Portrait of Jean Léger*, 1973. Pencil, 25½ × 19¾ (65 × 50). Jean Léger, Paris.

365 *Lila di Nobilis*, Paris, 1973. Crayon, 25½ × 19¾ (65 × 50). Private collection, USA.

366 *Celia, 8365 Melrose Avenue*, 1973. Lithograph, 47 × 31 (121 × 80). Edition of forty-six.

Weather Series, 1973. Six colour lithographs. Edition of ninety-eight.

367 'Snow'. 37 × 31 (94 × 77).
368 'Wind'. 40 × 31 (102 × 79).
369 'Rain'. 39 × 32 (99 × 81).
370 'Sun'. 37 × 31 (94 × 77).
371 'Mist'. 37 × 32 (94 × 81).
372 'Lightning'. 39 × 32 (99 × 81).

373 *The Master Printer of Los Angeles*, 1973. Colour lithograph, 48 × 32 (122 × 81). Edition of twenty-seven.

374 *Gustave Flaubert*, 1973. Colour etching, 31 × 22 (79 × 57). Edition of twenty-five.

375 *George Sand*, 1973. Colour etching, 31 × 22 (79 × 57). Edition of twenty-five.

376 *Postcard of Richard Wagner with Glass of Water*, 1973. Colour etching, 8 × 6 (21 × 15). Edition of a hundred.

377 *Still Life with Book*, 1973. Colour lithograph, 32 × 25 (81 × 64). Edition of seventy-eight.

378 *Study for Louvre Window, No. 2*, 1974. Crayon, 41½ × 29½ (105·4 × 74·9). Kasmin Ltd, London.

379 *Contre-jour in the French Style*, 1974. Etching and aquatint, 39 × 35½ (99 × 90). Edition of seventy-five.

380 *Two Vases in the Louvre*, 1974. Oil on canvas, 72 × 60 (184 × 152·5). Kasmin Ltd, London.

381 *Two Vases in the Louvre*, 1974. Etching and aquatint, 39 × 35½ (99 × 90). Edition of seventy-five.

382 *Man Ray*, 1973. Crayon, 17 × 14 (43 × 35·5). Private collection, France.

383 *Simplified Faces (State 2)*, 1974. Etching, 22 × 20 (56 × 51). Edition of thirty.

384 *Gregory Masurovsky and Shirley Goldfarb*, 1974. Oil on canvas, 48 × 84 (122 × 214). Kasmin Ltd, London.

385 *Gregory Masurovsky and Shirley Goldfarb*, 1974. Crayon, 29½ × 41½ (74·9 × 105·4). Private collection, Hamburg.

386 *George Lawson and Wayne Sleep* (unfinished), 1975. Acrylic on canvas, 84 × 120 (213·4 × 304·8). Collection of the artist.

387 *The Student: Homage to Picasso*, 1973. Etching, 30 × 22 (76 × 57). Edition of twenty.

388 *Artist and Model*, 1974. Etching, 32 × 24 (81 × 61). Edition of one hundred.

389 *Showing Maurice the Sugar Lift*, 1974. Etching, 36 × 28 (92 × 72). Edition of seventy-five.

390 *Kasmin*, 1973. Pencil, 25½ × 19¾ (65 × 50). Private collection, London.

391 *Carlos*, 1975. Crayon, 25½ × 19¾ (65 × 50). Collection of the artist.

392 *Henry in Candlelight*, 1975. Crayon, 17 × 14 (43 × 35·5). Private collection, France.

393 *Gregory Thinking in the Palatine Ruins*, 1974. Ink, 25½ × 19¾ (65 × 50). Private collection, Paris.

394 *Nicky Rae*, 1975. Crayon, 25½ × 19¾ (65 × 50). Collection of the artist.

395 *Yves-Marie and Mark in Paris*, 1975. Crayon, 25½ × 19¾ (65 × 50). Collection of the artist.

396 *Books and Pencils, Fire Island*, 1975. Crayon, 17 × 14 (43 × 35·5).

397 *Gregory Asleep, Sunday Inn, Houston*, 1976. Ink, 14 × 17 (35·5 × 43). Collection of the artist.

398 *Gregory in Bed, Hollywood*, 1976. Ink, 17 × 14 (43 × 35·5). Collection of the artist.

399 *Gregory, Arizona, Biltmore*, 1976. Ink, 17 × 14 (43 × 35·5). Collection of the artist.

400 Sketch for *The Rake's Progress*, 1975. Coloured inks and watercolour, 14 × 17 (35·5 × 43). Collection of the artist.

401 *Homage to Michelangelo*, 1975. Colour etching and aquatint, 18 × 26½ (46·2 × 67·5). Edition of two hundred with thirty artist's proofs, printed by Aldo Crommelynck.

402 *Contre-jour in the French Style – Against the Day dans le style français*, 1974. Oil on canvas, 72 × 72 (183 × 183). Kasmin Ltd, London.

403 *Invented Man Revealing Still Life*, 1975. Oil on canvas, 36 × 28½ (91·4 × 72·4). Private collection, USA.

404 Drawing for the design for Roland Petit's ballet *Septentrion*, 1975. Crayon, 14 × 17 (35·5 × 43). Private collection, USA.

405 *Kerby (After Hogarth) Useful Knowledge*, 1975. Oil on canvas, 72 × 60 (183 × 152·4). The Museum of Modern Art, New York.

406 *My Parents and Myself*, 1975. Oil on canvas, 72 × 72 (183 × 183). Collection of the artist.